兩岸經濟制度性合作與一體化發展研究

唐永紅 著

崧燁文化

目錄

導論
    第一節 研究背景、目標與意義
    第二節 分析框架與研究方法
    第三節 研究內容與結構安排
    第四節 研究創新與侷限
        一、研究創新
        二、研究侷限

第一章 兩岸經濟合作與一體化研究現狀及進一步研究方向

    第一節 兩岸經濟合作與一體化問題研究現狀回顧
        一、兩岸經濟合作與一體化倡議的提出
        二、兩岸經濟合作與一體化研究文獻回顧
    第二節 對現有研究的簡要評價與進一步研究方向
        一、對現有研究的簡要評價
        二、進一步研究的目標、思路與意義

第二章 國際區域一體化問題及其理論分析框架

    第一節 國際區域一體化發展歷程概述
        一、國際關係學視角的區域一體化發展歷程
        二、國際經濟學視角的區域一體化發展歷程
    第二節 國際區域一體化理論及其發展述評
        一、國際關係學中的區域一體化理論及其發展
        二、國際經濟學中的區域一體化理論及其發展
        三、簡短結語

第三節 國際區域一體化問題的理論分析框架
　　一、區域一體化的動因與必要性
　　二、區域一體化的條件與可行性
　　三、區域一體化的動力與路徑
　　四、區域一體化的機制與模式

第三章 兩岸經濟制度性合作與一體化的動因及必要性研究

第一節 兩岸經濟關係的發展演變及其影響因素分析
　　一、1979年來兩岸經濟關係的發展演變
　　二、影響兩岸經濟關係發展的主要因素
第二節 兩岸經濟制度性合作與一體化的內部動因及必要性分析
　　一、兩岸經濟體的相互依存性與功能性一體化態勢
　　二、兩岸經濟制度性合作與一體化的內部動因與必要性
第三節 兩岸經濟制度性合作與一體化的外部動因及必要性分析
　　一、應對經濟全球化的不確定性與風險
　　二、應對區域一體化的競爭與邊緣化效應
　　三、促進WTO下兩岸經濟關係緊密發展
第四節 本章小結

第四章 兩岸經濟制度性合作與一體化的條件及可行性研究

第一節 兩岸經濟制度性合作與一體化的經濟可行性分析
　　一、經濟相互依存性條件下的經濟可行性
　　二、經濟市場規模條件下的經濟可行性
　　三、經濟技術發展水平條件下的經濟可行性
　　四、經貿政策可協調性條件下的經濟可行性
　　五、當前各種經濟合作與一體化形式的經濟可行性

第二節 兩岸經濟制度性合作與一體化的法律可行性分析

　　一、兩岸經濟制度性合作與一體化的法律定位與依據：相關爭論

　　二、兩岸經濟制度性合作與一體化的法律定位與依據：基本認識

第三節 兩岸經濟制度性合作與一體化的政治可行性分析

　　一、兩岸政治意願與共識下的可行性

　　二、兩岸政治關係僵局下的困境與約束

第四節 本章小結

第五章 兩岸經濟制度性合作與一體化的動力及路徑研究

第一節 兩岸經濟制度性合作與一體化的動力系統考察

　　一、兩岸經濟制度性合作與一體化動力系統的構成

　　二、兩岸經濟制度性合作與一體化動力系統的運作

第二節 兩岸經濟制度性合作與一體化的實現路徑探討

　　一、兩岸經濟制度性合作與一體化宜先行區域試點

　　二、兩岸經濟制度性合作與一體化實現路徑之構想

第三節 兩岸經濟制度性合作與一體化的發展進程展望

第四節 本章小結

第六章 兩岸經濟制度性合作與一體化的機制和模式研究

第一節 兩岸經濟制度性合作與一體化機制及模式安排的原則探討

　　一、確立兩岸經濟制度性合作與一體化機制與模式原則的依據

　　二、兩岸經濟制度性合作與一體化機制與模式安排的基本原則

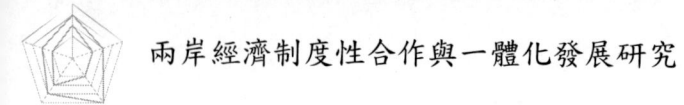

第二節 兩岸經濟制度性合作與一體化機制及模式實踐的選擇探討
　　　　一、區域經濟制度性合作與一體化法律機制與
　　　　　　模式實踐的比較
　　　　二、兩岸經濟制度性合作與一體化法律機制與
　　　　　　模式實踐的選擇
　　　　第三節 本章小結
參考文獻
後記

導論

導論

第一節　研究背景、目標與意義

　　國際區域一體化（Regional Integration），是利益訴求相同或相似的國家或地區，基於其內外政治經濟結構與環境的變化，特別是不斷強化的且又非均衡發展著的全球化與相互依賴趨勢，尋求一種有效的、和平的、共贏的區域雙邊或多邊方式（特別是在全球多邊方式難以啟動或作用不力的情況下），來解決單邊方式難以解決的彼此間互動關係與共同事務問題，並應對區域外部因素帶來的壓力與競爭，以實現自身利益最大化。區域一體化在內涵上包括區域經濟一體化、安全（政治）一體化、社會（文化）一體化三個方面，展現為國家或地區間政策、制度不同程度的協調與統一，以及區域層面制度性框架與組織機構（國家間性質的或超國家性質的）的建立（肖歡容，2002）[1]。眾所周知，區域一體化已經成為當今世界政治經濟中最引人關注的現象之一，與全球化一起展示著今後世界政治經濟的發展趨勢，並因此賦予了當前深入研究區域一體化理論及實踐問題的重要現實意義。

　　自中國大陸採取改革開放與和平統一政策以來，海峽兩岸的經濟交流與合作，在經濟全球化力量的推動下，不斷突破兩岸政治關係的約束並日益加強。當前，兩岸經濟體在貿易、投資、分工方面有著較為密切的聯繫，並在發展上形成了一定的相互依存性。兩岸經濟功能性一體化正在自發形成和深化之中，為制度性合作與一體化構成了一個內在需要及基礎條件[2]。與此同時，近30年來的兩岸經濟交流與合作，又是在有限制的經貿政策環境的約束下，由市場機制主導進行的，呈現出單向、間接、民間的狀態，不僅本身未能實現其可能的發展規模，而

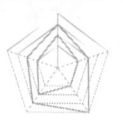

且遠未充分發揮其對兩岸經濟發展的促進作用。兩岸經濟體在基於互補性的交流交往中呈現了競爭性態勢,在相互依存性的發展中呈現了不對稱性特徵,需要制度性的協調與合作。另一方面,在當前同為世界貿易組織(WTO)成員的兩岸經濟體都面臨著如何在WTO約束下進一步增強兩岸經濟交流與合作,如何在世界經濟全球化與區域經濟一體化深化發展中進一步謀求各自最大化利益,增強國際競爭力,防止邊緣化,並有效應對全球化的不確定性與風險的問題。

因此,變革與創新兩岸經濟交流與合作方式,進一步破除交流與合作的障礙與壁壘,增強兩岸經濟交流與合作,成為當前兩岸經濟體進一步參與全球化進程和實現再發展的必然要求。一個可以選擇的方式就是兩岸經濟體利用WTO關於一體化的例外規定實行某種程度及形式的制度性一體化安排。而且,兩岸經濟制度性合作與一體化顯然也對密切兩岸聯繫、穩定兩岸關係、促進兩岸和平與發展乃至統一有著重大的實質意義。而2003年內地分別與港、澳簽署的《更緊密經貿關係安排》(CEPA)又進一步促使了有識之士對兩岸經濟制度性合作與一體化的呼籲。正是在上述背景下,2005年4月和5月連、宋大陸行期間,兩岸正式提出了「兩岸共同市場」及「兩岸自由貿易區」的制度性合作與一體化議題[3]。但這顯然受制於當時兩岸政治關係僵局與臺灣政治經濟生態尚未實現。換言之,當前迫切需要探索兩岸經濟制度性合作與一體化的切實可行的路徑與模式。

事實上,自1980年代初兩岸經濟合作與一體化倡議的最初提出,20多年來,隨著世界經濟形勢與格局,以及兩岸政治經濟形勢與關係的不斷演變,兩岸經濟合作與一體化的倡議在不斷地提出,研究工作也在不斷地深化之中,大致經歷了1980年代的以一體化概念與設想提出為主的研究起步階段、1990年代的以功能性一體化研究為主的研究發展階段、21世紀初兩岸加入WTO前後的以制度性一體化研究為主的研究深化階段。

歸納起來,學者們主要是從經濟全球化與區域化、兩岸經濟結構與發展、兩岸政治關係與和平統一、WTO法律體系以及周邊國際關係等不同的立場、角度和層面,對兩岸經濟合作與一體化的意義與效應、條件與可行性、設想與前景等問題進行了一定的分析與探討,取得了一些研究成果,並引起了有關方面的高度關

注。這些研究有助於深化對兩岸經濟合作與一體化問題的認識，也構成進一步研究的起點。

但從總體上看，現有的研究文獻大多只就兩岸經濟合作與一體化問題的某一方面或者只從某種立場、角度和層面出發進行的探討，少有從理論到實踐同時進行經濟、政治、法律、文化等方面的綜合性分析和全面、系統、深入的研究，更缺乏超越經濟層面而從區域一體化理論高度與兩岸對外政治經濟發展戰略以及政治關係與經濟關係之關係角度的深度分析，因此不能很好地回答兩岸經濟制度性合作與一體化的動因與必要性、條件與可行性、動力與路徑、機制與模式等問題，更未能提出在當前兩岸關係狀態下切實可行的一體化路徑與模式。所以，鑒於當前兩岸政治關係的制約和現有研究的侷限，顯然有必要以兩岸經濟制度性合作與一體化問題作為專門的研究對象，綜合學界現有的研究方法與研究成果，對其動因與必要性、條件與可行性、動力與路徑、機制與模式等問題，進一步從理論到實踐同時進行經濟、政治、法律、文化等方面的綜合性分析和全面、系統、深入的研究，特別是探索在兩岸政治經濟關係發展態勢與WTO規則制約下的一體化動力與路徑、機制與模式，提出切實可行的兩岸一體化路徑與模式安排。

綜上可見，對本論題的研究，不僅與當前世界政治經濟發展的趨勢與要求相呼應，有助於深化區域一體化理論研究，而且與當前兩岸經濟體的發展形勢與需要以及兩岸政治經濟關係發展態勢相呼應，有助於深化對兩岸經濟合作與一體化的認識，較準確地把握其發展進程；有助於兩岸經濟合作與一體化理論研究的深化和實踐的推進；對「一國兩制」內涵與外延的豐富、制度與政策的創新，以及國家的和平統一等方面也有著一定的理論與實踐價值。

第二節 分析框架與研究方法

一般而言，對一個問題的系統研究需要有一個綜合性的理論分析框架。隨著兩岸功能性經濟一體化的不斷強化，當前，越來越多的學者運用經濟一體化理論

來研究兩岸經濟制度性合作與一體化問題。筆者認為，這種做法有其一定的合理性，但在當前的兩岸關係情勢下，僅僅從經濟層面來研究兩岸經濟制度性合作與一體化問題，會有其嚴重的侷限性。而一些人士有意無意地完全照搬國際區域一體化理論與模式來論述、設計、規劃兩岸經濟制度性合作與一體化，將兩岸一體化問題與歐盟一體化相提並論，意圖把兩岸關係定位為一種「國家間關係」，則只能把問題複雜化，而無助於問題的解決。

一方面，大陸與臺灣同屬一個中國，兩岸政治經濟關係不能簡單地等同於「國家間」的政治經濟關係。由於這一特殊性，兩岸經濟制度性合作與一體化問題至今沒有已成熟的理論可以套用。更何況，作為一種思想理論的區域主義一體化，在實踐中形成了各有其自身範式侷限的眾多理論與不同流派，至今也沒有一個統一的、系統的理論分析框架。另一方面，區域一體化理論的對象雖然通常是國家間的政治經濟關係，但從研究的具體內容來看，它研究的是相對獨立或自治的政治經濟實體間的政治經濟關係，特別是經濟一體化理論主要研究的是具有對內、對外經貿政策自主權的不同經濟體或關稅區之間的經濟關係。因此，筆者認為，在當前兩岸尚處於分治狀態的情形下，基於和平統一的目的，對兩岸一體化問題的研究，特別是對一國內的、同為WTO成員方的不同關稅區之間的經濟一體化問題研究，雖然不能完全照搬現有的各種國際區域一體化理論，但顯然可以吸取各家之長，建立一個綜合性的、系統的理論分析框架，以此為兩岸經濟制度性合作與一體化問題研究提供參考和借鑑。此外，還可以從正在進行中的內地與港澳的一體化實踐（CEPA），歸納出WTO下兩岸四地間經濟一體化安排的基本特徵與共性。

基於上述認識，本書首先試圖透過對各種國際區域一體化理論的回顧與評述，揚棄與整合各種區域一體化理論的內容和觀點，從區域一體化的動因與必要性、條件與可行性、動力與路徑、機制與模式等方面，歸納總結出一個可以系統研究區域合作與一體化問題的綜合性的理論分析內容框架；進而試圖借鑑這一理論分析框架，從區域一體化理論高度與兩岸對外政治經濟發展戰略以及政治關係與經濟關係之關係角度，超越單純經濟層面的分析，對兩岸經濟制度性合作與一體化的動因與必要性、條件與可行性、動力與路徑、機制與模式等方面的問題，

進行經濟、政治、法律、文化等方面的綜合性分析和全面、系統、深入的研究,以便較準確地把握兩岸經濟制度性合作與一體化進程,並為其實踐進行理論與方案準備。

在具體研究方法上,鑑於海峽兩岸關係在政治、經濟、文化、歷史等方面的特殊性,本書將主要從區域一體化理論與實踐的視角,並借鑑相互依存論、國際政治經濟學等理論的方法和觀點,以經貿分析為主兼及政治、法律、文化與國際經濟關係等因素,對兩岸經濟制度性合作與一體化問題進行歸納與演繹相結合、實證與規範相結合、定性與定量相結合、靜態與動態相結合、理論與實例相結合的綜合性分析。特別是基於區域一體化的共性與兩岸一體化的特殊性,綜合運用比較分析法,探討在兩岸政經關係互動中的兩岸經濟制度性合作與一體化的發展路徑與模式選擇問題。

第三節　研究內容與結構安排

根據上述研究目標、思路與分析框架,本書除導論部分之外,圍繞兩岸經濟制度性合作與一體化這一主題,總體上分六章展開論述。

第一章透過對有關代表性研究文獻的歷史回顧,揭示現有研究的貢獻與不足,把握學界研究的發展脈絡,探索進一步研究的思路與方向,為進一步探析提供一個研究基礎、邏輯起點與分析線索,並闡明進一步研究的目標與意義、思路與框架。

第二章首先對國際區域一體化實踐與理論的發展歷程進行了簡要概述,以便從總體上把握區域一體化的發展脈絡;進而對國際關係學、國際經濟學中的區域一體化理論及其發展分別做了回顧與評述,以便於進一步的理論探討;最後對各種區域一體化理論內容和觀點進行了揚棄與整合,從區域一體化的動因與必要性、條件與可行性、動力與路徑、機制與模式等方面,歸納總結出一個可以系統研究區域一體化問題的綜合性的理論分析內容框架,為隨後研究兩岸經濟制度性

合作與一體化問題提供參考和借鑑。

第三章借鑑第二章中關於區域一體化的動因與必要性理論的歸納與分析，在對近30年來兩岸經濟關係的發展演變及其影響因素進行簡要回顧與歸納總結的基礎上，分別從兩岸政治經濟關係發展的內在需要特別是當前兩岸經濟體的相互依存性與功能性一體化發展態勢、經濟全球化的不確定性與風險、區域一體化的競爭與邊緣化效應以及WTO下兩岸經濟關係發展面臨的挑戰等角度，考察和評估了當前兩岸經濟制度性合作與一體化的內、外部動因與必要性。

第四章主要借鑑第二章中關於區域一體化的條件與可行性理論的歸納與分析，分別從當前兩岸經濟制度性合作與一體化的經濟條件、相關國際法與國內法、當前兩岸當局的政治意願與共識等層面和角度，探討了當前兩岸經濟制度性合作與一體化在經濟、法律、政治層面的可行性問題，特別是闡明了WTO下兩岸經濟制度性合作與一體化的法律性質定位、法律依據與法律途徑等問題。

第五章主要借鑑第二章關於區域一體化的動力與路徑理論的歸納與分析，探討兩岸經濟制度性合作與一體化的動力與路徑問題。首先，主要基於兩岸各自內部利益主體之間以及兩岸當局之間的互動關係，闡明了兩岸經濟制度性合作與一體化的動力系統的構成及其運作問題；在此基礎上，並綜合此前關於當前兩岸經濟制度性合作與一體化的動因與必要性、條件與可行性的研究結論，進一步探討了在兩岸政治經濟關係與WTO多邊貿易體制規則約束下的兩岸經濟制度性合作與一體化的實現路徑與發展進程問題。

第六章借鑑區域一體化機制與模式的理論思想與實踐經驗，並主要基於兩岸特殊的政治經濟關係、合作與一體化的法律性質定位和可能的發展進程，探討了WTO下兩岸經濟制度性合作與一體化的機制與模式問題。首先根據WTO下兩岸經濟制度性合作與一體化的法律性質定位，並借鑑實踐中國際區域經濟一體化機制與模式安排的一般原則，提出並闡明了兩岸經濟制度性合作與一體化機制與模式安排應遵循的基本原則；在此基礎上，著眼於兩岸經濟制度性合作與一體化的特殊性與階段性，對國際區域經濟一體化實踐中的各種法律機制與模式的適應性與適用性進行了比較分析，進而，基於合作與一體化的可能進程，提出了兩岸經濟

制度性合作與一體化的機制與模式安排建議。

第四節 研究創新與侷限

一、研究創新

本研究的創新之處主要有以下幾個方面：

一是新的研究視角與思路。本研究從區域一體化理論與實踐的政治經濟學視角，特別是超越經濟層面從區域一體化理論高度與兩岸對外政治經濟發展戰略以及政治關係與經濟關係之關係角度，對兩岸經濟制度性合作與一體化問題進行經濟、政治、法律、文化等方面的綜合性分析和全面、系統、深入的研究。

二是新的理論分析框架。本研究對各種區域一體化理論的主要內容和觀點進行了揚棄與整合，從區域合作與一體化的動因與必要性、條件與可行性、動力與路徑、機制與模式等方面，提出了一個可以系統研究區域合作與一體化問題的綜合性的理論分析內容框架，為全面、系統、深入研究兩岸經濟制度性合作與一體化問題提供參考和借鑑。

三是新的研究方法。鑒於海峽兩岸關係在政治、經濟、文化、歷史等方面的特殊性，在具體研究方法上，本研究主要從區域一體化理論與實踐的視角，並借鑑相互依存論、國際政治經濟學等理論方法和觀點，採取以經貿分析為主兼及政治、法律、文化與國際經濟關係等因素，對兩岸經濟制度性合作與一體化問題進行歸納與演繹相結合、實證與規範相結合、定性與定量相結合、理論與實例相結合的綜合分析。

四是新的觀點與結論。除了理論研究中透過對各種區域一體化理論的內容和觀點進行揚棄與整合，歸納總結出了一個可以系統研究區域一體化問題的綜合性的理論分析內容框架之外，在隨後借鑑這一分析框架對兩岸經濟制度性合作與一

體化問題的研究中，本研究提出了一些新的觀點與結論：

1.在對兩岸經濟制度性合作與一體化的動因與必要性的研究中提出：①近30年來兩岸經濟交流與合作，是在臺灣當局限制性的大陸經貿政策環境空間的約束下，由市場機制主導下自然進行的，不僅本身呈現出單向、間接、民間的狀態，未能實現其可能的發展規模，而且使得兩岸經濟體在總體層面的相互依存與一體化程度尚處於較低水平（個別單一性指標除外），在相互依存性的發展中呈現了不對稱性依賴特徵（臺灣經濟體對兩岸經貿往來的依賴程度明顯高於大陸經濟體），在基於互補性的交流交往中呈現了競爭性態勢，進而遠未充分發揮其對兩岸政治經濟發展的促進作用。②兩岸經濟關係發展中的這種格局與不對稱相互依存性的存在，一方面表明兩岸經濟體在交流與合作方面有著進一步提升的空間，另一方面也可能使得臺灣當局在兩岸經貿往來與兩岸政治經濟關係中具有較高的敏感性與脆弱性，進而影響到臺灣當局對進一步發展兩岸經貿交流與合作的態度。③兩岸經濟制度性合作與一體化在當前兩岸方面有著不完全一致的政治經濟動因：中國大陸方面旨在進一步密切兩岸經濟關係，增進相互依存性與功能性一體化程度，遏制分離主義傾向，最終為兩岸和平統一構築堅實而且必要的經濟、社會和政治基礎與動力，而在臺灣，此前的民進黨當局則企圖利用兩岸經濟制度性合作與一體化彰顯其所謂的對等政治地位，實現其「臺獨」目的，國民黨新當局則企圖利用兩岸經濟制度性合作與一體化在促進經濟發展與轉型、提升國際競爭力的同時，彰顯對等地位，拓展國際空間，避免邊緣化。

2.在對兩岸經濟制度性合作與一體化的條件與可行性的研究中提出：①從國際法與國內法的角度看，WTO下兩岸經貿關係既是作為WTO平等成員之間的經貿關係，同時又是同一主權國家內部不同關稅區之間的經貿關係，所謂「國內經貿關係論」與「泛國際化論」都是難以成立的；援引WTO的「一體化例外」規定，既是WTO下兩岸經濟制度性合作與一體化安排的法律依據，也是其現實選擇。②當前兩岸政治關係構成了兩岸經濟制度性合作與一體化的一個瓶頸，迫切需要尋求突破，需要探索能為兩岸同時接受的、既符合WTO規範又能超越兩岸政治關係約束的兩岸經濟交流與合作形式，特別是能促進兩岸經濟制度性合作與一體化進程的新形式與新途徑。

導論

3.在對兩岸經濟制度性合作與一體化的動力與路徑的研究中，提出了在兩岸政治經濟關係與WTO多邊貿易體制規則約束下，當前兩岸經濟制度性合作與一體化實現與發展路徑應遵循的一套基本原則，以及一體化的一個可行的實現路徑和一個可能的發展進程。①可借鑑國際上的次區域經濟合作方式的成功經驗，在兩岸臨近的有條件的局部區域率先進行經濟合作與一體化安排，以開放性的次區域自由經貿區導向全面性的兩岸經濟一體化，既是順應經濟全球化與一體化以及兩岸政治經濟關係深化發展的趨勢與要求，更是在當前兩岸社會政治經濟文化條件約束下的兩岸經濟制度性合作與一體化的一個現實路徑。②由於一體化外溢發展的客觀邏輯、執政當局掌控一體化進程的主觀偏好以及兩岸政治關係的現實約束等因素的作用，預期兩岸經濟制度性合作與一體化將呈現循序漸進的發展進程，在經過探索試驗階段實現兩岸經貿關係正常化與部分領域自由化之後，大致會經歷「兩岸自由貿易區」、「兩岸關稅同盟」、「兩岸共同市場」、「兩岸經濟與貨幣聯盟」等發展階段，最終可能以「完全的兩岸經濟一體化」形式走向兩岸經濟社會的全面統一。

4.在對兩岸經濟制度性合作與一體化的機制與模式的研究中提出：①實踐中的兩岸經濟制度性合作與一體化法律機制與模式安排選擇，應在WTO規則、一個中國的國家主權架構、合作與一體化深化發展要求三者構成的約束空間中進行。②特定的一體化發展程度仍然是實踐中兩岸經濟制度性合作與一體化機制與模式性質的一個主要決定因素，而WTO下兩岸經濟制度性合作與一體化的法律性質定位，乃是確立實踐中兩岸經濟制度性合作與一體化機制與模式原則的根本依據，因為它對兩岸經濟制度性合作與一體化機制與模式安排有著明確的規範：既要展現兩岸經濟體作為WTO平等成員方之間的經貿關係，又不得突破兩岸同屬一個中國的國家主權架構。③兩岸經濟制度性合作與一體化機制與模式安排，除了要符合WTO規則之外，還須堅持一個中國原則、平等互利原則、經濟合作與政治合作暫時分離最終結合原則、靈活簡便與循序漸進原則；在此基礎上，借鑑區域經濟一體化國際實踐中的各種管理機制與模式的合理的因素，結合兩岸的具體情況，根據一體化發展進程的不同階段，選擇相應的機制與模式安排，建立相應的協商、運行機制與組織機構。④隨著兩岸政治關係的發展演變以及合作與一體化進

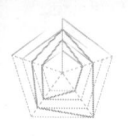

程的深化發展，兩岸經濟制度性合作與一體化的法律機制與模式安排先後大致可能出現類似亞太經濟合作組織、北美自由貿易區、東盟一體化模式和歐洲聯盟模式的四種階段性形態。

二、研究侷限

本研究存在的不足與需要改進之處在於：

其一，本研究藉以考察兩岸經濟制度性合作與一體化問題的理論分析框架主要是定性的綜合分析，加之研究能力、技術手段等方面的限制，本研究對兩岸經濟制度性合作與一體化的動因與必要性、條件與可行性的探析，主要侷限於分別從經濟、政治、價值等單一層面的考察評估，未能從總體層面建立一個定量的綜合評估模型，對各因素進行賦權後做總體層面的綜合評估。事實上，如理論研究指出的，區域合作與一體化的利益最大化動機包括經濟、安全、價值三方面的內容，而實踐中，對這些各方面的利益需要進行權衡與綜合考慮，甚至交換與取捨，並且只有當合作與一體化的收益大於合作與一體化的成本，而且無論是區域整體還是區域內部各成員方都具有這一成本——收益條件的情形下，合作與一體化才有可能產生。

其二，本研究的對象與目標主要是從宏觀層面考察兩岸經濟制度性合作與一體化的動因與必要性、條件與可行性、動力與路徑、機制與模式問題，因此，對不同程度的兩岸經濟制度性合作與一體化形式可能帶給微觀層面的各個經濟主體和中觀層面的各個行業的具體影響與效應未加細緻深入分析。事實上，這種影響與效應在很大程度上取決於實施特定合作與一體化安排時這些微觀經濟主體、中觀行業在當時的競爭力，因此，基於當前的經濟狀況分析特定合作與一體化形式的影響與效應有助於選擇適宜當前的合作與一體化形式。

第一章　兩岸經濟合作與一體化研究現狀及進一步研究方向

　　自1980年代初兩岸經濟合作與一體化倡議的最初提出，兩岸經濟合作與一體化問題的研究工作就開始了。20多年來，隨著世界經濟形勢與格局以及兩岸政治經濟形勢與關係的不斷演變，兩岸經濟合作與一體化的倡議在不斷地提出，研究工作也在不斷深化之中。本章旨在透過對有關代表性研究文獻的歷史回顧，揭示現有研究的貢獻與不足，把握學界研究的發展脈絡，探索進一步研究的思路與方向，為進一步探析提供一個研究基礎、邏輯起點與分析線索；在此基礎上，闡明進一步研究的目標與意義、思路與框架。

第一節　兩岸經濟合作與一體化問題研究現狀回顧

一、兩岸經濟合作與一體化倡議的提出

　　兩岸經濟合作與一體化倡議的提出，最早可追溯到1980年代初。早在1980年，香港學者黃枝連就提出了「中國人共同體」概念（黃枝連，1980）。由於那時眾所周知的兩岸四地（中國大陸和作為單獨關稅區的臺灣、香港、澳門）政治經濟狀況等因素，這一新概念當時未能在兩岸四地及國際社會中引起較大的反響。但1980年代中後期以來，隨著中國大陸改革開放發展進程的深化以及兩岸四地經貿關係的發展，兩岸經濟合作與一體化問題逐漸成為一個相當熱門的話

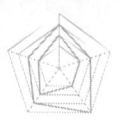兩岸經濟制度性合作與一體化發展研究

題,各種有關兩岸經濟合作與一體化問題的設想及概念層出不窮,異彩紛呈,計有數十種之多[4]。比較著名的有1988年美國印第安那州博爾大學經濟系鄭竹園提出的「大中華共同市場」(鄭竹園,1988)、美國威斯康辛大學經濟系高希均提出的「亞洲華人共同市場」(高希均,1988)、1989年福建省社會科學院亞太研究所金泓汎提出的「海峽兩岸經濟圈」(金泓汎,1991)。

1990年代以來,隨著世界經濟的全球化與區域化發展,特別是隨著中國大陸市場經濟體制的初步確立,兩岸四地總體經濟規模的不斷增長以及彼此經貿關係的日益緊密,海內外各界意識到兩岸功能性經濟一體化正在形成,有關兩岸經濟制度性合作與一體化的呼聲也日益高漲。

臺灣方面,兩岸經濟合作與一體化問題自1990年代以來已成為臺灣甚為關注的一個熱點議題,許多有識之士或發表支持性意見,或直接呼籲並積極推動。1990年,時任行政院長的李煥認為:「不論中華經濟共同市場、大中華國協,均植基於共同利益和理想」。1991年,當時的經濟部部長蕭萬長曾建議兩岸三地組成「中國共同市場」,以便整合大陸在自然資源與人才、香港和臺灣在資本與技術等方面的互補性優勢,提升兩岸三地在全球市場的競爭能力。1992年初,時任行政院長的郝柏村對「建立中華經濟圈」構想作了充分肯定,認為是「國統綱領」遠程應走的方向。時任陸委會副主委的馬英九也表態說,「行政院」和「陸委會」對建立「大中華共同體」持樂觀態度,但因客觀條件限制,暫時無法實施。在1993年3月底臺北舉行的「海峽兩岸人才資源開發研討會」上,時任行政院經建會副主委的葉萬安明確表示「大中華經濟圈」構想可行,關鍵在於開放兩岸直航。當時的中華經濟研究院院長于宗先在研討會上也認為,兩岸經濟體具有互補性,建立「中華經濟圈」可以取長補短,實現共贏[5]。面對世界經濟三大區域一體化的發展與世界貿易組織(WTO)多邊貿易體制的建立,1993年末,行政院經建會在提出「南進政策」與推行「北上政策」的同時,提出了「西進政策」,擬定了一項整合中國大陸共同形成一個「亞洲經濟聯盟體」的設想,意在把中國大陸作為臺灣未來經濟發展的腹地,實現臺灣的「亞太營運中心」計劃(王建民,1994a)[6]。

2000年5月20日主張「臺獨」的民進黨上臺執政後，政治方面由於臺灣當局不承認「一個中國」原則，導致臺海局勢陷於危機狀態，經濟方面則因繼續實行李登輝時期的「戒急用忍」限制性政策，使已具相當規模的兩岸經貿關係遲遲無法正常化。面對兩岸關係日趨緊張複雜，臺灣政經局面混亂的形勢，蕭萬長從臺灣立場出發，在其先前的「中國共同市場」倡議基礎上提出建立「兩岸共同市場」構想，希望透過加強兩岸經濟關係的整合來化解兩岸關係的僵局，擺脫臺灣政治經濟的困境，為新世紀臺灣的生存與發展尋求可行之路。2001年3月底，蕭萬長進一步將「共同市場」倡議與構想付諸行動，建立了「兩岸共同市場基金」，旨在透過這一民間性質的研究論壇推動兩岸經濟合作與一體化實踐，並引起了海內外的關注（參見王銘義，2001；鄧利娟，2001）。

進入21世紀，順應經濟全球化與一體化深化發展的趨勢和自身經濟發展的需要，海峽兩岸經濟體（中國大陸和作為單獨關稅區的臺灣）在新世紀初始相繼加入WTO，全面參與了以現代市場經濟體製為前提和基礎、以經濟全球化為主要特徵和內容、以多邊經濟貿易協定為核心的世界經濟體系，並與作為單獨關稅區的香港、澳門在WTO中形成了「一國四席」格局。在當前世界經濟的全球化與區域化並行發展潮流中，在同一多邊貿易體制的約束下，兩岸四地及其經貿關係的發展面臨新的機遇和挑戰，經濟交流與合作方式面臨著變革的要求，需要在WTO框架下探索經濟交流與合作的新形式。一個可以選擇的方式就是兩岸四地在WTO框架下實行某種形式的經濟一體化安排。顯然，在此背景下，兩岸四地制度性經濟一體化問題已不僅僅是學界研究的事情了，而已在實踐中有了其一定的必要性與緊迫性。於是，在兩岸四地當時的政治現實條件下，便誕生了2003年的內地與香港、內地與澳門的《更緊密經貿關係安排》。這又進一步促使了海峽兩岸的有識之士對兩岸經濟制度性合作與一體化的呼籲與研究。正是在這種背景下，2005年4月和5月連、宋大陸行時兩岸正式提出了「兩岸共同市場」及「兩岸自由貿易區」的制度性一體化議題。

當然，自兩岸經濟合作與一體化的倡議誕生以來，也有一些人士對其持懷疑甚至反對態度（參見梁國樹，1998[7]；周添成，1995[8]），認為兩岸四地特別是大陸與臺灣不僅經濟制度與經濟自由化開放程度不同，經濟發展水平差距過大，

而且政治制度明顯不同，意識形態迥異，加之歷史宿怨猶在，敵對情緒未消，缺乏基本的互信，難以接受對方提出的「特定」交流與合作方式。即便結成某種制度性一體化形式，也會有損於香港的國際經濟中心地位，也不利於臺灣開放自由的外向型經濟發展，而且也會引起國際社會，特別是美國、日本及東南亞一些國家的疑慮甚至反彈。這些懷疑與反對意見在一定程度上阻礙著兩岸經濟制度性合作與一體化實踐的啟動。

上述關於兩岸經濟制度性合作與一體化的對立性態度的存在，在一定意義上表明兩岸經濟合作與一體化論題還有待進一步深入研究。然而，綜觀兩岸四地及海內外的有關言論與研究，贊成與主張兩岸經濟制度性合作與一體化的觀點明顯占多數，總體上位居主流。

二、兩岸經濟合作與一體化研究文獻回顧

兩岸經濟合作與一體化倡議的最初提出，啟動了兩岸經濟合作與一體化問題的研究工作。20多年來，隨著世界經濟形勢與格局以及兩岸政治經濟形勢與關係的不斷演變，兩岸經濟合作與一體化研究也在不斷地深化之中。縱觀兩岸經濟合作與一體化問題研究文獻，基本上可以劃分為這樣三個歷史性的研究階段：1980年代的以一體化概念與設想提出為主的研究起步階段、1990年代的以功能性一體化研究為主的研究發展階段、21世紀初兩岸加入WTO前後的以制度性一體化研究為主的研究深化階段。

（一）1980年代的代表性研究文獻回顧

如前所述，兩岸經濟合作與一體化倡議的提出，開啟了兩岸經濟合作與一體化問題的研究。伴隨兩岸經濟合作與一體化問題的研究，1980年代中後期，各種概念、設想層出不窮，異彩紛呈。其中，比較具有代表性的研究是美國印第安那州博爾大學經濟系鄭竹園教授1988年6月提出的「大中華共同市場」構想。

鄭竹園根據當時海峽兩岸與世界經濟情勢，分析了兩岸統一的可行路徑與成

立「大中華共同市場」的意義與必要性，認為：二戰以來，世界經濟發展的基本趨勢是國際化與區域一體化並行，對峙多年的海峽兩岸應以西歐國家為範例，尋求可以共存共榮的途徑；鑒於兩岸現階段政治經濟制度迥異，全面性的統一不可能達成，唯一可行的道路是依照歐洲國家的先例，成立「大中華共同市場」；「大中華共同市場」的成立，將有助於兩岸未來的統一和現階段經濟的發展，這是由兩岸經濟體共同面臨的困境和各自具有的優勢所決定的。鄭竹園還進一步提出「大中華共同市場」的組織模式與原則，認為，「大中華共同市場」的構成條件已基本具備；為促進中華民族的大團結，「大中華共同市場」應以中國人為主體，包括中國大陸、香港、臺灣與新加坡；在開始階段可完全依照歐洲共同市場體制模式，遵循的原則：一是共同市場各成員方維持原有政治經濟體制，不相統屬；二是共同市場現階段的功能僅在於追求經濟互助合作，不求政治上的統一（政治統一作為未來目標）；三是共同市場總部可設在香港或新加坡，輪流在北京、香港、臺北及新加坡舉行年會（初期以促進貿易、投資機會為目的）；四是共同市場各成員方相互減少貿易限制，提供優惠貸款，但不包括資金、勞力的直接交流。

實際上，同一時期的海峽兩岸學界方面也提出了類似設想（參見曹小衡，2002）[9]。早在1988年1月，臺灣輔仁大學國際貿易系主任林邦充就提出了一個海峽兩岸從經濟入手，成立「華人共同市場」，分四個階段實現和平統一的方案：一是開放間接通商；二是開放直接通商；三是組建共同市場；四是實現「中華聯邦」。其中的「華人共同市場」也由中國大陸、香港、臺灣及新加坡組成。同年，香港大學經濟金融學院教授張五常也提出「兩岸經濟大循環」模式，認為基於現階段兩岸關係的政治統一目標實難達成，可考慮此模式，試行經濟途徑，從而相互得益，減少敵視，再逐步走向統一。

綜上可見，這一時期，學者們主要是基於兩岸現實關係，從和平統一角度，在以歐洲共同市場為代表的國際區域一體化實踐的啟迪下，提出了兩岸和平統一路徑與經濟一體化的建議與設想。這些建議與設想雖然有其一定的創新與現實參考意義，但基本上僅是一種初步的構想，缺乏從理論層面的深入考察，尤其是在經濟基礎條件與政治現實可行性方面的研究明顯不足。

（二）1990年代的代表性研究文獻回顧

1990年代以來，世界經濟的全球一體化與區域一體化並行發展，中國大陸的市場經濟體制初步確立、中華經濟區總體經濟規模在不斷增長、兩岸四地經貿關係日益緊密。面對這種情勢，這一時期的學界方面加強了對兩岸經濟合作與一體化問題的研究與探討。

已故臺灣大學經濟系教授、中央銀行原總裁梁國樹，1991年12月針對1980年代末1990年代初提出的「中華經濟圈」和「大中華經濟共同體」類的構想向臺灣當局發表了自己的看法（參見梁國樹，1998）。梁國樹從不同程度與形式的區域經濟一體化組織的建立條件、當時兩岸的政治經濟發展狀態及其關係、臺灣的政治經濟安全等方面批駁了「大中華經濟共同體」類的構想，認為這類構想雖在言論上頗具吸引力，但實際上是出於一些觀念上的錯位，不僅不切實際，同時也可能對兩岸關係的正常發展產生不必要的困擾，甚至影響臺灣安全。梁國樹認為，目前所提各類經濟圈的構想，多未能瞭解世界上各種經濟整合方式的含意和限制，而僅從字面上的意思提出建議，而且沒有理清合作方式、程度及可行性；從目前乃至可預見的兩岸各自的經濟發展階段及經濟制度與政策來看，兩岸沒有建立制度性一體化組織形式的經濟基礎條件，更不要說政治關係條件；華人間的經濟合作的確是臺灣經濟可以利用的一種重要資源，但這種合作透過市場力量及貿易與投資關係即可達成，並不需要任何進一步的「政府」間的制度性經濟整合。在目前經濟全球化背景下，臺灣應該且有條件與各主要經濟圈都保持密切關係，要以環太平洋經濟圈的重要成員以及東亞與東南亞經濟圈的主要領導者之一的多重身分，扮演經濟圈之間的中介和樞紐角色，不宜偏重與大陸的關係。目前更不宜引進大陸勞工，以免增加兩岸人民衝突的機會，甚至使得大陸有機會在臺灣滲透或製造事端，取得進犯臺灣的藉口。對大陸的投資、貿易與文化交流，以及發揮中介與催化作用，借助平等互惠的國際經貿活動把國際影響力引入大陸，並使大陸融入國際市場，才是協助大陸進步的最有效的辦法。全世界的區域經濟整合都是政治友好國家間的整合，絕無敵對地區間經濟整合者，兩岸政治上成為「國協」或「邦聯」等的可能性以及文化上的合作不宜與經濟整合混為一談，以免在美麗而不切實的經濟幻想下採取政治上不利的做法。

1992年1月，兩岸四地學界人士聚集香港，召開了首次「中華經濟協作系統研討會」，會議以「中華經濟協作系統」的理論與模式為主題，並對兩岸四地經濟協作與一體化的可行性進行了研討[10]。「民主文教基金會」董事長關中概括了兩岸三地經濟一體化的制約因素與可能出現的產業分工困境。關中認為，當前兩岸三地經濟一體化面臨四大制約因素：一是海峽兩岸的政治分歧與對立勢必有礙兩岸推動與籌組任何形式和程度的經濟合作方案，成為經濟一體化的最大困境；二是當前兩岸經濟制度與資源配置方式的不同，致使價格機制失靈，比較優勢利益無可依循，從而區域一體化的自然分工體系無從建立，難以實現區域資源配置優化目的；三是當前兩岸貿易開放與自由化程度不同，而且都堅持出口導向為主的經貿政策，經濟一體化構想將不易實現；四是當前兩岸經濟體的發展水平懸殊，發展目標不同，經貿政策將難以協調一致以符合區域整體利益。具體而言，在當前的經濟條件下，基於比較優勢原理的兩岸產業分工體系（勞動力密集型與資本密集型或技術密集型的垂直分工）可能不能吻合大陸的產業政策導向目標，也就是說，當前兩岸經濟合作與一體化可能面臨區域內產業分工難以協調的矛盾。

鑒於國際經濟區域化與集團化趨勢日益明顯，而「中華共同市場」仍只停留在概念階段，缺乏具體的藍圖，鄭竹園在其1988年提出的「大中華共同市場」初步構想基礎上，於1992年7月再撰文《「大中華共同市場」的構想與實踐》，進一步闡述了這一構想的時代背景、經濟潛力、發展階段、未來功能與創立條件（參見鄭竹園，1994）。鄭竹園認為，在國際經濟區域化潮流下，以華人為主的新加坡和中國大陸及臺灣、香港若不能結合，只能依附其他集團並成為附庸。若能在既有的人力、外匯、資金資源以及外貿總值與技術水平基礎上，推誠合作，拋棄前嫌，可能形成一個極具經濟潛力與前景的共同市場，一個龐大的經濟力量。從貿易與投資角度看，兩岸四方已經發展成為日益緊密的互求互補關係，初步具有建立共同市場的經濟基礎。鄭竹園認為，涉及人員、資金、商品與勞務自由流動（如歐洲共同市場）的區域性經濟整合，在現階段兩岸四方不同的經濟水平與政治體制下沒有可能實現，構想中的「大中華共同市場」的主要功能是消除成員間的貿易障礙，實現兩岸直接三通。透過「四方協議」對成員間的投資給

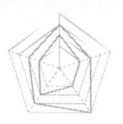

兩岸經濟制度性合作與一體化發展研究

予適當保障。結集成員間的資金、技術，合組巨型跨國公司，以與歐美日跨國公司爭雄，合作開發大陸，作為經濟發展的腹地。鄭竹園堅持成立一個開放型組織，並在現階段納入與兩岸均維持良好關係的新加坡，以作為橋樑和中間緩衝力量。鄭竹園認為，建立「大中華共同市場」的阻礙，不在於東南亞國家的反彈，而是來自兩岸領導階層的心態與政治對立；建議雙方拓展胸懷，放寬視野，以國家民族的前途為重，仿效朝鮮和韓國模式，推行「一國兩府兩制」，在未實現統一之前，雙方維持現狀，大陸宣布不以武力解決爭端，臺灣宣布不容許獨立與分裂運動，從而可以就擴大經濟貿易文化交流，建立共同市場等事宜進行具體規劃，以此為中國未來的和平統一奠定基礎。

經濟部貿易調查委員會與產業諮詢委員會委員、中興大學經濟研究所所長、經濟系主任周添成教授（1993）的《亞太地區經濟整合之展望》一文在論及華人經濟圈時認為（參見周添成，1995），有關各種華人經濟圈的構想與主張多少帶有現實性與理想性。所謂「現實性」，是指以現有的投資貿易為基礎，強調臺、港、澳與大陸不同地方間逐漸形成較為緊密的經濟區域，即一種自發的經濟整合；所謂「理想性」，是指希望由現實的基礎進一步向自由貿易區或共同市場類的制度整合推進。周添成指出，若是作為自然經濟整合的一種描述與強調，固然無可厚非；若作為區域整合的目標去推動，將遭到來自政治層面的層層障礙：除了兩岸關係能否突破之外，大陸可能會擔心沿海局部地方與港臺進行共同市場類的整合會助長「諸侯經濟」向「諸侯政治」演化；而臺灣在追求與大陸對等的原則下可能不會願意與大陸的局部地區建立經濟整合組織或協議。

世界銀行1993年發表的年度報告《全球經濟展望和發展中國家》，首次把大陸、香港和臺灣（即兩岸三地）合稱為「中華經濟區」（Chinese E-conomic Area, CEA），作為一個分析單元加以研究[11]，確認了「中華經濟區」的形成，並分析了其可能產生的影響。報告認為，兩岸三地正在形成一個整體的經濟區域，即「中華經濟區」。其依據：一是經濟規模極大而且增長迅速，並日漸明顯地影響著其他國家或地區；二是在外部環境影響的情況下仍然能夠保持中期增長；三是可以維持長遠的增長情勢。報告還認為「中華經濟區」將成為繼美、日、歐之後的第四個增長極，對世界經濟產生深遠的影響：其一，「中華經濟

區」作為一個重要的經貿集團，將有助於提高其經貿夥伴的增長潛力。其二，「中華經濟區」在低工資和低技術的出口方面享有比較優勢，將迫使其當前的國際競爭對手如泰國和馬來西亞向重工業與技術密集產品方面調整其產業結構；長期上會進一步迫使其潛在的競爭對手（當前的工業國家）向高科技與高附加值產業轉型。其三，與1960年代的日本崛起一樣，「中華經濟區」的崛起將促使世界經濟進行重大調整，「中華經濟區」不僅將大大拓寬世界市場，而且將成為工業世界出口高技術與資本品的一個主要市場。報告也指出，在世界經濟的這一新格局中，中華經濟區、美、歐、日四個增長極之間的合作性政策是極其重要的，需要有一個相互的、自由與開放的貿易政策。世界銀行1994年發表的研究報告《東亞貿易與投資》進一步認為：兩岸三地的經貿一體化，已使這一地區的經濟成長超越全球各主要經濟體，不但帶動了鄰近東亞各國的成長，並提供了投資機會，而且其較強的產品競爭力將迫使美國、東盟等這一地區出口商品的重要市場或競爭者不得不進行市場與產業結構調整。報告同時指出，不論是東亞區域還是兩岸三地，都不可能僅靠區域內的貿易與投資機會維持長期增長，而且對工業化各國的巨大貿易順差在政治及經濟上也不可能被允許長期存在，必須同步對外開放其市場，進行包括貿易與投資體制的自由化改革。

　　美國布魯金斯學會前高級研究員、華盛頓大學國際事務學院院長哈里‧哈丁（Harry　Harding）在《脆弱的關係：1972年以來的美國和中國》一書中論及了「大中華經濟圈」的性質與前景、作用與影響，特別是對美國制定對外政策的影響。哈丁（1993）認為，「大中華」確是兩岸三地經濟關係的一種新形式，但不大可能出現一個結合得極為緊密而且封閉的華人經濟集團，或者一個真正的統一的中國。不過，哈丁還是積極樂觀地評價「大中華」的影響，認為兩岸三地三個華人經濟體之間的基於互補性經濟條件形成的緊密經濟關係，使得它們中的每一個比沒有這種關係時都更加欣欣向榮。作為美國政府的一名高級智囊，哈丁還認為，「大中華」的緊密經濟關係，使得美國在制定對其中任何一個社會的政策時，都必須慮及該政策對美國與另外兩個華人社會之間關係的影響。

　　美國普林斯頓大學經濟學教授鄒至莊1993年發表的《中國與亞洲其他國家進入世界經濟一體化》一文，將「大中華」置於亞太經濟發展與世界經濟一體化

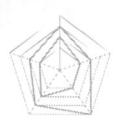

層面上考察,對兩岸三地經濟一體化的基礎條件與現狀作了初步分析。鄒至莊認為,在中國大陸與臺灣的經濟成長過程中,具有5個可以構成「大中華」區域經濟一體化的共同性:一是兩岸都在減少政府干預,鼓勵私人創業;二是在經濟發展初期都重視農業部門的發展;三是都將擴大出口作為經濟發展的一個重要因素;四是都強調一般物價的穩定;五是都在逐步放鬆進口限制,並將匯率官價定在接近自由市場匯率水平。鄒至莊還根據當時「大中華」區域的對外貿易在世界貿易中的比重和「大中華」區域內貿易流量、要素流動、思想觀念與生活形態的轉移等情況,認為經濟一體化正在兩岸三地特別是大陸沿海省份、香港、臺灣之間發展著[12]。

原國家計劃委員會經濟研究所徐棣華(1994)在《發展海峽兩岸經貿合作的展望和建議》一文中結合世界經濟格局的變化與兩岸經濟發展的客觀要求,研究了1990年代和21世紀初海峽兩岸經貿交流與合作的發展走勢、前景與對策。徐棣華認為,隨著1990年代區域性分工與合作的演化,以及亞太地區特別是東亞經濟的崛起,海峽兩岸有必要加快經濟一體化進程,建立比較緊密的經濟聯合,以增強國際競爭力。兩岸經濟結構功能的變化和互補關係的提升,將為經貿合作的擴大與深入提供較大的發展空間及潛力。而兩岸經濟體在加入GATT過程中加速自由化與國際化將為雙方經貿往來的擴大鋪平道路。兩岸經濟體間現行民間的間接、單向的交流方式向半官方的直接、雙向交流過渡不可避免,兩岸間的經濟合作將由市場推動的生產單位間的低層次合作進入由政府規劃與整合下的兩岸地區間的高層次合作。徐棣華指出,兩岸經貿合作不斷擴大與深入的客觀趨勢能否實現,仍將取決於雙方政治關係以及以此為基礎而制定的經貿政策能否順應潮流而互動。從目前看,兩岸經貿關係政治化將會持續,臺灣經貿政策在服從其政治鬥爭需要的前提下,迫於內外經濟形勢的需要和工商界的強烈呼籲,將會大幅調整。但由於兩岸政治取向的不同,和美、日等國際勢力的態度,兩岸三地建立「大中華經濟圈」的願望,近期內將難以實現,因為建立一定形式和程度的區域經濟合作,需要以政治上的合作為前提,透過官方簽訂某種協定,建立合作與協調機制。在兩岸政治對話尚有困難的情況下,可透過半官方和民間組織進行具體溝通,也可成立某種較鬆散的地區或部門合作組織,先行低層次的局部的經濟

整合,為兩岸走向經濟區域化與集團化奠定基礎。

循著這一思路,福建特色研究會課題組(1997)的《建立臺灣海峽經濟區的戰略構想》一文提出了建立臺灣海峽經濟區[13]的戰略構想。課題組認為,1980年代以來,順應世界經濟區域化、集團化的發展趨勢及中國改革開放政策的實施,兩岸經貿關係發展迅猛,臺灣海峽區域經濟一體化趨勢已顯露端倪。香港的回歸及閩臺直航為臺灣海峽經貿關係的發展提供了新的動力與契機,以經濟一體化的海峽經濟區作為今後海峽兩岸經濟合作的目標與架構應成為中國區域經濟發展的合理選擇。課題組提出了海峽經濟區的戰略目標與功能定位,認為海峽經濟區以和平與發展為宗旨,透過擴大兩岸經貿交流,形成合理的產業分工體系,促進海峽兩岸產業的升級,構建以國際市場為導向的製造業和現代農業及發達的服務業組成的產業體系,促進海峽兩岸經濟的共同發展,建成一個能與粵港經濟區、大上海經濟區相媲美的經濟區,並使之成為中國新的經濟增長極、兩岸「三通」先行區、海峽兩岸經濟一體化的銜接區、「一國兩制」的試驗區與和平統一的結合部、海峽兩岸乃至中國大陸與世界經濟接軌的中介地。課題組認為,海峽經濟區的現實模式選擇應是建立經濟協作區[14],以促進海峽區域內產業互補化、基礎設施網絡化、市場運行機制趨同化、經濟政策協調化,逐步淡化經濟邊界,最終實現「一國兩制」架構下的區域經濟一體化為目標模式。課題組還認為,構築海峽經濟區應堅持「一國兩制」原則、經濟為主軸原則、比較優勢原則、共同發展原則、開放性原則、互利互信原則等基本原則。課題組還提出了建立海峽經濟區的總體思路:抓住閩臺定點試航的契機,推動兩岸全面「三通」,促進以閩臺為核心、以浙南和粵東為兩翼、以贛南為腹地的海峽區域經濟的全面合作與發展。透過貿易與投資便利化措施,促進兩岸產業、市場、體制與基礎設施的全面接軌,實現海峽區域經濟一體化發展。將海峽經濟區建成中國版圖內經濟發達且最具活力的經濟區域,推動大陸經濟的發展和兩岸和平統一進程。

美國加州大學國際關係與和平研究院教授巴里·諾頓(Barry Naughton)1997年組織的一項研究課題「經濟圈——中國大陸、香港、臺灣的經濟和科技」(參見諾頓,1999)[15],第一個及時深入地對「中國圈」形成與發展的經濟動力因素進行了全面研究,主要從政府政策與企業決策角度描述與分析了中國圈

經濟區域的出現，特別是檢視了各經濟體的演化發展和政府經濟政策的相應調整，並對蓬勃發展的中國圈的未來發展方向作了簡要評估。諾頓認為這三個政治體制完全不同的地區，儘管存在著政治和外交方面的緊張，以及長期的、根深蒂固的猜疑與不信任，但近年來的經濟關係卻明顯發展，並超越政治邊界形成了一個越來越密切的重要的經濟區域（展現在勞動分工的出現、發展中的貿易與投資模式等方面）；在形成這種經濟區域方面，政府政策和私人行動之間顯現出一種互動關係：作為根本驅動力的經濟因素與市場力量，不斷促使三方政府調整有關政策，放鬆管制，以容忍所出現的經濟關係，並為其進一步發展提供機會；經濟關係一直在兩岸政治對抗中不斷發展，並不斷被撕裂，迫使中國圈處於休眠狀態，壓抑著各個組成部分間的相互作用；中國圈的未來將決定於中國大陸經濟政策的演變，進一步的改革開放將為「中國圈」進入一個增長階段創造條件。

黃範章、常修澤、曹小衡、徐忠（1998）的《對海峽兩岸經貿關係的思考》一文在對兩岸經濟實力、兩岸經貿現狀、發展前景及世界經濟發展趨勢進行分析的基礎上，認為由於兩岸經濟的發展、經濟實力的消長、經濟聯繫的日趨緊密以及世界經濟發展的區域化與集團化趨勢，深化兩岸產業分工、發揮各自比較優勢、逐步實現經濟整合已是大勢所趨，並提出了一個推進兩岸三地經濟整合進程的三階段路徑模式：第一階段為自發發展階段，這時期兩岸經濟聯繫以「間接、單向」為特徵；第二階段為經濟政策對話與協作階段，這時期兩岸經濟關係以全面「三通、雙向」為特徵，透過兩岸官方部門或授權單位進行政策性對話，並在條件成熟時成立磋商、協調機構；第三階段為經濟整合完成階段，將兩岸三地經濟發展納入長期規劃之中，進行全面協調。他們認為當前兩岸經濟關係正處在從第一階段向第二階段過渡過程中，建議成立一個民間「經濟論壇」組織，吸收專家及有關人士研討兩岸三地經濟合作問題，以推進一體化進程。

日本東京經濟大學教授劉進慶（1999）的《亞洲經濟危機對兩岸經濟之影響和兩岸經貿協作的新形勢》一文，實證分析了亞洲經濟危機對兩岸經濟的影響以及兩岸經貿協作的新形勢，認為：在經濟危機中兩岸外貿動態消長，大陸的經貿優勢遠超過臺灣，臺灣產業再升級離不開大陸市場，經濟出路和前途在中國大陸，兩岸中華經濟勢必一體化。

綜上可見，1990年代的學界研究，加強了對兩岸經濟合作與一體化問題的理論探討，在對兩岸功能性經濟一體化問題的實證分析基礎上，開始從世界經濟格局的演變與兩岸經濟體自身發展的需要角度，嘗試運用區域經濟一體化理論來研究兩岸經濟合作與一體化的意義與必要性、條件與可行性、效應與影響等問題，並初步論及兩岸經濟制度性合作與一體化的模式與路徑問題。

（三）兩岸加入WTO前後的代表性研究文獻回顧

進入21世紀，順應經濟全球化與一體化深化發展的趨勢和自身經濟發展的需要，海峽兩岸經濟體在新世紀初始相繼加入WTO，並與作為單獨關稅區的香港、澳門在WTO中形成「一國四席」格局。在當前世界經濟的全球化與區域化並行發展潮流中，在同一多邊貿易體制的約束下，兩岸四地及其經貿關係的發展面臨新的機會和挑戰，兩岸四地經濟交流與合作方式面臨著變革的要求。在此背景下，兩岸四地制度性經濟一體化問題在實踐中有了其必要性與緊迫性，並進一步促使了海峽兩岸有識之士的呼籲與研究。事實上，兩岸經濟體加入WTO前後，包括筆者在內的許多學者對WTO下兩岸經濟合作與一體化問題諸方面進行了一定的探討和研究，為推動兩岸經濟制度性合作與一體化實踐進行理論與方案準備。

曹沛爭、徐栩（2000）的《中國「入世」與「中國經濟一體化」的發展》一文對「中國經濟一體化」（即兩岸四地經濟一體化）的決定因素與效應以及兩岸加入WTO後的發展進行了分析，指出不同政治制度與經濟體制的兩岸四地形成緊密的經濟聯繫與合作，是由經濟利益需求、優勢互補需求、國際市場壓力與貿易保護主義、傳統文化與血緣、大陸的改革開放等五大因素決定的，具有必然性，是不可逆轉的歷史趨勢。面臨被區域集團邊緣化的危險，及時構建兩岸四地次區域集團有其必要性，並有助於經濟互補互利與持續增長、擴大規模效應與市場容量、取得顯著的貿易創造與轉移效應、優化資源配置與調整產業結構、加速中國統一進程。而兩岸加入WTO，將自然削減兩岸壁壘，從而將從商品市場、技術經濟、勞動力市場、服務市場、金融市場等五個方面，對「中國經濟一體化」的形成與發展具有強力的推動作用。

曹小衡（2001）的《東亞經濟格局變動與兩岸經濟一體化研究》一書試圖

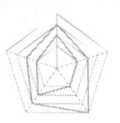
兩岸經濟制度性合作與一體化發展研究

在東亞經濟格局變動的背景下把握兩岸經濟關係的前景，尋找兩岸共同戰略利益的交匯點以及中長期兩岸經濟一體化的可行性、必要性、對接點，探討了兩岸經濟一體化的前景。作者在對當前東亞經濟格局的基本態勢與產業結構變動的分析基礎上，認為：1997年東亞金融危機以來出現的以日本經濟的不振、中國經濟的崛起、兩岸經濟聯繫的不斷深化為標誌的東亞經濟格局變化，有利於推動兩岸經濟一體化進程，特別是中國大陸經濟在東亞區域中的核心化乃是兩岸經濟一體化的原動力，而由功能性一體化走向制度性一體化是兩岸經濟一體化的最優和必然選擇。在該書中，作者還探討了國際經濟一體化理論對兩岸經濟一體化的適用性，一國兩制的經濟涵義與兩岸經濟一體化的關係等理論問題。作者在回顧一體化理論的來龍去脈基礎上，認為理論界研究的一體化理論的對象雖是國家間的關係或國家間的經濟關係，但從研究的具體內容而言，經濟一體化理論研究的是不同關稅區之間的經濟關係，因此應適用於海峽兩岸間的作為一個中國內的互不隸屬關稅區之間的一體化問題。作者認為，一國兩制是兩岸經濟一體化的基礎與前提，因為在經濟意義層面，它表明了兩岸間的兩種經濟體系長期共存性，並提供了一個穩定或確定的兩岸經濟關係前景，為推動兩岸經濟一體化搭建了一個現實平台。作者由此推論出兩岸經濟一體化的定位應是一個中國之內的兩個不同的經濟體系，兩個單獨的關稅區之間的經濟一體化。

郭萬達、馮蘇寶（2002）的《在WTO框架內建立兩岸四地自由貿易區》一文在概述全球化背景下建立雙邊或多邊自由貿易區的國際浪潮基礎上，分析了中國單獨關稅區間建立自由貿易區的必要性與障礙，並提出了中國單獨關稅區間建立自由貿易區的操作步驟。作者認為，WTO沒有處理屬於一國多席的成員之間關係的案例，用自由貿易區的模式來界定彼此的關係，沒有相關的規章可循，因此，兩岸四地在WTO內建立自由貿易區，是一個創舉，既要能展現「一國」又能反映「四席」的單獨關稅區經貿互動關係，而又與一般的WTO成員之間的關係相區別。作者認為，兩岸四地建立自由貿易區，有利於兩岸四地經貿關係的發展，發揮產業分工和互補作用，實現資源的最優配置；有利於貿易爭端的解決；有利於保護並促進港澳臺在內地的投資；有利於港澳臺依託內地持續高速的增長背景，率先走出經濟困境。作者還認為，兩岸四地建立自由貿易區的障礙，從臺灣

來看,主要來自政治因素,臺灣和中國大陸的「三通」問題沒有解決,就談不上建立自由貿易區;從港澳來看,其障礙主要來自於「自由港」的定位及其技術因素。中國單獨關稅區間自由貿易區的建立需要一個過程,需要影響各方因素的時機成熟。據此,提出建立中國單獨關稅區間自由貿易區的三個步驟,即應依據三條原則:一是先港澳後臺灣、先雙邊後多邊的原則;二是側重服務貿易的原則;三是授權地方政府先在次區域試點原則。

陳向聰(2002)的《兩岸經濟合作機制的選擇及制度框架》一文基於國際區域經濟合作的實踐,對兩岸經濟合作機制的選擇及制度框架做了初步設想。陳向聰認為,兩岸經濟合作機制的選擇與定位應根據不同的階段選擇不同的目標和模式。兩岸的經濟合作大致應分三個階段:第一階段,兩岸突破政治僵局,建立有效的協商機制,解決當前急需解決的兩岸經貿問題,攜手推動兩岸經貿關係正常化。這一階段主要借鑑APEC的較鬆散、非正式的組織模式和靈活簡便的合作機制。第二階段,建立自由貿易區,推動貿易和投資的自由化和便利化,可借鑑北美自由貿易區的模式,簽署兩岸自由貿易區協定,建立有效的執行和監督機制。第三階段,建立兩岸共同市場和經濟聯盟,實現商品、服務、生產要素的自由流動及兩岸稅收和貨幣等經濟政策的協調。陳向聰還提出兩岸經濟合作的制度框架,包括以兩岸經濟合作的原則框架、協商機制框架、運行機制框架、組織機構框架與主要內容框架等。陳向聰認為,當前兩岸經濟合作應堅持一個中國原則、經濟合作與政治統一暫時分離並最終結合原則、互不歧視原則、協商一致原則、靈活簡便與循序漸進原則。要建立多層次的協商機制,吸收兩岸現行的行業對行業、公司對公司的協商機制,同時建立兩岸高層(如部長級會議)協商機制,兩岸合作委員會的協商機制。兩岸經濟合作的內容涉及的領域應不僅包括貿易問題,同時可涉及服務業和投資問題,兩岸的農業、通航、基礎設施建設、技術、兩岸經貿爭端的解決機制等問題。

林媛媛(2003a、b)在《構建海峽兩岸自由貿易區的可行性分析》、《關於海峽兩岸自由貿易區目標模式的研究》兩篇論文中對建立海峽兩岸自由貿易區的必要性、難點、可能性、目標模式進行了分析與研究。林媛媛認為,建立海峽兩岸自由貿易區的必要性在於:區域經濟一體化趨勢不斷加強,客觀上要求兩岸

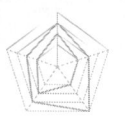兩岸經濟制度性合作與一體化發展研究

進一步加強合作與交流；為突破各自發展的「瓶頸」，兩岸需要產業互補；兩岸功能性的經濟聯繫向制度性經貿關係的轉變要求更大的發展空間；建立海峽兩岸自由貿易區的難點在於兩岸在「一個中國原則」把握上有極大的隔閡與分歧，談判會相當困難。兩岸間貿易及投資往來，基本處於「一邊倒」之勢。兩岸外部環境差異較大，還有待進一步改善。但是，建立海峽兩岸自由貿易區還是有著可能性的：兩岸入世是海峽兩岸自由貿易區建立的先決條件，將極大地促進海峽兩岸自由貿易區的建立；兩岸經貿發展迅速，投資日益增多是海峽兩岸自由貿易區建立的有利條件；兩岸文教，社會交流廣泛是海峽兩岸自由貿易區建立的文化底蘊；「三通」的實現將為兩岸自由貿易區的構建打下堅實的基礎。林媛媛還認為，構建海峽兩岸自由貿易區的目標模式應是在淡化政治的前提下，分步驟且有重點地一步一步向前推進，爭取在兩岸直接「三通」的基礎上，實現兩岸特定區域之間全面、直接、雙向的經濟交流，在條件成熟時，透過簽訂促進區域經濟合作的臨時協議做出貿易優惠安排，為自由貿易區的過渡期創造條件。可嘗試先在廈門和金門建立區域性自由貿易區，然後進一步建立臺灣與閩東南地區自由貿易區，最後形成海峽兩岸自由貿易區[16]。

王紅霞（2003）在其博士論文《建立中華自由貿易區的可行性及框架安排研究》中，透過分析香港、澳門、臺灣經濟發展面臨的挑戰，以及兩岸四地的現實經濟依存關係，得出兩岸四地自發的經濟一體化已經發展到相當水平，迫切需要在政策層面進行協調和制度安排，為現實的經濟一體化深化發展提供製度保障。王紅霞指出，中華自由貿易區的創建是符合兩岸四方經濟發展規律的現實選擇，應成為新世紀中國區域經濟一體化戰略的重中之重，臺灣區域經濟一體化戰略最佳夥伴是大陸與港澳，港澳區域經濟整合的最佳對像是大陸與臺灣。在分析必要性的基礎上，進而針對現存的各種疑慮進一步分析了建立中華自由貿易區的可行性問題，包括與WTO規則及「一國兩制」原則的符合，對港澳「自由港」制度的影響，以及不同政治體制下各地政府功能的協調等問題。最後，借鑑其他區域貿易協定的經驗和做法，結合兩岸四方經濟貿易關係的現實和特點，對中華自由貿易區的框架安排提出了建議和初步設計，並重點研究了中華自由貿易區的貨物貿易、服務貿易安排及原產地規則的制定和實施。

朱兆敏（2003）的《論「入世」後中國各單獨關稅區間建立緊密經貿合作關係的法律基礎和框架》一文對WTO下兩岸四地間建立緊密經貿合作關係的法律依據與基礎、法律途徑與框架進行了研究，認為：在WTO框架下兩岸四地建立緊密經貿合作關係存在兩個方面的法律依據和基礎：一是四個單獨關稅區在一個主權國家之下，本質上屬於一國內的經貿關係；二是四個單獨關稅區可以透過自由貿易協定游離於WTO多邊最惠國待遇原則之外，形成更加緊密的經貿關係。因此，兩岸四地之間更加緊密的經貿合作可以透過兩個管道進行：其一，主張中國各單獨關稅區之間的貿易為國內貿易；其二，援引《關稅與貿易總協定》和《服務貿易總協定》中關於自由貿易區例外的規定，建立中國各單獨關稅區間的自由貿易區。也就是說，兩岸四地之間開展緊密經貿合作的法律框架應當透過確立國內貿易體制或建立中國各單獨關稅區間的自由貿易區來達成。

曾華群（2003）的《兩岸四地建立更緊密經貿關係的法律思考》一文在論述WTO體制中「一國四席」的形成及其影響的基礎上，對兩岸四地建立更緊密經貿關係的法律模式及其法律特徵提出了自己的見解。作者認為：WTO體制中「一國四席」的形成，是由《WTO協定》有關成員資格的規定、中國獨特的歷史發展進程和「一國兩制」的政策取向所決定的；「一國四席」的重要意義首先是確立了兩岸四地新的法律地位，這是建立兩岸四地更緊密經貿關係必須面對的前提性、基礎性問題；作為WTO體制中「一國四席」的法律後果，兩岸四地相互之間的經貿關係安排以及兩岸四地與其他WTO成員之間的經貿關係安排，在未適用非歧視原則的例外規定情況下均須一體適用非歧視原則，這對兩岸四地建立更緊密經貿關係的法律模式的選擇將產生重要影響；在WTO體制下，部分成員之間建立更緊密經貿關係須尋求非歧視原則的例外，作為WTO成員的兩岸四地儘管同屬一個主權國家，在建立更緊密經貿關係的安排中，亦應循此通例，選擇符合WTO規則和中國國情的法律模式；由於在法律上修改WTO規則，規定「一國多席」情況下適用非歧視原則的例外，即規定「同一主權國家的例外」尚難預期，兩岸四地建立更緊密經貿關係在法律模式上的現實選擇就是根據GATT（關貿總協定）第24條建立關稅同盟或自由貿易區，或者簽訂形成關稅同盟或自由貿易區所必需的臨時協定。作者還指出，由於非主權實體參與締結條約或參加國際組織並不能

改變其法律地位,WTO下的香港、澳門、臺灣仍然只是作為單獨關稅區的非主權實體;作為WTO成員,同屬一個主權國家的國家主體(中國)與非主權實體(中國香港、中國澳門、中華臺北)之間簽訂的導向自由貿易區所必需的臨時協定,既是符合GATT第24條的成員之間的協定,實際上又不是國際條約,而是受國際條約規範和調整的一國國內的法律安排,是在GATT和WTO體制下的關稅同盟或自由貿易區安排的一個創舉,其實質是一國國內的經濟一體化安排,而不是區域性國際組織的經濟一體化安排。

李非(2005)的《建立「兩岸共同市場」問題研究》一文對建立「兩岸共同市場」的經濟背景、基本構想、試行區域等問題進行了初步探討,並就促進兩岸經濟合作的政策機制提出了個人看法。李非認為,建立「兩岸共同市場」是臺灣經濟在國際經濟區域化趨勢與區域經濟發展浪潮中調整產業結構、獲取競爭優勢、避免邊緣化的需要,也是中國大陸區域經濟發展的客觀需要;建立「兩岸共同市場」應遵循一個中國原則、國際經濟規則、互利互惠原則;「兩岸共同市場」的近期發展目標是在「試點直航」和「金馬直航」的基礎上,以兩岸直接「三通」為突破口,對兩岸經濟交流與合作做出某種類似CEPA的貿易優惠和投資便利化的安排,實現更緊密的經濟聯繫;中期發展目標是透過建立某種經濟聯繫機制、協調經濟政策、統一關稅,以提高兩岸經濟合作水平,實現兩岸全面、直接、雙向的經濟交流;遠期發展目標是透過建立統一的市場,逐步統一貨幣,實現兩岸區域經濟一體化,從而為社會與政治的整合奠定堅實的經濟基礎;從地域關係、人文關係、經濟條件、政策優勢看,海峽西岸經濟區應是「兩岸共同市場」的首推試行區域,在條件成熟時逐步擴大到其他區域;當前應進一步落實「同等優先、適當放寬」的政策,在海峽西岸經濟區中發揮資本開放機制、經貿交流機制、民間交流機制方面的對臺「政策試驗」功能。

此外,莊宗明、張啟宇(2005)也就建立「兩岸共同市場」的可行性原則和步驟提出了類似李非(2005)的看法和主張,並基於類似的理由提出以「閩臺共同市場」為「兩岸共同市場」試驗區的一種設想。黃紹臻(2005)提出,海峽兩岸功能性經濟一體化已經形成並不可逆轉,以此為基礎的制度性一體化是臺灣經濟發展的客觀要求;海峽兩岸經濟制度性合作與一體化要從低級向高級逐

步發展,從貿易正常化開始,經「更緊密經貿關係安排」,再發展到共同市場模式。

綜上可見,21世紀初海峽兩岸加入WTO前後的學界研究在繼續對兩岸功能性經濟一體化問題的實證分析基礎上,繼續從世界經濟格局的演變與兩岸經濟體自身發展的需要角度,繼續運用區域經濟一體化理論研究兩岸經濟合作與一體化的意義與必要性、效應與影響等問題的同時,主要對WTO下兩岸經濟制度性合作與一體化的條件與可行性、法律依據與準繩、原則與內容、模式與路徑問題進行了一定的探討。

第二節　對現有研究的簡要評價與進一步研究方向

上節對兩岸經濟合作與一體化有關研究及其代表性文獻的歷史回顧,顯然有助於我們把握學界研究的發展脈絡,探索進一步研究的思路與方向,並為進一步的探析提供一個研究基礎、邏輯起點與分析線索。

一、對現有研究的簡要評價

如上述文獻回顧顯示的,自1980年代初兩岸經濟合作與一體化倡議的提出,20多年來,隨著世界經濟形勢與格局以及兩岸政治經濟形勢與關係的不斷演變,國內外學術界對兩岸經濟合作與一體化問題的研究工作在不斷深化之中,大致經歷了1980年代的以一體化概念與設想提出為主的研究起步階段、1990年代的以功能性一體化研究為主的研究發展階段、21世紀初兩岸加入WTO前後的以制度性一體化研究為主的研究深化階段。歸納起來,學者們主要是從經濟全球化與區域化、兩岸經濟結構與發展、兩岸政治關係與和平統一、WTO法律體系以及周邊國際關係等不同的立場、角度和層面,對兩岸經濟合作與一體化的意義與

效應、條件與可行性、設想與前景等問題進行了一定的分析與探討,取得了一些研究成果。這些研究有助於深化對兩岸經濟合作與一體化問題的認識,也構成進一步研究的起點。

但從總體上看,現有的研究文獻大多只是就兩岸經濟合作與一體化問題的某一方面或者只是從某種立場、角度和層面出發進行的探討,少有從理論到實踐同時進行經濟、政治、法律等方面的綜合性分析和全面、系統、深入的研究,更缺乏超越經濟層面而從區域一體化理論高度與兩岸對外政治經濟發展戰略以及政治關係與經濟關係之關係角度的深度分析,因此不能很好地回答兩岸經濟制度性合作與一體化的動因與必要性、條件與可行性、動力與路徑、機制與模式等問題,更未能提出在當前兩岸關係狀態下切實可行的一體化路徑與模式。當然,這主要是由於兩岸經濟合作與一體化存在的問題太多,並過於複雜,而制度性安排的實踐活動又尚未啟動,缺少直接的實踐經驗,許多理論問題仍需探討,由此增加了研究的難度。

二、進一步研究的目標、思路與意義

如前所述,關於當前兩岸經濟制度性合作與一體化仍然存在較大的認識分歧,並鑒於當前兩岸政治關係僵局的制約和現有研究的侷限,顯然有必要以兩岸經濟制度性合作與一體化問題作為專門的研究對象,綜合學界現有的研究方法與研究成果,對其動因與必要性、條件與可行性、動力與路徑、機制與模式等問題,進一步從理論到實踐同時進行經濟、政治、法律、文化等方面的綜合性分析和全面、系統、深入的研究,特別是探索在兩岸政治關係瓶頸與WTO規則制約下的一體化動力與路徑、機制與模式,提出切實可行的兩岸一體化路徑與模式安排。

一般而言,對一個問題的系統研究需要有一個綜合性的理論分析框架。隨著兩岸功能性經濟一體化的不斷強化,當前,越來越多的學者運用經濟一體化理論

來研究兩岸經濟合作與一體化問題。筆者認為，這種做法有其一定的合理性，但在當前的兩岸關係情勢下，僅僅從經濟層面來研究兩岸經濟合作與一體化問題，會有其嚴重的侷限性；而一些人士有意無意地完全照搬國際區域一體化理論與模式來論述、設計、規劃兩岸經濟合作與一體化，將兩岸一體化問題與歐盟一體化相提並論，意圖把兩岸關係定位為一種「國家間關係」，則只能把問題複雜化，而無助於問題的解決。

一方面，大陸與臺灣同屬一個中國，兩岸政治經濟關係不能簡單地等同於國家間的政治經濟關係。由於這一特殊性，兩岸經濟合作與一體化問題至今沒有業已成熟的理論可以套用。更何況，作為一種思想理論的區域主義一體化，在實踐中形成了各有其自身範式侷限的眾多理論與不同流派，至今也沒有一個統一的系統的理論分析框架。另一方面，區域一體化理論的對象雖然通常是國家間的政治經濟關係，但從研究的具體內容來看，它研究的是相對獨立或自治的政治經濟實體間的政治經濟關係，特別是經濟一體化理論主要研究的是具有對內、對外經濟政策自主權的不同經濟體或關稅區之間的經濟關係。因此，筆者認為，在當前兩岸尚處於分治狀態的現實情形下，基於和平統一的目的，對兩岸一體化問題的研究，特別是對一國內的、同為WTO成員方的不同關稅區之間的經濟一體化問題研究，雖然不能完全照搬現有的各種國際區域一體化理論，但顯然可以吸取各家之長，建立一個綜合性的、系統的理論分析框架，以此為兩岸經濟合作與一體化問題研究提供參考和借鑑。此外，還可以從正在進行中的內地與港澳的一體化實踐（CEPA），歸納出WTO下兩岸四地間經濟一體化安排的基本特徵與共性。

基於上述認識，本書首先試圖揚棄與整合各種區域一體化理論的內容和觀點，從區域合作與一體化的動因與必要性、條件與可行性、動力與路徑、機制與模式等方面，歸納總結出一個可以系統研究區域合作與一體化問題的綜合性的理論分析內容框架；進而試圖借鑑這一理論分析框架，從區域一體化理論高度與兩岸對外政治經濟發展戰略以及政治關係與經濟關係之關係角度，超越單純經濟層面的分析，對兩岸經濟制度性合作與一體化的動因與必要性、條件與可行性、動力與路徑、機制與模式等方面的問題，進行經濟、政治、法律、文化等方面的綜合性分析和全面、系統、深入的研究，以便較準確地把握兩岸經濟制度性合作與

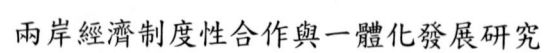

一體化進程，並為其實踐進行理論與方案準備。

在具體研究方法上，鑑於海峽兩岸關係在政治、經濟、文化、歷史等方面的特殊性，本書將主要從區域一體化理論與實踐的視角，並借鑑相互依存論、國際政治經濟學等理論的方法和觀點，以經貿分析為主兼及政治、法律、文化與國際經濟關係等因素，對兩岸經濟制度性合作與一體化問題進行歸納與演繹相結合、實證與規範相結合、定性與定量相結合、靜態與動態相結合、理論與實例相結合的綜合性分析。特別是將基於區域一體化的共性與兩岸一體化的特殊性，綜合運用比較分析法，探討在兩岸政經關係互動中的兩岸經濟制度性合作與一體化的發展路徑與模式選擇問題。

綜上可見，對本論題的研究，不僅與當前世界政治經濟發展的趨勢與要求相呼應，有助於深化區域一體化理論研究，而且與當前兩岸經濟體的發展形勢與需要以及兩岸政治經濟關係發展態勢相呼應，有助於深化對兩岸經濟合作與一體化的認識，較準確地把握其發展進程，並有助於兩岸經濟合作與一體化理論研究的深化和實踐的推進，對「一國兩制」內涵與外延的豐富、制度與政策的創新，以及國家的和平統一等方面也有著一定的理論與實踐價值。

第二章　國際區域一體化問題及其理論分析框架

　　國際層面的區域一體化（Regional Integration），無論作為一種思想理論還是作為一種實踐運動，自其誕生以來就在爭論中發展著，至今已形成了眾多的理論與不同的流派，但卻沒有一個統一的系統的理論分析框架。本章旨在對各種國際區域一體化理論內容和觀點進行揚棄與整合，歸納總結出一個可以系統研究區域一體化問題的綜合性的理論分析內容框架，為兩岸經濟制度性合作與一體化問題研究提供參考和借鑑。第一節對區域一體化實踐與理論的發展歷程進行簡要概述，以便從總體上把握區域一體化的發展脈絡。第二節對國際關係學、國際經濟學中的區域一體化理論及其發展分別進行簡要回顧與評述，以便於進一步的理論探討。第三節進而從區域一體化的動因與必要性、條件與可行性、動力與路徑、機制與模式等方面，揚棄與整合各種區域一體化理論的內容和觀點，歸納總結出一個綜合性的理論分析內容框架。

第一節　國際區域一體化發展歷程概述

　　區域一體化理論的發展是與現實世界中的區域一體化實踐運動的發展緊密相連的。因此，在深入研究的開始有必要對區域一體化實踐與理論的發展歷程做簡要的回顧，以把握區域一體化發展的脈絡。總體上看，區域一體化主要是國際關係學與國際經濟學研究的問題，雖然這兩門學科關注的主題重點不完全相同，在區域一體化的歷史起源與分期方面也有差異，但它們的研究存在著相當的互補性，共同推進著區域一體化實踐和理論的發展。

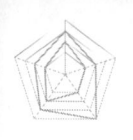

一、國際關係學視角的區域一體化發展歷程

國際關係學視野中的區域一體化包括經濟一體化、安全（政治）一體化、社會（文化）一體化三個方面[17]，主要關注一體化的政治動因、條件、過程與結果等問題，因此常被稱為一體化的政治學。代表性的理論解釋主要有聯邦主義（Federalism）、功能主義（Functionalism）、交往主義（Transactionalism）、新功能主義（Neofunctionalism）、政府間主義（Intergovernmentalism）、自由政府間主義（Liberal Intergovernmentalism）、新自由制度主義（Neoliberal institutionalism）、建構主義（constructivism）等[18]。

區域一體化納入國際關係視角基本上是二戰後期的事。鑒於兩次世界大戰的慘痛代價，20世紀初以來，國際社會面臨的一個主要問題就是如何營造一個和平世界。在尋找答案的過程中，區域一體化進入了國際關係的視野。並且，伴隨二戰後歐洲一體化實踐運動的開始，出現了區域一體化理論。由於在普世主義理念基礎上建立的國際聯盟在維護世界和平與安全方面的失敗，聯合國制憲會議上出現了區域主義與普世主義的爭論[19]，並最終在聯合國框架下確立了區域組織在維護和平與安全中的從屬地位和區域主義國際作用的合法性，為後來區域組織在經濟社會方面作用的發展和區域意識的形成奠定了法理基礎。

國際關係學現有關於區域主義一體化的研究很大程度上是對歐洲一體化的歷史發展的理論探討，並把其歷史進程粗略地劃分為1980年代中期以前的舊區域主義和1980年代中期以來的新區域主義兩個階段。肖歡容（2002）結合歐洲一體化與發展中國家區域主義的發展進程，認為二戰以後區域主義一體化的緣起與發展可分為三個階段。筆者認為，從歷史發展進程視之，戰後國際區域一體化大致經歷了以下四個發展階段。

第一階段是二戰以後至1950年代末的區域一體化萌芽與初始階段。兩次世界大戰的浩劫以及歐洲民族國家之間的爭奪，給國際社會以極大震撼。如何建構戰後國際關係及維持世界和平成為世界各國特別是歐洲政治家與思想者的首要課

題。在普世主義之外，區域一體化提供了一種改變國家間關係的可能途徑與方法，加之戰後初期要求歐洲統一的歐洲觀念已經出現並深入人心。在此背景下，歐共體應運而生，並且伴隨歐洲煤鋼共同體的誕生，出現了功能主義、聯邦主義與交流主義對歐洲一體化的早期理論解釋。這些思路不同且彼此爭論的理論都認為，各國間相互更加緊密地聯合和彼此聯繫的不斷增加可以帶來積極的政治結果。

第二階段是1950年代末至1960年代末的區域一體化多樣化發展階段。這一時期，在歐洲一體化繼續發展的同時，非殖民化運動中誕生的第三世界新興民族國家為加強政治獨立和發展本國經濟，也開始模仿歐共體模式，走上區域一體化道路。此外，兩極對峙中超級大國領導的區域性軍事同盟在這個時期也獲得快速發展。這一時期，對歐洲一體化的理論解釋主要是新功能主義，而發展中國家區域一體化的理論基礎主要是以中心－外圍論為基礎的結構主義發展理論。

第三階段是1970年代至1980年代初期的區域一體化曲折發展階段。這一時期，由於兩極對抗的緩和，世界政治的多極化發展以及國際經濟相互依賴性的不斷強化，國際政治的關注重心逐漸由高級政治轉向低級政治，區域主義也主要從和平安全事務轉向經濟社會事務。相應地，歐洲區域一體化在國際動盪中曲折發展；綜合性區域組織與超級大國領導的軍事同盟則日漸衰落；同時又出現了東南亞國家聯盟類的次區域性安全框架；第三世界國家的區域一體化特別是區域經濟一體化運動經歷了1970年代的高潮與1980年代的停滯階段，由於成員方經濟發展水平、規模與結構的限制，發展戰略、政策、措施的失當，加之嚴重的債務和經濟危機而少有成功範例。在這種背景下，區域一體化理論有了重要發展，但也出現了理論解釋效能問題。新功能主義無法解釋歐洲一體化的新現象，對歐洲以外的區域一體化也缺乏解釋力。政府間主義自1960年代末挑戰新功能主義，在繼續發展，並與新功能主義一起形成了歐洲一體化理論解釋的主流理論。而激進主義的國際依附論成為第三世界國家解釋不發達，要求變革和以區域合作方式走集體自力更生之路的主要理論。

第四階段是1980年代中期以來的區域一體化新興發展階段，即所謂的「新

區域主義（New Regionalism）」[20]階段。這一時期，兩極體系對抗的緩和與消融、世界政治民主化與自由化的發展、世界經濟力量與格局的變動、發展中國家經濟體制與發展模式的變革、以烏拉圭回合談判為代表的全球主義進展的緩慢、歐洲單一法案的出臺與實行、國際社會對歐洲「堡壘」及邊緣化效應的擔心以及美國對區域一體化態度的轉向等因素，使1970年代以來一度停滯的區域一體化號角重新響起[21]。特別是1980年代中期以來以歐共體為典型的功能性組織的不斷演進和區域主義內容重心向經濟社會事務的不斷傾斜，強化了區域主義在全球主義中的地位，將區域一體化推向一個新階段；而1990年代以來的兩極體系的終結、全球化浪潮的湧起及其對民族國家的挑戰，更是進一步推動了區域一體化的多維、縱深發展。事實上，這一時期各個層次的區域主義（從跨國區域主義到一般區域主義合作以及區域一體化）都獲得了充分發展，不僅數量增加、範圍增大，而且在內涵上不再侷限於狹隘的安全與經濟目標，所關注的內容和目標在不斷增加，涉及建立在區域基礎上包括人權、民主、環境和社會正義的跨國社會和文化網絡等方面，展現了對國家內部事務的介入性（肖歡容，2002）。而突破冷戰對抗約束獲得快速發展的經濟區域主義，作為參與全球化的一種途徑和方式，不僅以符合GATT／WTO規則、超越多邊主義組織的目標內容等方式表現了融入世界經濟的開放性特徵，順應並促進了全球化趨勢，而且出現了北美自由貿易區類的跨越南北界限的發達國家與發展中國家間的區域一體化形式，為解決南北問題提供了一種新的思路。理論層面，隨著實踐的發展，一體化理論開始吸收不同理論觀點，出現了一定程度的混合與演進。在新功能主義注重借鑑其他流派理論觀點和政府間主義向自由政府間主義演變的同時，出現了新自由制度主義與建構主義等理論，這些理論對區域一體化雖然各有一定解釋力，但又無力完全解釋。而先前的發展中世界結構理論走向衰落，在探索新的區域一體化特別是超越南北界限的區域一體化的過程中，迫切需要尋求新的發展合作與區域一體化理論。

顯然，區域一體化在全球範圍的發展，日益要求從更為廣泛的國際關係視角進行理論分析，要求結合國際關係學、國際經濟學、國際政治經濟學等理論對整個區域一體化進行綜合性解釋。

二、國際經濟學視角的區域一體化發展歷程

國際經濟學視野的區域一體化，即區域經濟一體化，主要關注的是一體化的經濟動因、效應和條件。區域經濟一體化的歷史淵源可追溯到1850年的奧地利關稅同盟和1860年的英法貿易協定。由此可認為區域經濟一體化的發展至今已經歷了五個階段，而在二戰以來出現了三次高潮，成為當前世界經濟中與全球化並行發展的一個主流趨勢。

19世紀後半葉至第一次世界大戰是區域經濟一體化第一階段。19世紀後半葉經濟區域主義開始出現在世界經濟中，但在很大程度上只是一種歐洲現象，後來隨著工業革命、技術進步和資本主義的全球擴展而成為全球商業的重要組成部分。第一次世界大戰中斷了經濟區域主義的發展。

20世紀一戰結束後到二戰爆發前是區域經濟一體化第二階段。這一階段的經濟區域主義以主要發達國家為中心，以區域性的互惠安排為主要形式，但對外高築壁壘，歧視性比先前更甚，使世界經濟分裂為幾個相互排斥的經濟集團，直接引發並深化了世界經濟的大蕭條。

1950—1960年代是區域經濟一體化第三階段，也是二戰後的第一次高潮。鑒於二戰前貿易壁壘導致世界經濟大危機的教訓，當時許多國家紛紛建立符合關貿總協定（GATT）規範的區域性貿易集團，以實現區域內的貿易自由化。例如：法國等西歐六國1951年建立了歐洲煤鋼共同體，1957年建立了歐洲經濟共同體和歐洲原子能共同體，1967年合併為歐洲共同體，1968年發展成為關稅同盟；英國等七國1960年建立了歐洲自由貿易聯盟。發展中國家在學習歐洲一體化經驗基礎上也於1960年代建立了一些區域性經濟組織，例如：亞洲的東南亞國家聯盟（1967年），非洲的中部非洲關稅與經濟同盟（1964年）、南部非洲關稅同盟（1969年），拉美的中美洲共同市場（1961年）、安第斯條約集團（1969年）等。

1970年代至1980年代初期是區域經濟一體化第四階段，也是二戰後的第二

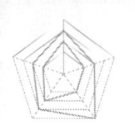

次高潮。兩次世界石油危機後，世界貿易保護主義抬頭，面對多邊貿易體制的失靈，各國再次寄希望於能夠實現內部貿易自由化的區域性經貿集團。這一時期，發達國家間的區域經濟一體化穩步發展。歐共體經過兩次擴大，在1986年成員國達到了12個，旨在貨幣聯盟的歐洲貨幣體系在1973年開始運作；澳大利亞和新西蘭在1983年建立了自由貿易區。這一時期，發展中國家間的區域經濟一體化發展顯著，出現了許多新的規模較大的一體化組織，例如：亞洲的海灣合作理事會（1981年），非洲的西非國家經濟共同體（1975年）、南部非洲開發共同體（1980年），拉美的拉美自由貿易區（1973年）、加勒比共同體（1973年）、拉美一體化協會（1981年）等。

1980年代中期至今是區域經濟一體化第五階段，也是二戰後的第三次高潮，被如前所述的國際關係學者稱為「新區域主義」。1980年代末，GATT烏拉圭回合談判進展艱難，使世界各國深感失望並更加重視區域性的貿易自由化，就連向來奉行單一多邊主義原則的美國也開始改變戰略，轉而重視經濟區域主義的實踐。由於區域貿易協定（Regional Trade Agreements, RTAs）較之GATT／WTO多邊貿易體制易於達成協議並產生實效，而區域經貿合作機制化可以較深入地挖掘經貿合作的潛力，進一步發揮經貿合作的地緣優勢，增強參與經濟全球化與多邊經貿體制的實力，加之已有的大多富有成效的區域貿易協定（如北美自由貿易區）的強烈示範效應和1990年代一再發生的地區性經濟危機的教訓，世界各國更加重視區域經濟合作的機制化，致使1990年代中期以來區域貿易協定浪潮高漲不衰，區域經濟一體化組織遍及全球。當前，WTO的絕大多數成員都參加了一個或更多的區域貿易協定。根據WTO統計[22]，1948—1994年期間GATT收到通知的區域貿易協定總計65個。而截至2008年12月15日，GATT／WTO已收到約420個區域貿易協定的通報，其中，355個區域貿易協定的通報是在1995年1月之後收到的，229個區域貿易協定現在施行中。這些區域貿易協定的成員方及其全球背景完全不同於早期的一體化計劃，在經濟全球化深化發展的背景下，大都決心削減貿易壁壘，致力於從高貿易壁壘保護下的內向型進口替代工業化發展模式轉向於促進出口的外向型政策。這些遵循WTO的一體化例外規定的、蓬勃發展的區域經濟一體化安排，作為經濟全球化的一種實現形式，與WTO為代表的全球性

多邊經貿體制相輔相成、相互補充，對推動世界經濟發展與各國經貿關係發展發揮了重要作用。圖2-1顯示了1948—2008年間通知GATT／WTO並在實行中的區域貿易協定（RTAs）的逐年累計數量及其增長態勢。

值得注意的是，一方面，這一階段的經濟區域主義發展表現為既有一體化組織的深化與擴大。例如，歐洲一體化的發展：在1986年擴大到12國的歐共體，從1987年生效的《單一歐洲法案》所要求的共同市場發展為1993年生效的《馬斯特里赫特條約》所要求的歐洲聯盟[23]，又經過1995年、2004年、2007年的三次擴展，成員國增加到了現在的27個；歐元於1999年作為非現金交易貨幣在歐盟中的11國開始流通使用，並於2002年完全取代11國貨幣，標誌著歐洲經濟與貨幣聯盟的基本完成；2004年10月29日，歐盟25個成員國的領導人在羅馬簽署了旨在保證歐盟的有效運作以及歐洲一體化進程的順利進行的《歐盟憲法條約》[24]。另一方面，這一階段的經濟區域主義發展還表現為以自由貿易區為主的區域一體化的廣泛發展，不僅在地理鄰近、經濟發展水平相似的國家間形成了很多自由貿易區（如1989年的阿拉伯馬格里布聯盟、1992年的東南亞國家聯盟自由貿易區、1993年的中歐自由貿易區、1994年的波羅的海自由貿易區、獨聯體），還出現了經濟發展水平不同的國家間的自由貿易區（如1992年的北美自由貿易區、1996年智利與加拿大簽訂的自由貿易協定），跨越不同地域的自由貿易區（如2000年美國與約旦、新加坡與墨西哥、新加坡與新西蘭、歐洲自由貿易聯盟與墨西哥、2003年歐盟與墨西哥結成的自由貿易區），以及超越貿易安排而在經濟、社會、文化等領域建立廣泛合作關係的自由貿易區（如1999年的「歐盟—南非框架協議」、2002年的「新時代日本—新加坡經濟聯合協定」等）[25]。當然，這一時期也出現了一些其他形式的一體化組織，如1994年成立的西非經濟與貨幣聯盟，作為共同市場的安第斯共同體（1988年）、東南非洲共同體（1994年），實質是關稅同盟的南方共同市場（1991年）、歐亞經濟共同體（1997年）等。事實上，上述區域經濟一體化的廣泛發展與自由貿易區成為一體化的主要形式是有著內在一致性的，反映了一體化程度與形式的經濟決定性。圖2-2顯示了截至2008年12月15日通知GATT／WTO並在施行中的229個區域貿易協定（RTAs）的類型及其所占比重。

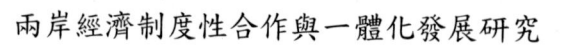

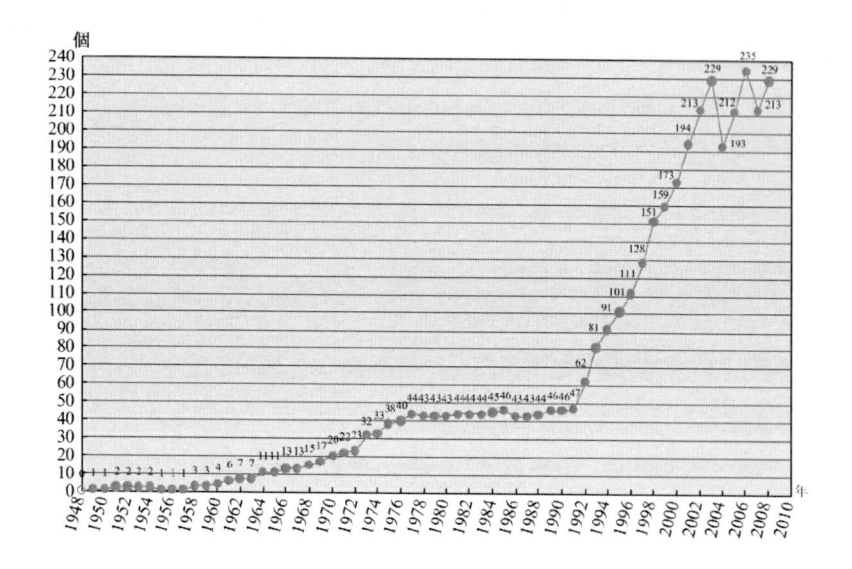

圖2-1 通知GATT／WTO並在施行中的區域貿易協定（RTAs）逐年累計數量及其增長態勢：（1948—2008年）

資料來源：根據WTO統計數據（參見http://www.wto.org/english/tratop_e/region_e/sum-marye.xls）繪製。

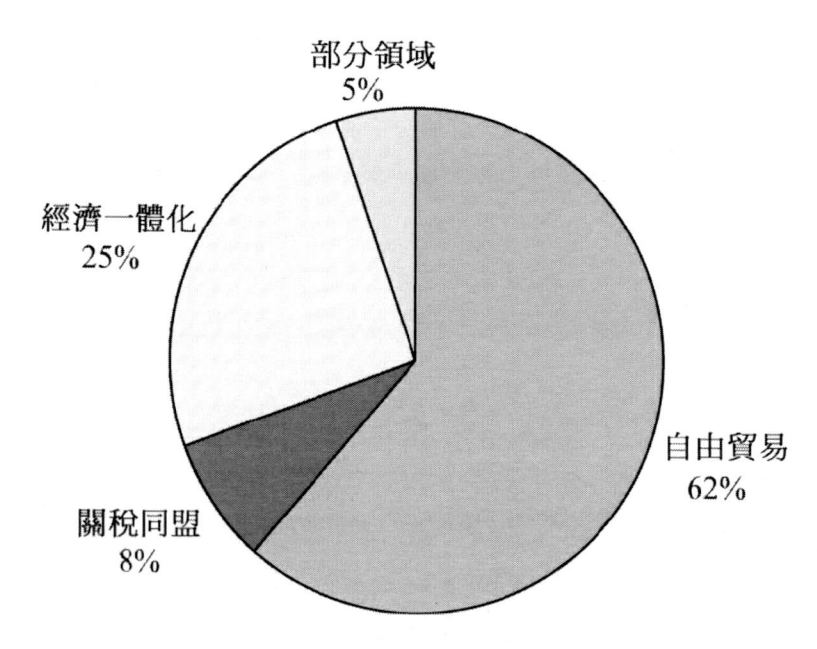

圖2-2 截至2008年12月15日通知GATT／WTO並在實行中的229個區域貿易協定（RTAs）的類型

及其所占比重

資料來源：根據WTO統計數據（參見http://www.wto.org/english/tratop e/region e/summarye.xls）繪製。

國際經濟學中的區域一體化理論，即區域經濟一體化理論，主要關注的是經濟一體化的經濟動因、效應與條件，多是從成員福利角度來解釋經濟一體化的形成，探討經濟一體化各種形態對成員福利的影響，很少關注一體化問題背後的非經濟因素、非經濟過程與非經濟後果，因此常被稱為一體化的經濟學。儘管以關稅同盟為代表的區域經濟一體化實踐在19世紀就出現了，但以瓦伊納（Viner，1950）關稅同盟理論的成型為標誌的國際區域經濟一體化理論的誕生卻是20世紀上半葉的事情。經過約20年的發展，這一理論大致在1960至1970年代才形成了以關稅同盟理論為核心的較為明晰的基本框架，但至今尚不成熟，未能形成一個能夠很好解釋整個世界範圍內的經濟區域主義，特別是新區域主義運動的系統的理論。當然，眾所周知，在其若干方面還是形成了比較系統的觀點，如關於區域市場一體化（Regional Market Integration）的關稅同盟理論（Customs Union Theory）與共同市場理論（Common Market Theory）、關於區域貨幣一體化（Regional Monetary Integration）的最優貨幣區理論（Optimal Currency Areas Theory）、關於區域政策一體化（Regional Policy Integration）的經濟學解釋等，它們構成了對區域經濟一體化的一般理論解釋。而1960—1970年代的發展中國家間經濟一體化還有自己的特殊理論依據及解釋，那就是眾所周知的以「中心—外圍論」為基石的結構主義發展理論與以「支配—依附論」為基石的國際依附理論。[26]本章第二節將對包括這些理論的各種區域一體化理論做必要的回顧與評述。

第二節　國際區域一體化理論及其發展述評

主張在區域趨同的基礎上建立政府間合作與超國家強制相結合的組織機制的國際區域一體化是當代國際社會中的一個最引人矚目的現象。那麼，區域一體化

的動因與必要性、條件與可行性、動力與路徑、機制與模式是什麼？換言之，其背後有著何種理論支撐？事實上，如上節關於區域一體化發展回顧顯示的，區域一體化主要是國際關係學與國際經濟學關注的問題，隨著區域一體化運動的發展，學者們圍繞著這些問題做出了各自不同的解釋，並形成了眾多的理論與不同的流派。作為進一步研究的基礎與起點，有必要對這些理論的觀點、方法與侷限進行簡單的回顧與評述。

一、國際關係學中的區域一體化理論及其發展

國際關係學視野中的區域一體化包括經濟一體化、安全（政治）一體化、社會一體化三個方面，主要關注一體化的政治動因、條件、過程與結果等問題，因此常被稱為一體化的政治學。代表性的理論解釋主要有聯邦主義、功能主義、交往主義、新功能主義、政府間主義、自由政府間主義、新自由制度主義、建構主義等等。

（一）聯邦主義一體化理論

聯邦主義（Federalism）既是一種觀念又是一種制度。王麗萍（2000）指出，作為觀念形態的聯邦主義主張建立統一的國家，強調一定程度的權力集中，實際上是一種特殊形態的民族主義，其目的是建立統一的民族國家。王浩昱（1997）認為，作為國家政治組織形式的聯邦主義制度是指政治上介於中央集權和鬆散的邦聯之間的一種制度[27]。在聯邦制度下，將原先的內政、外交上自主的各邦融合在統一的聯邦國家中。建立在成文憲法基礎上的聯邦政府與組成聯邦的各個邦，根據憲法的規範分權而治，從而形成國家權力至少在兩級政府中進行分配的獨特的組織形式，中央層次的統一性和地方層次的多樣性並行不悖。而且，聯邦的公民也因不同的管理領域，服從於兩個不同的統治權威。事實上，有關聯邦主義的界定很多，其核心是權力在不同層次政府組織中的分配。麥凱（Mackay，1961）曾針對歐洲一體化指出，聯邦主義是一種分配政府權力的方

法，使得中央和地方政府在一個有限範圍內是獨立的但卻又是相互合作的。檢驗這項原則是否實施的方法是看中央和地方權威是否相互獨立[28]。維斯蒂裡希（Wistrich，1991）認為，聯邦主義的實質在於權力的非集中化，以便滿足離公民更近的較低層次政府的需要。顯然，維斯蒂裡希的這個定義並沒有把聯邦主義限定在兩個層次組織國家權力，而是強調了聯邦多層分權的可能性。事實上，哈里森（Harrison，1974）早就指出，真正的聯邦主義是權力在許多層次不同的經濟、社會、文化利益之間的極端的分散和再分配。

1940—1950年代，受到美國、加拿大和澳大利亞等國聯邦制成功實踐的啟發，歐洲的聯邦主義者試圖將聯邦模式應用於歐洲各民族國家間的區域一體化實踐。他們主張在歐洲應採取較激進的方式，透過建立一個具有超國家（Supranational）性質的聯邦國家，自上而下將歐洲各國統一起來。這一聯邦國家一方面應擁有足夠的政治權力與強制力，以滿足成員國的集體防衛、內部安全和經濟發展的需要；另一方面允許各成員國存在差別，保持各自特點，並在某些政策領域行使自治（Pentland，1975）。就一體化進程的次序而言，聯邦主義者認為政治一體化應先行，理由是政治一體化可促進經濟一體化，而經濟一體化卻不一定能促成政治一體化。在聯邦主義者看來建立一個超國家的中央機構對一體化建設至關重要（Harrison，1974）。他們認為，由於各國對一體化的態度不盡相同，如果缺乏超國家權威，各國在相互合作過程中所享有的否決權將大大降低合作的效果，一體化也將因此難以實現。進而主張先建立歐洲民主政治機構，將各國的行政、立法和司法機關的某些權力轉授予超國家的歐洲機構。這些機構運作的法律基礎將來自具有歐洲民意基礎的議會，而不是各國政府，各國無權干涉。在他們看來，在歐洲一體化過程中，歐洲聯邦主義的傾向是否明顯，將取決於超國家組織功能的強弱，或歐洲議會民意基礎的深淺和功能的大小。

實踐中，聯邦主義者相信某種形式的憲法能起規範與約束作用，認為起草並透過成文憲法是實現一體化的手段，政府間談判因而占據一體化進程的核心地位。穆特默（Mutimer，1994）認為聯邦主義者有兩種實現憲法的方法：第一種方法是以美國經驗為模式的制憲會議，認為應該由一個選舉產生的制憲大會起草聯邦憲法。戰後初期的歐洲聯邦主義一體化運動選擇了這種方法，試圖透過歐洲

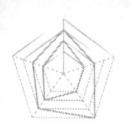

委員會實行制憲會議的功能並制定憲法[29]。第二種方法是政府間協定，即直接透過政府間的協定來實現聯邦式的聯盟。聯邦國家的建立要求成員向中央政府轉移部分主權，並透過政府間的討價還價來實現。歐洲理事會與部長理事會因此成為關注中心。政府間的方法為1980年代歐洲一體化的兩大重要進展——歐洲單一法案和馬斯特里赫特條約所證實。

  聯邦主義一體化理論是歷史最久的一體化理論，作為歐洲早期政治一體化理論的主要流派之一，明確提出了歐洲一體化的政治目標。但它在某種意義上與其說是一種理論，不如說是為了避免戰爭，實現和平而希望導向單一的政治組織的一種共識及其制度化安排（成員組織與超國家機構之間的權力分配）。與其他一體化的政治理論不同，聯邦主義一體化的最終目標比實現這一目標的手段更為重要。作為一種國際一體化理論，聯邦主義的最終目標是建立一個聯邦國家，用一個全球聯邦代替鬆散的聯合國，但現實情況只能始於並限定為建立區域性聯邦。聯邦主義一體化理論的提出者主要是參與歐洲一體化進程的政治家而不是學者。由於政治家們更加關注一體化的最終結果特別是聯邦機構的組建，而不是對一體化進程動力的理解，因此聯邦主義一體化理論明確了一體化的最終目標，但缺少為達到目標的過程分析，沒有解釋回答為什麼主權國家會同意建立一個超國家的權力機構。而且，對於一體化形成的新的聯邦國家的治理等問題也缺乏分析。此外，聯邦主義的邏輯屬於國家體系的邏輯，不能擺脫現實主義的窠臼，即使形成了區域性聯邦國家，國際體系仍然是以民族國家為基礎的國際體系，只不過其成員規模更大罷了，在世界性聯邦國家形成之前國際安全問題並未得到解決。從戰後歐洲一體化實踐過程來看，以聯邦主義來實現歐洲的統一阻力太大，建立超國家中央機構的設想在以民族國家占主導地位的國際關係體系中是不現實的，因為它意味著成員國喪失部分主權，並在很大程度上意味著民族國家的終結，所以從共同體產生之初就受到了各成員國政府和相當數量民眾的反對。然而，聯邦主義一體化理論對歐洲一體化建設的作用是不應被低估的，在當前的歐洲一體化過程中特別是歐洲聯盟的制度建構中仍然占有重要地位。

  （二）功能主義一體化理論

功能主義（Functionalism）一體化理論是戰後歐洲一體化理論的另一流派，是在反對聯邦主義者建立世界政府的主張中出現的。與聯邦主義「自上而下」完成一體化的政治主張相反，功能主義視一體化為一個過程，認為只有從各成員國的共同利益出發，透過不斷加強相互間的合作，一體化才有可能「自下而上」逐步完成，公眾對一體化的態度也才會日趨積極。如果說聯邦主義一體化理論側重對歐洲一體化未來目標的設計，那麼功能主義一體化理論則側重對歐洲一體化發展的動力機制與路徑的解釋。

功能主義的創始人密特蘭尼（Mitrany, 1943）在思考如何改變國家間關係、消除戰爭的原因、建構一個和平世界體系過程中認為，國家間聯盟組織的形式過於鬆散而難以完成這一使命，而區域化聯邦又過於緊密也難以真正實現；必須敢於衝破舊有的法律觀念，嘗試新的和平實現既定目標的方法。米特蘭尼在其代表作《有效的和平制度》一書中為國際一體化提出了另一種替代方法——「功能化選擇」（Functional Alternative）。主張基於解決共同性問題的需要，首先加強各國在技術和非政治性職能部門方面實行跨國界的功能合作，將先前屬於國家功能領域內的某些實踐事務的管理，委託給功能性的政府間合作組織，然後透過自動擴展效應逐步實現一體化的最終目標，直至建立一個與國際性問題相一致的國際政府。因為，功能主義認為這種跨國界的功能合作會自動地從一個部門向另一個部門擴展，而隨著國際活動及機構網絡的擴展，政治分歧將會得到消弭，所有國家的利益和社會將會因此而逐漸走向一體化。功能主義還認為，區域一體化不是要消除主權國家的所有權力去實現一個統一的政治聯盟，而是允許它們保持其權威以在較小的範圍內實現相應的管理與服務職責；一體化的最終結果是按照功能分別組織起來的技術化管理的國際社會，即一種非政治化的功能性組織的集合體；雖然也許會最終發展為某種形式的世界性聯邦，但它既不是必然的也不是必要的；最終的國際社會是一個由功能組織和民族國家共同組成的網絡性社會。

在密特蘭尼（Mitrany, 1975）看來，國家之間通常有三種途徑可避免戰爭，實現和平：一是成立國家聯合，例如一戰後的國際聯盟和二戰後的聯合國；二是建立區域性的聯邦體系；三是經由功能合作途徑來建立和平。然而，國家聯

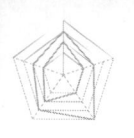

合雖可兼顧國家間合作，使會員國可保留自己的政策，但其目標並非向一體化發展；區域性的聯邦體系會使世界分成幾個較民族國家更大的不同的競爭實體，但並不能消除民族主義；而功能性的合作既可避免所建立的國際機構過於鬆散，又可以在共同生活的某些領域建立較廣泛且穩定的權威。因此，密特蘭尼（Mitrany，1948）主張建立一些獨立的國際性功能機構，各國可自由選擇加入或退出，並在此過程中不允許有任何政治安排。

功能主義的一個重要觀點是合作會自動擴展（Ramification），認為某一部門的功能合作會有助於其他部門的合作，即一個部門的合作既是另一部門合作的結果，又是另一部門合作的動因。早期功能主義的戰略就是要避開國家主權，把注意力轉向那些沒有爭議的技術性問題，讓各國分享功能性合作成果，然後透過擴展效應，逐漸擴大合作領域，滲透、同化政治部門，或為政治領域的合作奠定基礎，最後爭取實現全面的合作或一體化。比如：當幾個國家在經濟領域建立了共同市場後，就會產生一種內在壓力與要求，推動它們在價格、投資、運輸、保險、稅收、工資、社會保障、銀行以及貨幣政策等方面進行合作。這些功能部門的合作將會形成一種功能性的互賴網，逐漸滲透到政治部門。從根本上說，「經濟統一」即使不使政治協議成為多餘，也將為政治統一打下基礎（多爾蒂、普法爾茨格拉夫，1987）。功能主義認為，在日益增長的功能性機構的好處面前，人們會將原來對國家的忠誠轉變為對功能性組織的效忠，因而，功能性的合作將有利於一體化的完成。

功能主義理論認識到相互依賴與多元性並存基礎上的國際一體化是一個必要的、漸進的過程，認識到經濟和社會行為體在一體化進程中的重要作用，試圖找出一些共同的國際經濟和社會問題並創立解決這些問題的功能性區域或全球組織，從而引入了可以改變國際制度體系的新的組織模式，設計了可以導致主權受到侵蝕，觀念得到改變的功能方法。功能主義作為國際關係中占主導地位的現實主義的一種替代選擇，被用來解釋歐洲經濟共同體並作為歐洲一體化的一種理論。事實上，它對歐洲一體化的過程與觀念產生了十分重要的影響，1950年代初期歐洲煤鋼共同體的建立就是按照這種方式進行的。此外，當代一體化理論家的思想在很大程度上得益於功能主義概念（多爾蒂、普法爾茨格拉夫，

1987）。功能主義開始是作為一種和平的革新方法，其後的貢獻在於對國際組織和一體化研究，它代表著一種走向現代全球政治的較為廣泛的理論方向（肖歡容，2002）。然而，作為一種一體化理論，功能主義同樣有著自己的侷限：一是對國家政府在一體化中的角色與作用認識不足，沒有解決功能一體化進程中如何克服國家主權障礙問題；二是對高級政治與低級政治的差異認識不足，誇大了自動擴展效應的作用；三是對作為理論基礎的政治與技術的嚴格區分未必科學，並受到了嚴厲的批評。例如，哈里森（Harrison，1974）指出，大多數功能化服務最終將會涉及資源的配置，而對這些資源配置的決定必然是政治性的。

（三）交往主義一體化理論多一齊

以多伊奇（Deutsch）為代表的、作為一體化理論的交往主義（Transactionalism）又稱溝通理論（Communications）或多元主義（Pluralism），是歐洲區域主義早期理論流派之一，也是在解決戰爭問題的背景下出現的。在探索實現永久和平的過程與條件中，交往主義者（Deutsch，1957）整合社會、經濟、心理等各項因素，用溝通理論來研究共同體的建構，認為一體化的方法在於發展社會與人的關係，提出了建構共同體的方法以及一體化實現的標準、條件與過程。

多伊奇（Deutsch，1964）認為，不同形式的交往（Transactions）與社會溝通（Communications）是人們相互聯繫程度的表現。當人們在交往中的共同獲益（Rewards）顯著而損失（Penalties）較小時，人們就會喜歡這些交往；當這些交往很明顯（Visible）、容易認同（Identify）和區分（Differentiate），涉及這些交往的人們就可能形成共同體或集團意識（Images）；當這種交往是獲益的，這種共同體意識就是積極的，共同體中的「我群意識（We-feeling）」將會形成；如果人們的交往程度很高，並得到了實質性的共同獲益，那麼他們在其後的交往中也願意接受一些共同損失（Deprivation），只要仍然可以得到較多的共同獲益，即便是長期上的；在先前共同獲益中形成的相互認同，在以後的共同獲益與共同損失中會得到強化，並導致更大的凝聚力和習慣力量。

多伊奇（Deutsch，1957）將溝通理論應用到國際一體化，形成了交往主義

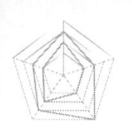

一體化理論的代表作——《政治共同體和北大西洋地區》。多伊奇認為，一個安全共同體就是已經一體化的一群人；一體化是在一定領土範圍內的某種「共同體意識」（Sense of Community）和制度及其實踐足夠強大與廣泛，以至可長久確保其居民實現「和平變化」的穩定預期；共同體意識是指一個群體內的每個個體的一種信念，這種信念至少達成了一個共識：即共同的社會問題必須而且能夠透過「和平變化」的進程來解決；和平變化是指社會問題通常透過制度化的程序而不是訴諸大規模的暴力來解決。多伊奇還把安全共同體分為兩種類型：一是「混合共同體」（Amalgamated Community），指各個單位（如國家）透過某種形式的制度性融合正式合併成一個更大的單位，在合併之後形成某種共同的政府，這種共同的政府可以是單一制的，也可以是聯邦制的；二是「多元安全共同體」（Pluralistic Community），即各個組成政府仍然保持它們各自的法律身分，不存在制度的合併或者創立超國家的權威。前者與聯邦主義、新功能主義談及的一體化類似，後者以區域性邦聯及傳統國際組織為代表。這兩種安全共同體的建立就是一體化的兩種道路。

進而，多伊奇指出了國際一體化與國際共同體建構的路徑與條件。認為國際一體化與共同體建構的路徑就是建立共同溝通與交往的網絡。國家之間的交往越多，存在的互惠重要性（Reciprocal Importance）就越大。交往可以獲益的觀念將促進信任的形成，而信任反過來會促進進一步的交往。隨著國際交往程度與互惠重要性的提升，共同體意識與共同的反應性（Mutual Responsiveness）將會形成與強化，事實上的一體化將會出現。在共同反應性出現過程中重要的環節就是培養作為制度建設基礎的共同體意識。共同體意識展現在多伊奇為兩類安全共同體的建構提出的一系列的條件之中。

多伊奇為混合共同體的形成列出了12個必要條件（參見Deutsch，1957；多伊奇，1992）：（1）與政治行為相關的主要價值的相互適應性；（2）與眾不同並有吸引力的生活方式；（3）期望較有利、收益好的經濟關係或共同報償；（4）至少其中一些參加單位的政治和行政能力有顯著增長；（5）至少某些參加單位的經濟有較大增長（與預期的一體化地區之外的臨近地區相比較）；（6）地理上不同的地域之間和社會上不同階層之間，都有不間斷的社會溝通上

的聯繫；（7）至少在某些政治單位內部不斷加入政治精英，並爭取形成廣泛的政治社會；（8）至少在政治上相關的階層之中，人員應有相對高度的地域和社會流動性；（9）相互交流與交往範圍的多樣化；（10）在即將一體化的安慰中對交流和交往的報償給予某種全面補償；（11）各政治單位中某些集團角色頻繁互換的重要性；（12）相當程度上行為的可預測性。這些重要的背景條件合在一起，即為混合安全共同體所要求的政治條件提供了必不可少的社會、經濟和心理環境。對於多元安全共同體，多伊奇認為三個條件很重要（Deutsch，1957）：一是各個參與單位主要價值的相容性；二是各個參與單位行為的相互可預測性；三是各個參與單位對相互間的需要、訊息和行為做出反應的能力，這種政治反應能力要求參與國有許多利於共同溝通和諮詢的既定的政治習慣和功能性政治制度。

在提出了實現安全共同體的條件後，多伊奇對共同體實現過程進行了分析（Deutsch，1957），認為一體化共同體的實現過程主要展現在三個典型的過程：核心區與社會學習、起飛（Take-off）與一體化發展、跨越「門檻（Threshold）」與一體化形成。多伊奇認為，一體化進程往往起源於某一個核心地區，通常就是一個核心化的過程，這一過程是在上述背景條件下透過兩個層次的社會學習來實現的：一是普通公眾在交往中使一些特定的政治行為習慣得以整合；二是核心地區的政府與政治領導人（即將出現的政治體系的精英）使社會集團和政治單位的特定傳統與制度得以整合[30]。進而，多伊奇認為，以至少有一個主要的社會或政治集團或政治機制承諾致力於一體化事業為標誌，一體化的政治運動發展過程進入起飛階段，各種小的、零散的、無力的變化匯成了背後有著顯著力量支持的更大的、更協調的變化：一體化從起飛前的也許只是一部分理論家、政治家或一小部分壓力集團的事，一種理論問題，變成了起飛後的一種廣泛的政治運動，成為政府或主要利益集團的議題，成為大部分政治精英或重要政治階層有組織的集團說服和集團反應的事，成為一種政治力量。最後，多伊奇認為，一體化的實現可以用跨越「門檻」——戰爭是否是決策者或者公眾作為解決國家間關係或政治部門之間關係的一種手段來表示：當某一特定區域內公眾和政治決策者或政治上的重要階層存在某種堅定的共同體意識，當共同體內政治精英

相信和平變化成為長期上的一種確定性，當一個區域內的國家不再進行戰爭準備來對付他國，可以認為已經跨過一體化的門檻，實現了一體化。

多伊奇（Deutsch，1957）還運用負荷、能力、反應以及平衡等觀念來探討穩定的安全共同體的條件[31]。多伊奇認為，相互反應的習慣和社會制度的產生與維持是任何穩定的政治一體化的基本條件，也是穩定的一體化通向安全共同體的可能道路。安全共同體的維持與穩定依賴在日益增長的交往負荷和潛在摩擦背景下的和平調節能力。共同體的成功維持的可能性大小取決於成員國之間一體化的負荷與一體化的能力之間的平衡程度。

以多伊奇為代表的交往主義一體化理論撇開國家間互動的狹隘的範圍，研究更為普遍的社會和人的關係，從而不僅跳出了聯邦主義的國家體系邏輯和現實主義窠臼，而且較之於聯邦主義和功能主義明確地提出了一體化實現的標準、條件與過程。但是首先，正如交往主義者自己承認的，他們提出的一體化條件並非是精確的，一體化的充分必要條件仍有待進一步澄清（Deutsch，1957）。其次，交往主義認為共同體意識就是在背景條件不斷成熟和過程不斷推進中培養起來的，一體化的過程是其他政治和社會變化過程的產物，但作為一體化背景條件的社會溝通與交往本身又是一個過程，因此，一體化的實現過程與背景條件的這種緊密結合也使得交往主義理論的量化觀念中出現了模糊性。此外，交往主義理論對一體化過程中非正式的交往如何產生正式的制度建構和社會心理變化等主要過程與核心問題的闡述也不詳盡（肖歡容，2002）。

（四）新功能主義一體化理論

新功能主義（Neofunctionalism）是在對以歐洲煤鋼共同體為代表的歐洲一體化實踐和早期一體化理論進行思考的基礎上，於1950至1960年代發展起來的直接針對歐洲區域主義一體化的理論。哈斯（Haas，1958）首先在其理論著作《歐洲的統一》中提出了新功能主義理論。隨後，林德伯格（Lindberg，1963）的《歐洲經濟一體化的政治動力》與哈斯（Haas，1964）的《超越民族國家》以及60年代一些重要論文構成了新功能主義理論的重要文獻。經濟與政治的相對區分、多元主義行為體的觀念和行為體與超國家制度的互動構成了新功能主義

的理論假設與邏輯內容（肖歡容，2002）。在此基礎上，哈斯提出了學習、外溢、效忠轉移三階段假說，闡析了一體化的動力機制與實現路徑。

其一，作為理論的基礎，新功能主義一體化理論修正了功能主義關於經濟與政治的絕對區分假設，認為經濟與政治的區分應是相對的（Haas，1964）。哈斯指出，政治權力與經濟福利是難以分割的：任何經濟福利活動的承諾都產生於基於權力考慮基礎的政治決定的範圍；特定的功能層次不可能離開普遍的關注；總體的經濟決策必然先於功能主義者描述的任何具體的功能部門的演進；政治與技術、政治家與專家之間的截然區分並不存在，因為事務性的決策是建立在先前的政治決策基礎上的。與此同時，哈斯也肯定了功能主義這種區分的積極方面，認為它澄清了被現實主義者混淆的問題，即試圖將所有的國際關係從屬於國家軍事安全的考慮。因此，在哈斯看來，經濟雖然不能如功能主義理解的那樣完全與政治分離開來，但仍然有一種可以作為政治一體化基礎的相對區分。在此假設基礎上，新功能主義對歐洲一體化的動力與機制進行瞭解釋，認為一體化是幾個不同國家的政治行為體被說服將其效忠、期望和政治活動轉移到一個擁有或要求擁有高於現存國家管轄權的新的中心的過程（Haas，1958），是一個各國放棄獨立推行對外政策和關鍵性國內政策的願望和能力，轉而尋求做出共同決策或將決策活動委託給新的中央機構的過程（Lindberg，1963）。新功能主義不僅強調經濟領域一體化的重要性和必要性，而且強調一體化發展的邏輯在於行為體及其互動，主張一體化是一個能動的過程，其最終目標是追求超越民族國家之上的新的政治實體，認為一體化的動因不僅僅來自功能性的需求或技術的變化，而且還來源於各種政治力量（利益集團、政黨、政府、國際機構）因追求各自利益施加壓力而產生的相互作用。

其二，新功能主義接受功能主義關於福利和物質需要重要性的觀點，採納了功能主義的路徑分析，以社會多元論、利益集團間競爭為前提。新功能主義考慮的行為體不是國家，而是集團（包括各個政黨、利益集團）和政府，認為這些行為體是在一個多元主義的政治環境中追求各自的利益，國家及其公共政策屈從於這些集團的競爭性要求，一體化形成的共同體具有國內政治體系的特點（Lindberg，1963）。首先，現代歐洲由於其工業化、多元主義和官僚政治的性

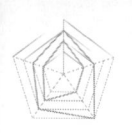

質不可避免地存在許多利益集團，這些集團的行動以自我利益為中心並具有很強的目的性，其明顯的組織和資源優勢使它們在共同問題面前產生一體化反應，並便於建立有效的跨國網絡。這種聯繫很快形成習慣，並導致集團態度和戰略的變化，最終導致新的行為模式的產生：一方面，這些集團將其忠誠轉移到新的超國家層次；另一方面，為了進入或影響新的決策中心，這些集團將改變它們的政治組織形式和策略。進而，政府不得不調整自身行為以適應這些變化。各個政府，如同上述集團，本著共同解決問題的精神，透過事務間的聯繫，為共同利益相互妥協從而實現一致，接受共同體的存在及其對共同體的承諾。哈斯注意到了政府的這種變化：政府間關係中出現的新的行為規範與程序，甚至是某種超國家的態度，構成了一致和某種合作、妥協與退讓的氛圍。

其三，新功能主義認為社會因素和超國家機構是一體化進程的兩個最重要的組成部分與動力因素，行為體與超國家制度之間存在互動關係，區域一體化過程既是一個功能自主的過程，又是一個有意識地尋求一體化的行動過程，從而把一體化的過程與成員方國內政治過程聯繫起來（Haas，1964）。新功能主義認為一體化過程中的獲益會使地方利益集團遊說政府支持一體化，進而使國家政府認識到區域交往與區域機制安排的重要性，願意談判一體化協定並向區域制度讓出必要的主權，形成所謂的超國家性（Supranational）的中心機構。按照新功能主義的理解，這種超國家機構並非國家主權的替代物，而是與成員國政府共享主權，其自主性對一體化的發展十分重要，是一體化的推動力量和催化劑。它能夠代表走向聯合的成員國的共同利益，並能協調相互間的利益衝突，可以促使政治精英將政治忠誠轉向共同體層次上，因而它一方面可增加區域層次制度化權威，另一方面可在更廣泛的經濟部門提出實現更深經濟一體化的戰略。在哈斯看來，超國家機構是決定歐洲一體化進程的重要因素之一，是歐洲國家向新的政治共同體發展的一塊基石。

在上述理論假設與邏輯內容基礎上，哈斯提出了學習、外溢、效忠轉移三階段假說，闡析了一體化的動力機制與實現路徑。哈斯所謂的學習包括三方面的含義：其一，當行為體認識到他們的利益透過採取新的途徑將會更好地得到實現，而這些途徑又包含對更大組織的承諾，這時學習對一體化的作用就展現出來。為

了更好地進行一體化，有關參與者會在制度、任務或其他方面的內容上擴展他們的組織。其二，當新的行為方案出現後，行為體對原來的福利觀念與行為等將會發生變化。行為體在一體化過程中會以一種新的方式來認識它們的利益和福利。其三，新的規則在一體化實踐中出現（Haas，1964）。

外溢（Spillover）是新功能主義的一個核心概念，是對功能主義合作自動擴展、情感與忠誠轉移思想的進一步發展，用來描述驅動區域一體化的過程機制，可謂實現一體化的重要途徑。新功能主義認為從關鍵經濟部門開始的合作會自動「外溢」到相關的部門，並使更多的行為體捲入其中，逐步擴大超國家職能機構的活動以至最後包括所有部門。由於這樣的擴展邏輯，一體化就由經濟領域「外溢」到政治、社會領域，並產生進一步一體化的政治壓力，從而使一體化逐步發展、深化。新功能主義的外溢包含功能外溢（Functional Spillover）、政治外溢（Political Spillover）、地理外溢（Geographical Spillover）三類。功能外溢是指一體化不可能侷限於特定的經濟部門，一定領域的合作活動會外溢到相關的部門，並使更多的行為體捲入進去。哈斯（Haas，1958）指出，外溢是指某一經濟部門一體化的產生和深化將使該部門和其他經濟部門產生更大程度一體化的壓力，而在歐洲層次則產生更大權威能力。這一定義包含三層含義：一體化在本部門進程的深化、在其他部門範圍的擴展和在共同體制度層次權威的增加。日益加深的經濟捲入將產生制度後果。更深的經濟一體化需要超國家規制（Supranational Regulatory）能力，功能外溢過程要求直接地從更高的權威層次進行協調，由此導致政治外溢過程。政治外溢是指在超國家制度行為的影響下，國家精英的利益和期望趨同，並導致效忠的轉移，它意味著民族精英將其注意力轉向超國家層次的活動及決策，支持一體化進程和日益增多的共同利益；超國家機構與非政府行為體在一體化進程中的影響增大，相對地，民族國家與政府影響力減弱；而且，一體化的重要性日漸形成壓力，要求在超國家層次上實行政治控制並承擔責任（Nugent，1999）。此外，哈斯還（1958）認識到一組成員國之間的合作很可能對非成員國產生某些影響，這些影響不僅僅是改變現存的貿易模式；相反，非成員國的反應也可能影響一體化的進程，這就是所謂的地理外溢。在此基礎上，施密特（Schmitter，1971）針對行為者面臨的各種選擇對外溢概念

進行了補充和修正，認為外溢是通向建立一個新的政治共同體的最有效的戰略途徑之一，但行為體的戰略也可能是外溢和其他選擇的混合，指出在外溢之外還存在環溢（Spill-around）、強化（Build-up）、緊縮（Retrenchment）、返溢（Spill-back）等多種可能性。外溢是指行為體承諾在範圍和層次上加深一體化；環溢是指增加一體化過程的功能範圍，但不增加其相對的權力；強化是指一體化組織決策的自治性及權威性增加，但並不擴張一體化的領域；緊縮是指一體化組織的權威減小，提高成員國之間聯合仲裁的水平；返溢是指一體化組織的功能範圍及權力都收縮到擴溢前的狀況。

效忠是哈斯早期界定政治一體化的一個核心觀念，是政治一體化得以實現的一個重要標誌。哈斯認為一體化是幾個不同國家的政治行為體被說服將其效忠、期望和政治活動轉移到一個擁有或要求擁有高於現存國家管轄權的新的中心的過程，而在效忠轉移的背後隱藏的首先是利益觀念的變化。哈斯認為，隨著一體化進程的繼續發展，價值將發生改變，利益將根據區域而不是單純以國家為基礎重新界定，從前的各個國家集團的價值將逐漸被新的更大地理範圍的信仰體系取代。一旦認識到可以從一體化中獲益，超國家和國家政治精英會更支持一體化進程。哈斯認為，透過超國家和國家層次信仰體系的互動，信仰和抱負會被改變，對先前各個國家政府的效忠和預期將會相對減少，對超國家權威機構的效忠和預期將相對地增加；建立在利益變化基礎上的觀念轉變、政治精英的效忠向超國家機構的轉移、他們的預期和政治行為的趨同將加強發展新的政治共同體的動力，這一過程就是通常所指的政治外溢。因此，哈斯認為，正是不相干的各種利益的趨同驅動一體化的進程，導致新的政治共同體的建立（Haas，1958）。

從上可見，作為一種一體化理論，新功能主義是對早期功能主義的繼承、修正和發展，是介於聯邦主義和功能主義之間的一種折衷理論，在很大程度上是對聯邦主義和傳統功能主義的融合。新功能主義混合了利益集團理論、系統論和經濟學，在社會和經濟行為者的重要性（與國家中心範式相對）、事務間聯繫作用和外溢、功能政治精英面對誘因的最初合作的探求等方面繼承和發展了功能主義；既承認了國內政治發展的重要性，又承認了有助於一體化發展的超國家機構與制度的重要性，而且把一體化的過程與成員國國內政治過程聯繫起來，從而超

越了傳統的國內國際政治兩分法，提供了一種與現實主義相對的新範式。事實上，新功能主義關於外溢與超國家性的思想在歐洲一體化實踐中有著明顯展現，它不僅解釋了歐洲一體化，且一度被奉為歐洲一體化的官方哲學，而且促進了歐洲一體化進程。但是，新功能主義一體化理論仍然存在諸多不足，並遭到批評。政府間主義代表霍夫曼（Hoffmann, 1966）等學者指出：首先，新功能主義過分強調了超國家機構的作用。實際上，民族國家及其政府在一體化中發揮著主導作用，超國家機構的作用十分有限，特別是在涉及有關重要的國家利益的領域，成員國政府不願以其他領域所得來補償在一些領域的損失，他們將會試圖降低不確定性，並對關係到核心利益的決策過程嚴加控制。在歐洲一體化進程中，成員國政府的作用依然十分強勁而不是已經過時了；而作為一個超國家機構，歐共體委員會發揮的作用還比較有限。其次，新功能主義忽略了高級政治與低級政治之間的差別。實際上，功能性一體化不一定必然導致政治一體化，溢出效應是有限的；功能性聯繫並不像新功能主義者設想的那麼有決定性，滾雪球效應不會自動出現；新功能主義所預期的溢出效應會受到多樣性邏輯作用的限制。溢出效應在低級政治領域（經濟、福利政策）較為適用，但在高級政治問題（外交、安全與防務政策）上國家政府將要求獲得明確一致的目標，溢出效應是很難發揮作用的，國家間關係不會超越政府間合作而發展到高級政治上的超國家一體化。最後，效忠轉移並不一定是絕對和永久的，多層次的效忠可以繼續存在。效忠並非僅僅源於單純的利益交換，而是在長期歷史發展中形成的，具有文化和政治內容。即使一體化可以滿足人們的某些利益需要，人們也可能在受惠於共同體的同時，仍然效忠於各自的民族國家。因此，公眾等行為體的支持和忠誠並未真正從成員國轉向共同體，民族國家精英關注的是國內政治而非共同體層次的政治。成員國政府對共同體的政策取決於其國內政治的需要，而不是如新功能主義者所設想的本著解決問題的精神進行合作。即使是關係到成員國共同利益的重大問題也還需要由成員國政府決定（盛夏，2000）。

（五）政府間主義一體化理論

從1960年代中期起，繼承了大量現實主義傳統的政府間主義（Intergovernmentalism），在對新功能主義的上述批評中出現在歐洲一體化理論

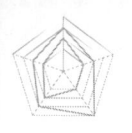

中，並在1970年代初期獲得了大發展，與新功能主義一起成為歐洲區域主義一體化理論解釋的主流理論。霍夫曼（Hoffman）是政府間主義的主要代表人物之一。

政府間主義遵循現實主義的「國家中心論」傳統，明確堅持以主權國家作為分析單位（Hoffman，1966）。政府間主義重視國際體系（外部因素）對一體化的影響，認為歐洲的現實是一體化與多樣化的共存，堅持一體化邏輯與民族國家自主性邏輯並存的多樣性邏輯觀點；強調民族國家乃是國際關係與一體化的主要行為體，政府的主要目的是保護其地緣政治利益，如國家安全和國家主權；國家利益決定一體化進程的範圍和深度，各國政府保持著對一體化進程及相關機構的控制；一體化只有在符合各參與國利益的條件下才能獲得推動，而其每一次實際的進展都源於成員國之間討價還價的交易。簡言之，一體化是國家的理性行為和政治決策的結果。

政府間主義也重視國內因素在一體化進程中的作用（Hoffman，1982）。霍夫曼批評新功能主義不僅沒有考慮外部國家對不同成員國的影響，而且低估了主要行為體阻止或減緩一體化的力量和國家官僚機構反對權力轉換的能力。霍夫曼認為，由於每一國都有其利益、社會力量和制度，由此導致不同的一體化誘因，因此在考慮國家自主的時候，應該結合國家中心的、多元主義的和結構的方法來考察國家與社會的多樣性。霍夫曼進而認為，一體化理論應該考慮國家目標的國內形成問題以及優先性問題，這些目標的相容性和合作實現的可能性，環境對各個行為體的影響以及共同體機構與國家之間的互動。

政府間主義還認為政治與經濟是兩個相對自治的領域，堅持高級政治與低級政治存在分野的觀點。霍夫曼（Hoffman，1966）認為，各國政府願意在低級政治領域進行合作，但是在高層政治領域，由於涉及國家的根本利益、政府的自決權和民族認同問題，國家不會接受既無保障又失去控制的狀況。政治領域的一體化只能透過政府間的磋商和協調以及持續的討價還價來進行。根據政府間主義，一體化中的國家利益、政府間討價還價以及歐盟進一步改革所受各種限制將是歐洲一體化速度和方向上的主流，反映了成員國領導人對歐盟的自主權和影響。

從上可見，政府間主義主要是關於國家間討價還價的理論，把成員國尤其是其政府當作首要的行為體，強調政府的偏好和政府間的談判；透過分析成員國政府採取的決策和行動，對歐洲一體化進程的方向和速度做出較好解釋：在一體化作為一種國家利益的正數和（Positive Sum）合作遊戲的情況下，新功能主義所謂的外溢可能得到實現，一體化可能深化發展。而當這種正數和並不確定，成員國將為此承擔較大風險時，一體化可能會停頓甚至返溢（例如法國反對聯邦主義的機構改革，堅持國家的否定權）。政府間主義的貢獻在於重新肯定了國家及國家利益的中心地位，認定政治和經濟是兩個相對自治的領域。而其侷限性也就在於其對高級政治和低級政治的劃分，因為許多經濟技術領域的事務在國家主義盛行的現實世界中，會因國家安全的理由而在所謂的高級政治和低級政治兩個領域間可上可下。政府間主義雖然較好地解釋了1970年代歐共體的發展狀況，但對1980年代以來歐洲一體化的發展無法做出有力的分析。1986年歐洲單一法案的簽署和1992年共同市場計劃的施行引發了新一輪的一體化理論研究，新自由制度主義與自由政府間主義應運而生。

（六）自由政府間主義一體化理論

冷戰結束後，歐洲一體化經由1992年簽署的《馬斯特里赫特條約》和1997年簽署的《阿姆斯特丹條約》而繼續深化和擴大。美國哈佛大學教授穆拉維斯克（Moravcsik）把關於偏好形成的自由主義理論同對成員國之間艱難討價還價的政府間關注進行了全新的綜合，對霍夫曼等人的政府間主義進行了一定修正，創立了自由政府間主義（Liberal Intergovernmentalism），以解釋在歐盟框架下進行的政府間討價還價的性質和歐盟的發展演變。自由政府間主義理論主要展現在穆拉維斯克1993年的《歐洲共同體中的偏好與權力：一種自由政府間主義路徑》一文（Moravcsik，1993a）和1998年的專著《歐洲的選擇：從墨西哥到馬斯特里赫特的社會目標和國家力量》（Moravcsik，1998）中。

同政府間主義一樣，自由政府間主義強調民族國家的重要作用，但其理論假定具有很強的自由主義色彩。自由政府間主義在繼承了政府間主義的國家是國際體系中最主要的行為體的假定之外還有三個基本假定（Moravcsik，1993b）：其

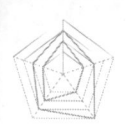

一，政治中的基本行為體是理性的、自主的個人和集團，這些個人和集團在自利和規避風險的基礎上相互作用；其二，政府代表的只是國內社會中的一部分人，在國際交往中這些人的利益制約著國家的利益和身分；其三，國家的行為以及衝突與合作模式反映了國家利益的性質與結構。基於這些假定，自由政府間主義的核心內容有三個：一是認為國家是理性的、自利的行為體，其行為是理性的。但與現實主義不同的是，穆拉維斯克認為理性國家行為並不來自固定的偏好，而是源於國內政治體系中的動態政治過程。理性行為意味著國家會採取最適宜的方式來實現其目標，經濟相互依存的成本與收益是國家偏好的首要決定因素。二是認為國家偏好的形成取決於國內政治因素。只有透過國內政治路徑才能解釋國家的目標如何受到國內壓力和相互作用的形塑，而這經常要受源於經濟相互依存的制約因素和機遇的影響。穆拉維斯克認為，理解國內政治是分析國家間戰略互動的前提條件而不是補充；國家的行為反映了在國內受到社會制約、在國外受到所處戰略環境制約的政府的理性活動；國家偏好（即國家利益和國家在國際談判中的立場）主要是由國內社會力量——主要社會集團的身分、這些集團利益的性質及其對國內政治的影響決定的，是國家政府與社會行為體互動的結果；對偏好和戰略機遇的需求與供給之間的相互作用形塑了國家的對外政策行為（Moravcsik, 1993a）。三是認為成員國政府在國家間關係中發揮著核心作用。一體化不是自動成長的過程，而是成員國政府理性選擇和相互交易的結果，歐洲一體化即是在成員國政府間交易的推動下進行的。這是穆拉維斯克運用交易成本理論和非合作博弈理論對國家間談判進行的政府間主義分析的主要論點。

在上述理論背景下，穆拉維斯克提出了用以分析歐洲一體化進程的雙層博弈模型，即認為歐洲一體化進程中存在兩個層次的博弈：一個是在成員國國內政治層面的國家偏好的形成過程；另一個是在歐洲層面的政府間討價還價戰略的形成過程。據此，自由政府間主義將一體化解釋成涉及一系列不同因素的三個階段：國家偏好（National Preference）的形成、國家間的討價還價（Inter-state Bargaining）、制度選擇（Institutional Choice），探究國家選擇將政策制定委託或共集於國際機構的原因。自由政府間主義認為，國內利益集團間競爭形成了國家偏好；當各國政府認識到透過國際協議而採取集體行動比單邊行動更能實現國

家偏好時,就會選擇透過國家間談判進行國際合作;國家偏好限定了達成潛在可行協議的空間,但最終的談判結果(利益分配)反映的是由不對稱的相互依賴所決定的國家間談判相對實力;為了增強國家間承諾的可信性,各國選擇了國際制度來執行所達成的協議。可見,自由政府間主義強調政府間談判在歐洲一體化中的首要地位和成員國國內政治的重要性,但並不否認制度的作用,認為制度是正數和(Positive Sum)討價還價的推進器,在歐盟決策中發揮著一定作用,只是超國家機構對討價還價的最終結果影響是有限的。

自由政府間主義是歐洲一體化進程和一體化理論發展的自然結果。從理論角度看,自由政府間主義一定程度上是對政府間主義和新功能主義等理論的揚棄,在研究歐盟內的政府間討價還價時運用了政治方法和經濟方法,一定意義上可謂研究一體化的一種國際政治經濟學理論。從實踐角度看,自由政府間主義對政府間討價還價的分析是有效的,對歐洲一體化進程有著很強的解釋力。從過去到現在的歐盟都主要是一種政府間機制,主權國家仍然是歐盟活動中的主角,國家利益而非歐盟共同利益是成員國的首要考慮;歐洲一體化只有符合參與各方的利益才能獲得推動。自由政府間主義對當代歐洲聯盟研究產生了很大影響,促進了學者對區域一體化理論的反思,成為一體化研究的主流路徑之一。另一方面,自由政府間主義也存在一些缺陷與不足(Sandholtz & Sweet, 1998)[32]:其一,自由政府間主義依賴於國家理性假定,過於強調國家的作用。實際上國家的行為並不總是理性的,國家的政策形成過程中時常會有「黑箱操作」。其二,自由政府間主義對一體化進程中的許多重要因素沒有給予應有的重視:一是在解釋歐洲一體化時只注意了經濟相互依存這一促動因素,而忽視了政治方面的影響;二是沒有充分注意歐盟對戰略選擇的影響,也沒有把安全政策包括進去,對外部的關注明顯不夠;三是在對歐盟決策過程的分析中雖然涉及歐盟制度的作用,但僅僅視之為依賴變量,沒有重視超國家組織和跨國行為體在政策制定過程中的重要性,使得其分析無法充分反映歐盟制度的實際作用,也低估了一體化進程中超國家行為體(如歐盟委員會、歐洲法院)和跨國行為體(如跨國公司)所施加的影響;四是過於重視正式的、最後階段的決策,忽視了非正式的一體化及其對正式決策者施加的限制。其三,自由政府間主義的理論體系缺少了反饋這一必要環節,未能

論述歐盟系統中作為決策結果的政策反饋的重要意義，也沒有論及歐盟機構和一體化進程本身對行為體的利益和偏好的影響。

（七）新自由制度主義一體化理論

如前所述，由於對超國家制度與超國家機構作用的忽視，政府間主義無法對1980年代以來的歐洲一體化發展做出有力分析。事實表明，制度的確立會鼓勵現存政策的連續性，而不完全依賴決策者的意志。為了更好地理解國際合作的可能性及其持久性，1970年代末出現的新自由制度主義（Neoliberal institutionalism）開始成為歐洲一體化理論中的一個主流。基歐漢（Keohane）是這一理論的主要代表人物之一。

新自由制度主義（Keohane，1989）接受了新現實主義的國家是統一的理性行為體的前提假設[33]，承認國際政治是無政府狀態，但同時認為，這並不意味著這個世界就缺乏模式；世界既是非中心化的，也是制度化的；制度賦予無政府世界以一定的秩序，是理解國際合作的關鍵；國際制度是國家為了降低交易成本、便利國際合作、實現共同利益而造就的，但其一旦存在，就成為制約國家等行為體的一個獨立存在的因素，即便是建立國際制度的主要國家，也不會對業已形成的國際制度產生決定性的影響。新自由制度主義的關注重點是制度如何影響國家。基歐漢指出，世界政治制度化中的變量對政府行為施加了重要影響，制度有助於解釋國家行動的重要性及其意義，衝突與合作的模式只有在制度的背景下才能得到解釋。

新自由制度主義強調制度的重要作用（Keohane，1989），認為有效的國際制度可以減少國際關係中的不確定性，穩定人們的預期，使人們看到保持連續性的價值，從而成為國際穩定的重要原因；促進國家在不同事務領域互動聯繫，產生相互依賴，使國家很難進行欺詐；提供訊息，賦予國家間相互監督遵守和執行承諾的能力，利於監督；降低交易成本，有助於國際合作；解決囚徒困境，實現共同利益。在新自由制度主義看來，國家溝通和合作的能力依賴於人們構建的制度；制度會對政府行為產生重要影響，制度構造會深刻地塑造政治競爭的模式，在一個政治制度中的角色，無論是個體還是群體，都會被限制在這個結構之中，

從而限定甚至決定他們對自身利益和政治資源的觀念。但制度要起作用,至少要滿足兩個條件:一是行為體必須有一些相互的共同利益,可以潛在地從合作中受益;二是制度化程度上的變化會對國家行為發生實質性的影響。顯然,這兩個條件在國際政治中是能夠成立的。

　　從上可見,新自由制度主義理論拓展了一體化研究的關注視野,從新舊功能主義只集中於功能性的國際組織,到把國際體制、規範、規則、慣例等內容也納入了研究的範圍。但新自由制度主義理論仍有其不足與侷限(肖歡容,2002):一是強調共同利益作為國家合作和國際制度的動力,但既沒有解釋相互博弈的共同利益的來源及其變化,又看不到互動對利益和認同的影響;二是認為制度是獨立的變量,可以改變國家偏好和行為,有能力使國家遠離戰爭,但沒有充分論述制度是如何改變國家偏好或利益變化的;三是忽視了非物質動因對國家利益行為、偏好變化和國際權勢的影響。這些不足正是1990年代興起的建構主義試圖解釋的地方。

　　(八)建構主義一體化理論

　　1990年代興起的以溫特(Wendt,1999)為代表的建構主義(constructivism),是在吸收包括新現實主義在內的理性主義理論基礎上形成的一種體系理論(參見溫特,2000;肖歡容,2002)。建構主義認同新現實主義對國際政治所做出的基本假設:國際政治處於無政府狀態;國家是理性的行為體;國家追求的目標是權力、安全和財富;國家利益和行為動機總是自利的;國家間不能完全確保瞭解對方的真實意圖;武力是解決國家間衝突和危機的最後手段等等。建構主義也認為國家是國際關係研究的主要分析單位,也強調從體系層面對世界政治進行理論探討的必要性,並且接受和採納實證或經驗的研究方法。但建構主義在吸收新現實主義理論範式中某些基本成分的同時,批評新現實主義沒有能夠對國際政治現象做出足夠而系統的說明。建構主義在世界政治方面提出了三個核心的理論命題:一是強調觀念而不是物質被放在首位,即重視規範或觀念的結構而不是物質的結構;二是強調行為體的社會認同如何構成它們的利益和行為,認同是以制度化的含義體系來界定的;三是強調行為體和結構之間存在著

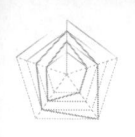

相互構成的關係。建構主義認為，這些結構的存在不能脫離社會行為體之間在社會文化層面上的實踐，社會結構只是實踐的結果。總之，建構主義試圖提出一套從社會學角度解釋世界政治現象的研究方法。

建構主義為區域一體化問題的研究提供了一個新的視野。與僅集中於物質刺激動因的解釋不同，建構主義充分重視共同的知識、學習、觀念力量以及規範和制度結構的重要性。建構主義強調區域意識和區域認同，強調屬於某一特定區域共同體的共同感覺，認為區域的內聚力在很大程度上依賴於基於相互感應、信任和在高層次上的所謂「認知的相互依賴」（Cognitive Inter-dependence）而形成的持久的共同體意識，並認為各方的利益和認同會隨著時間的推移和新的合作方式的產生而變化，共同體會因之而形成。建構主義指出，兩個國家在從來沒有交往的情況下是沒有共同認知的，因此也就沒有結構（結構是國際體系中的觀念分配或稱為國際文化體系）[34]；雙方一經交往，初始行為透過互應機制會使互動中的雙方產生並加強一些觀念，並開始共同擁有這些觀念，於是便產生了文化；文化使人們產生獨特的身分認定，身分認定影響人們的利益取向，從而決定人們的實踐行為；實踐過程也是國家行為體的一個「學習」過程，行為體之間能夠依照自身的認知——實踐的特殊性形成相互的合作機制；國際合作機制是一個動態的、進化的、學習的過程。

根據建構主義，在國際關係領域裡，規範和制度等是文化的表現形式，是國家之間的互動實踐造就的。建構主義認為，在實踐中產生出來的行為規範、原則以及共同信仰，不僅影響和規定著國際政治中國家行為體的具體行為、利益、偏好以及實現對外政策目標的工具，而且可以幫助行為體理解什麼是重要的或有價值的，以及如何運用合法手段去獲取它們。與理性主義把制度看作是物質主義規定的利益之上的協定不同，建構主義認為制度與行動者的知識觀念和利益等是互相構成的；制度是賦予行為體行動身分的一種觀念及規則，對行為體的行為和利益有著動力塑造作用；這些制度動力或結構是行為者不能完全控制的，有其自主性。

（九）赫里爾的綜合觀點

在對新區域主義的理論探求中，英國學者赫里爾（Hurrell，1995／1997）指出，應從國際體系、區域和國內政治三個層次系統地考察國際關係理論是如何被用來解釋區域主義的動力（參見肖歡容，2002）。

一是國際體系層次的體系理論。國際體系理論強調廣泛的政治和經濟結構對區域主義產生的重要性，即外部壓力對區域的影響。赫里爾認為，在對區域主義的解釋中，主要有新現實主義和結構相互依賴及全球化兩種體系理論。新現實主義理論強調無政府狀態下的國際體系的限制作用和權力政治競爭的重要性，而結構相互依賴與全球化理論強調國際體系變化的特性和經濟與技術變化的影響作用。

二是區域層次的區域主義與相互依賴。與國際體系層次「從外到內」方法相對，區域層次的理論強調區域主義與區域相互依賴（對應於全球層面的相互依賴）之間的緊密聯繫，包括新功能主義、新自由制度主義和建構主義三種理論。新功能主義和新自由制度主義理論把區域主義看作是民族國家對區域相互依賴產生問題的功能性應對辦法，強調制度在孕育和發展區域凝聚力中的作用。這兩種理論都屬於自由主義陣營，強調理性、福利目標和科技知識，對國際社會持多元主義的觀點。建構主義理論強調物質和觀念兩方面的關係，物質方面指區域相互依賴，觀念方面指區域認同與共同體。

三是國內層次理論。國內層次理論關注共同的國內屬性的作用。這種方法在早期的區域主義解釋中已經得到應用。如對種族、族性、語言、宗教、文化、歷史以及共同的歷史意識的強調。另外，交往主義的安全共同體中主要價值相容性的觀點以及新功能主義中外溢的動力都依賴於某種國內前提，首先就是現代工業社會的多元主義性質以及精英在重新界定超國家利益時的作用。赫里爾認為，區域主義與國家凝聚力、國內制度與民主化以及趨同理論是與當前新區域主義解釋有關的國內政治理論。

二、國際經濟學中的區域一體化理論及其發展

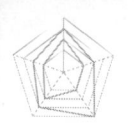

國際經濟學中的區域一體化理論即區域經濟一體化理論,主要關注的是經濟一體化的經濟動因、效應與條件,多是從成員福利角度來解釋經濟一體化的形成,探討經濟一體化各種形態對成員福利的影響,很少關注一體化問題背後的非經濟因素、非經濟過程與非經濟後果,因此常被稱為一體化的經濟學。代表性的理論解釋主要有關於市場一體化的關稅同盟理論與共同市場理論、關於貨幣一體化的最優貨幣區理論、關於政策一體化的經濟學解釋等,它們構成了對區域經濟一體化的一般理論解釋。而1960—1970年代的發展中國家間經濟一體化還有自己的理論依據及解釋——結構主義發展理論與國際依附理論。

(一)區域市場一體化:關稅同盟與共同市場理論

區域市場一體化（Regional Market Integration）指的是以關稅同盟為代表的區域商品市場一體化即貿易一體化（Trade Integration）[35]以及在此基礎上的區域要素市場一體化即要素一體化（Factor Integration）,形成區域商品及要素的共同市場。相應的區域市場一體化理論主要包括關稅同盟理論與共同市場理論。此外,隨著1980年代中期新區域主義浪潮的興起,新區域主義經濟學對一體化收益來源做了進一步的揭示。

1.關稅同盟理論

由於關稅同盟（Customs Union）是區域經濟一體化實踐方面最早的嘗試,並有著較多的實際案例,加之有國際貿易理論作為其重要的理論來源,因此關稅同盟理論（Customs Union Theory）成為了關於區域經濟一體化的一種最早的且較為系統的理論解釋,並在相當一段時期內被視為經濟一體化理論的核心[36]。

關稅同盟的主要特徵在於（Viner,1950）:對從同盟內成員的進口免徵關稅;對從世界其餘地區的進口徵收共同對外關稅;並根據一致同意的準則分配關稅收入。建立關稅同盟將普遍地改變成員國國內市場商品的相對價格,從而影響貿易流向、生產和消費。一般地,關稅同盟可能引起的經濟效應、收益與損失來自於它對資源配置與國際生產專業化、規模經濟的開發利用、貿易條件、要素生產率、利潤率、經濟增長率、收入分配等因素的影響。關稅同盟理論旨在從成員、整個集團乃至世界的角度分析這些效應。從理論發展進程看,這一理論主要

是以瓦伊納（Viner，1950）關於貿易創造與貿易轉向的理論框架為基礎和起點，在後來的許多經濟學家逐步放鬆有關假定以進一步分析關稅同盟的經濟效應的過程中得到發展，並經歷了從靜態分析到動態分析的歷史演進。

首先，在商品與要素市場完全競爭、要素不能國際流動、資源被充分利用、技術進步外生、生產成本不變、運輸成本忽略不計、國際收支自動平衡等假定基礎上，以瓦伊納（Viner，1950）、米德（Meade，1955）、丁伯根（Tinbergen，1957）、李普西（Lipsey，1960）、強生（Johnson，1962）、巴拉薩（Balassa，1962）為代表的傳統理論分析，主要是基於「貿易創造」（Trade Creation）與「貿易轉向」（Trade Diversion）兩種效應，相對靜態地分析了關稅同盟的資源配置效應及其條件。所謂貿易創造效應，是指組建關稅同盟引起國內較高成本產品的消費向夥伴國較低成本的產品轉移所帶來的成員之間貿易規模的擴大以及由此造成的經濟福利的增加。關稅同盟的建立消除了成員之間的貿易壁壘，實現了成員之間貿易的自由化，使得原來由本國生產的某些商品被其他成員國低成本的進口商品所替代，從而導致成員國間貿易規模的擴大。這一過程一方面產生了生產效應（Production Effects）——貿易自由化使得各成員國的生產專業化水平得以提高，把本國資源使用從原來效率較低的部門轉向效率較高的部門，從而大大提高生產效率，並節省了原先在國內生產的商品所耗費的實際成本；另一方面產生了消費效應（Consumption Effects）——貿易自由化使得低成本的夥伴國商品的進口導致本國市場價格的降低和消費者支出的減少，從而增加消費者剩餘。所謂貿易轉向效應，是指組建關稅同盟引起產品進口從較低成本的外部非成員國轉向從較高成本的夥伴國進口以及由此造成的經濟福利損失。顯然，從消費角度看，貿易轉向增加了進口成本與消費支出，減少了消費者剩餘；從供給方面看，貿易轉向使得某種商品的供應由來自生產成本較低的第三國轉向生產成本較高的同盟國，從而扭曲了國際貿易流向，降低了資源配置效率。可見，就資源配置效應而言，建立關稅同盟的得失取決於貿易創造效應與貿易轉向效應的對沖平衡結果：若貿易創造效應較大，則建立關稅同盟是有利的；若貿易轉向效應較大，則建立關稅同盟是不利的。一般地，當其他條件不變情況下，關稅同盟的經濟區域越大且成員國數量越多（Viner，1950；Meade，1955；

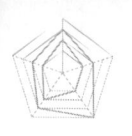

Tinbergen，1957；Balassa，1962）、成員國經濟競爭性（產品範圍相似性）越大（Viner，1950）、成員國相同產業的單位生產成本差異越大（而與第三方差異越小）（Viner，1950；Meade，1951）、成員國間經濟交流程度越高（同盟內部貿易越是超過對同盟外貿易、成員國在同盟前與第三方貿易量越小）、建立同盟前相互關稅水平越高、建立同盟後的對外平均關稅水平越低（Balassa，1962），關稅同盟的貿易創造效應越大、貿易轉向效應越小。此外，當存在運輸成本時，在其他條件不變的情況下，成員國之間經濟距離（取決於地理距離以及跨越地理距離的運輸方式及其成本）越短，經濟交流的潛力越大，越可能有利於提高關稅同盟的正生產效應而減弱貿易轉向效應。根據後來學者的研究，在世界其餘地區不予反擊報復的條件下，透過適當設置同盟共同對外關稅水平（如使得關稅同盟成員與世界其餘地區的總體貿易維持在關稅同盟建立前的水平），並在成員國之間實施可確保每個成員都受益的一次總付的補償性稅收和轉移支付，提高關稅同盟整體福利或每個成員福利水平通常是可能的（kemp & Wan，1976）。

其次，在放鬆前述世界其餘地區的供給曲線完全彈性假設的條件下，傳統理論還分析了關稅同盟的貿易條件效應（Terms-of-trade Effects）及其對收入國際分配的影響。所謂貿易條件效應，是指關稅同盟的建立導致同盟成員國淨商品貿易條件（即出口商品價格與進口商品價格之比）發生變化。關稅同盟的建立若不影響對世界其餘地區的進口需求，即便世界其餘地區的供給不是完全彈性的，也不會影響到貿易條件，從而關稅同盟對世界其餘地區的收入與福利影響可以忽略不計。然而關稅同盟的貿易創造與轉向效應會引起同盟成員國對於同盟外國家商品的「互惠需求」（Reciprocal Demand）的轉移，一般是減少同盟對外部的出口供給和進口需求，導致同盟相對出口價格上升而相對進口價格下降，從而使同盟的貿易條件得到改善（當貿易轉向效應占有優勢時，同盟的貿易條件會惡化）。這種貿易條件效應雖然可以減少甚至消除貿易轉向給同盟帶來的損失，但顯然有損於世界其餘地區的收入與福利（Viner，1950）。在其他條件相同的情況下，較大的經濟區域對區域外商品的「互惠需求」彈性較大，而區域外對其商品的「互惠需求」彈性較小，因此，關稅同盟的區域越大，同盟貿易條件改進的可能

性就越大（Viner，1950）。此外，由於貿易條件事實上不僅受同盟共同對外關稅的影響，而且也受其他國家關稅水平的影響（一般而言，其他國家對同盟出口產品徵收的關稅水平越高，同盟的貿易條件就越不利），因此關稅同盟的建立有利於增強與第三國進行關稅減讓談判的實力，進而也有助於貿易條件的改善（Meade，1955）。

除了資源配置效應與貿易條件效應之外，傳統理論還注意到關稅同盟的其他靜態效應：一是行政效應（Administrative Effects）。一方面，關稅同盟建立以後，成員國因取消關稅與非關稅壁壘而可節省海關、稅務等行政機構的行政開支；企業與個人也因此而節省報關手續所支出的時間與費用。顯然，這種行政效應有助於促進同盟內部貿易的擴展。另一方面，關稅同盟的建立也帶來新的行政管理要求與負擔，各成員國需要協調各自的規章制度並彼此監督（Balassa，1962）。二是減少走私。關稅同盟的建立使得商品可在成員國間自由流動，在同盟內消除了走私現象產生的根源，從而不僅可減少查禁走私的費用支出，也有助於提高全社會的道德水平。三是提高經濟地位。關稅同盟建立後，集團整體經濟實力與國際競爭力大大增強，並統一對外進行關稅減讓談判，從而有利於成員國經濟地位的提高和貿易條件的改善。

顯然，1970年代以前的傳統關稅同盟理論基本上是一種在完全競爭市場框架下的靜態分析，由於假設技術與生產成本不變、要素不能國際流動、國際收支自動平衡，因而它忽視了因商品市場擴大而帶來的規模經濟效應與競爭促進效應及其引致的國際分工深化效應、投資促進效應與技術進步效應等關係經濟發展的至關重要的動態效應。誠如一些學者指出的，關稅同盟的動態效應不亞於其靜態效應（Williamson，1971；Balassa，1975；Mayes，1978、1983）。事實上，因同盟內部貿易壁壘的消除而形成的更大規模的商品市場，不但會產生貿易創造與轉向效應，而且使得原先限於較小規模的國內市場而未能達到最適度規模經濟的企業有機會擴展其生產經營規模以獲得規模經濟效應（Scitovsky，1958；Corden，1972a；小島清，1987）。與此同時，關稅同盟內部的貿易自由化會在擴大市場規模的同時加劇成員國內部及成員國之間市場競爭，從而不但會引起既有生產要素的再配置和產業結構的調整，而且會促進專業化分工向廣度和深度拓

展，擴大國際分工的範圍（Scitovsky，1958；Krauss，1972）。在此過程中，同盟內的企業為提高商品競爭能力、降低生產成本、獲取規模經濟會增加資本投資、改進生產技術、提高產品品質；而同盟外的企業為獲得同盟內部貿易壁壘消除的好處，突破同盟對外的歧視性貿易措施，在資本等生產要素能夠國際流動的條件下會以直接投資方式進入同盟內部市場進行生產和銷售，並與同盟內部原有企業展開競爭。

　　此外，傳統關稅同盟理論基於一國不能既進口又出口同一產品的假設前提，僅著眼於一體化對成員方產業間或部門間專業化的影響，不能解釋同盟中的產業內部貿易現象。事實上，傳統理論之所以不能解決這些與規模經濟有關的問題，在一定程度上還是因為它的完全競爭框架無法面對不完全競爭的情形。1980年代初期誕生的關於不完全競爭與收益遞增下的新貿易理論，不僅引入規模經濟的分析，而且放鬆了關於產品同質性的假設，正式承認了產品差異性和消費需求多樣性，並且特別引入壟斷行為問題（Help-man & Krugman；1985）。新貿易理論很快被運用到關稅同盟效應的分析中（Smith & Venables，1988a、b；Helpman & Krugman；1989）。根據新貿易理論，產品結構類似，因此是競爭性而非互補性的，顯然是行業內部專業化產生的必要條件。若成員國需求狀況也存在類似之處（偏好一致），而且產品生產具有規模經濟，就將限制國內生產者在獲益基礎上生產差異產品的數量。這樣，就會推動行業內水平專業化的發展，以從大規模生產的規模經濟中獲利。這就解釋了傳統關稅同盟理論無法解釋的同盟中行業內部貿易的成因。更為重要的是，根據新貿易理論框架的分析，建立關稅同盟除了可以獲得如前所述的完全依據比較優勢增強專業化分工所帶來的收益之外，還可以有其他的潛在收益來源（Robson，1998）：一是同盟內貿易壁壘的降低，會擴大有效市場規模，因而導致競爭激化，減少寡頭壟斷，消減價格歧視與市場細分。二是隨著市場規模的擴大，廠商的生產運轉時間得以延長，成本會逐漸降低。在此過程中，國內高成本廠商會被淘汰，國內需求轉由進口滿足。三是市場規模擴大導致貿易擴張，使得更多商品生產可以贏利，從而可以促進在商品多樣化基礎上的福利收益。四是市場規模擴大使得廠商能夠從事更多的專業化分工，由此可以減少每個廠商生產的產品種類，並降低服務成本。當然，這些潛在收益

多是長期上的經濟效應，依賴於廠商投資的變化及其引起的經濟結構調整。

最後需要指出的是，傳統分析框架及其慮及規模經濟的擴展情形，雖然表明關稅同盟具有產生大量福利收益的潛在能力，但未能提供建立關稅同盟的經濟理性，即上述分析框架不能證明關稅同盟至少不次於無歧視性的單邊關稅削減情形。關於對這一問題的考察，最早出現在1960年代中期（Johnson，1965；Cooper & Massell，1965），其後引起了理論界的廣泛關注（Krauss，1972；P.Wonnacott & R.Wonnacott，1981、1984、1992；Berglas，1979、1983），但一直沒有獲得有說服力的解釋。正如反對關稅同盟的主張所指出的，如果關稅同盟是有益的，那是因為它向自由貿易方向邁進了一步，而全球自由貿易仍是最優的狀態；如果結成關稅同盟是為了擴展管轄權區域以應對跨邊界溢出效應及其產生的結構性或政策相互依賴，那麼管轄權的全球擴展與全球一體化應是最優的。事實上，從傳統分析框架及其擴展情形中根本無法得到關於這一問題的滿意答案，因為正如羅布森（Robson，1998）指出的，它忽略了現實世界中的組織、管理、訊息與談判成本以及不確定性等因素的影響。這些現實中的因素特別是交易成本與不完全訊息不僅本身就是全球經濟自由化與一體化的重要壁壘，而且在一定歷史階段又只能在對公共產品（經濟政策）的偏好相對同質的國家之間及區域範圍內才能得到消減。換言之，正是這些現實中的因素限制了作為最優選擇的全球一體化的現實可行性，並將現實的管轄權規模限制在小於全球水平的具有相同政策偏好的區域範圍內。一句話，關稅同盟及其他形式的區域經濟一體化雖是一種次優狀態，但卻是一種現實選擇。

綜上可見，對關稅同盟效應的深入分析和揭示，有賴於放鬆傳統分析框架中的有關假定，由此不僅促進了關稅同盟理論自身的發展，而且誕生了關於經濟一體化其他形態的理論，如關於市場一體化的共同市場理論、關於貨幣一體化的最優貨幣區理論等等。

2.共同市場理論

如前所述，關稅同盟理論的一個主要假設是同盟內成員方之間以及同盟與世界其他地區之間不存在生產要素的流動。相比而言，一體化程度較高的共同市場

（Common Market）不僅透過關稅同盟實現了區域商品市場的一體化，而且還透過撤出一體化區域內要素自由流動的障礙，實現了區域要素市場的一體化。事實上，區域要素市場有效的一體化不僅需要廢除限制成員國之間要素自由流動的立法，而且也需要採取積極的協調一致的措施，以確保在區域市場上公平對待各成員的勞動力、資本和企業。共同市場理論（Common Market Theory）主要關注的是在關稅同盟基礎上實現區域要素市場一體化所獲得的額外利益。

從完全靜態的角度看，基於區域內要素自由流動與重新配置而出現的資源配置優化效應，顯然是共同市場所能產生的高於關稅同盟的額外收益。米德（Meade，1953）在完全傳統的框架下採用新古典主義局部均衡分析法分析了生產單一商品的兩國模型共同市場從要素流動中獲得這些額外收益的原因。事實上，由於現實中各成員國之間生產函數可能不同、生產中存在規模經濟或市場中存在壟斷力量等因素，關稅同盟的運作無法完全消除同盟內要素收益與邊際生產率的不一致。在此情形下，若在關稅同盟基礎上允許同盟內要素的自由流動，要素就會從生產率相對較低的成員國轉移至生產率較高的成員國進行再配置，直至不同成員國之間要素收益均等為止。顯然，同盟內部要素的這種自由流動與優化配置可以進一步提高同盟的收入與福利。伍頓（Wooton，1988）進一步運用生產兩種或三種商品的三國模型進行的更具一般性的分析還表明：共同市場中大量貿易流動會導致生產結構的變化；共同市場要產生明確的收益，需要調整共同對外關稅；共同市場雖然能產生額外收益，但要素流動未必能使各成員國都獲利。

從動態角度看，共同市場內部要素流動的後果會更加複雜。一方面，區域內部市場的要素流動通常會引起大規模的新技術轉讓與運用，從而有助於各成員國的經濟增長。另一方面，共同市場區域內部商品及要素市場的一體化為規模經濟與聚集效應提供的更多機會，以及對市場競爭的強化及其優勝劣汰的結果，會加強壟斷力量的存在與發展，引起不利的配置與分配後果，加劇區域中的兩極分化和各成員國經濟發展的不平衡性（Robson，1998）。

綜上所述，從關稅同盟發展成為共同市場，區域集團整體可以獲得進一步的配置收益，但如果所有成員國都要分享共同市場產生的額外收益，並希望控制導

致經濟不平衡並可能使某些成員國受損的結構性力量，就有必要在聯盟內制定有效的區域政策，並重新分配收益。

3.新區域主義經濟學

隨著1980年代中期新區域主義浪潮的興起，在理論上對市場一體化的收益來源也有了進一步的揭示與解釋，展現為所謂的新區域主義經濟學。與關稅同盟理論、共同市場理論對撤出關稅壁壘、要素流動障礙以獲取市場一體化的資源配置效應、規模經濟效應及專業化分工效應的強調不同，新區域主義經濟學強調減少管理和交易成本以及其他貿易壁壘產生的潛在收益（Robson，1998）。首先，市場一體化使得區域市場中企業間競爭加劇，從而可以降低生產成本與壟斷租金。其次，市場一體化也會促進生產一體化與跨國投資的創造與轉移。最新的研究認為，除了對東道國整體經濟績效與增長的主要考慮之外，跨國公司的投資策略著重考慮的是規模經濟與距離成本的相對重要性。距離成本包括由於產品的生產者與產品的最終市場相距太遠而引起的一切損失，例如，生產者與供應商、顧客的協同性問題，以及生產供給的靈活性與調整能力問題。結果是以市場為基礎的外國直接投資和區域性生產與資源供應變得越來越重要。在此背景下，市場一體化因其對規模經濟與距離成本的相對重要性的正面影響而產生積極的引資效應（Robson，1993）。此外，一體化對市場不確定性與信用風險也有著一定的消減作用，從而促進了在區域市場中的投資。

（二）區域貨幣一體化：最優貨幣區理論

區域貨幣一體化（Regional Monetary Integration）是區域經濟一體化的高級形態之一。貨幣區（Currency Areas）是區域貨幣一體化的高級表現形式。貨幣一體化具有兩個重要特徵：一是一體化區域內的各種貨幣間匯率必須始終維持固定不變的關係，而區域內貨幣對區域外貨幣則保持聯合浮動匯率形式；二是必須具有完全的可兌換性。為此，一體化各成員國須將其貨幣政策工具使用權、匯率政策決定權和國際收支平衡職能授予共同體的貨幣當局，形成貨幣聯盟（Monetary Union），進而創立共同貨幣（Common Currency）即貨幣區（Robson，1998）。貨幣一體化與最優貨幣區的概念是在固定匯率與浮動匯率的優劣爭論中於1960

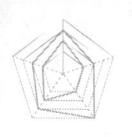

年代作為一種替代性的過渡選擇而出現的[37]。以最優貨幣區理論（Optimal Currency Areas Theory）（Mundell，1961）為代表的區域貨幣一體化理論放鬆關稅同盟理論關於國際收支自動平衡的假設，在需要同時維持內部、外部均衡的宏觀經濟目標條件下，闡明在區域市場一體化基礎上進行區域貨幣一體化安排的利弊得失、標準條件與策略措施。

1.貨幣一體化的利弊得失

關稅同盟的有效運轉顯然有賴於與貿易有關的經常交易項目下的貨幣可兌換性；作為共同市場重要特徵的資本市場一體化也必然首先要求資本交易項目下的貨幣可兌換性；而以關稅同盟與共同市場為代表的市場一體化的收益大小無疑會受到一體化區域內貨幣匯率穩定性的影響。對於市場一體化成員國來說，僅僅透過相互間維持永久固定匯率和貨幣完全可兌換性的協定，並僅僅以經濟政策協調的承諾來支持這些協定，而不進行進一步的貨幣政策一體化安排，雖然有助於促進市場一體化，但不能確保區域集團內各貨幣間相互關係的穩定性。因此，有必要進行貨幣一體化安排，以減少一體化區域市場中的交易成本，提高資源配置效率收益。但另一方面，貨幣一體化同時使成員國經濟政策自主權受到限制，並相應帶來一些弊端或損失。貨幣一體化理論的一個主要內容就在於闡明貨幣一體化的利弊得失。

從經濟學角度看，在商品、要素市場一體化基礎上建立貨幣一體化的一個重要考慮在於貨幣一體化將透過降低資源成本、提高經濟效率、加速經濟增長而使商品、要素市場一體化更有效率（Scitovsky，1958）。在微觀經濟與成本消減層面，首先，貨幣一體化可以減少貨幣兌換所需的直接交易成本，並節省彈性匯率制度下在遠期外匯市場上抵補外匯風險所需的費用（Mundell，1961）；其次，貨幣一體化下一體化區域內各成員間貿易可以透過相互貸款來融資，並可以直接透過貨幣聯盟而不必透過主要國際金融中心來進行結算，甚至可以透過聯盟相互抵消對世界其他國家及地區的貿易差額，或者由貨幣聯盟集中外匯儲備來應對貿易差額，從而可以節省外匯儲備（Kafka，1969）；再者，貨幣一體化可以消除一體化區域內的匯率不確定性，能夠減少風險並降低資本的風險調整成本，從而

促進一體化區域內的長期投資與經濟增長（Baldwin，1990）；最後，貨幣一體化會促進金融市場的高度一體化，從而獲得潛在的資源配置收益，因為：一方面，一體化區域市場規模的增加可促進規模經濟的實現，從而節約融資中介過程中與儲蓄轉化為投資過程中所占用的各種資源，另一方面，金融市場一體化可以提高融資過程中的資源配置效率，以至為借貸雙方提供更加廣泛的金融工具，使其可在各種期限與風險的借貸資金間進行更有效的選擇（Robson，1998）。此外，從宏觀經濟層面看，貨幣一體化條件下貨幣聯盟的中央銀行獨立於各成員方政府並統一實施貨幣政策，可以增加反通貨膨脹的貨幣政策的信用度，從而有助於降低均衡的通貨膨脹水平或提高產出與就業水平（Robson，1998）。

另一方面，貨幣一體化也可能對其成員方宏觀經濟產生諸多不利影響。其一，貨幣一體化意味著成員國貨幣政策自主權的喪失。這是因為貨幣聯盟要求各成員方將其調節貨幣供給的權力交由超國家性質的聯盟貨幣當局統一執行，而且聯盟貨幣政策將著眼於聯盟整體或大多數成員國的利益，未必有利於特定成員國；此外，一體化貨幣市場的形成也會使成員國失去對匯率的調控（Lutz，1972）。其二，貨幣一體化也影響到成員國財政政策的自主性。一方面，共同貨幣條件下貨幣政策自主權喪失，各成員國只能透過在國際資本市場融資來彌補其財政赤字（Johnson，1971）；另一方面，貨幣聯盟要求成員國協調各自的經濟發展目標與政策，包括財政政策（Arndt，1973）。其三，在成員國各有其特殊菲利普斯曲線（Phillips Curve）條件下，或者說在各成員國政府對失業率與通脹率（貨幣工資變化率）這兩個同時並存的均衡目標有著各自特殊偏好的條件下，貨幣一體化下貨幣與匯率政策的統一運用難以解決各成員國所面對的需求或供給方面的不對稱性衝擊，可能會導致一些成員國的失業與通脹關係的惡化，即一些成員國會被迫偏離其理想均衡狀態，表現為一些成員國將承受較高的失業率以實現一體化區域各成員國通脹率的趨同，或者將承受較高的通脹率以實現一體化區域各成員國失業率的一致（Fleming，1971；Corden，1972b）。其四，由於資本流動性相對高於勞動力流動性，貨幣一體化可能導致一體化區域內某些成員國或地區經濟貧困或滯脹，增強一體化區域經濟增長的不平衡性（Johnson，1971；Hirsch，1972），進而可能影響到各成員國對貨幣一體化的態度。

2.貨幣一體化的標準條件

以上是關於貨幣一體化及最優貨幣區的利弊得失的分析。事實上，以最優貨幣區理論為代表的貨幣一體化理論還探討了形成最優貨幣區的標準與條件。根據《新帕爾格雷夫經濟學大辭典》的解釋，最優貨幣區是指一種「最優」的地理區域，在這一區域內一般的支付手段是一種單一共同貨幣，或者是幾種貨幣之間具有無限的可兌換性，且其匯率在進行經常性交易和資本交易時彼此盯住不變，但區域內貨幣與區域外貨幣之間的匯率可保持浮動。所謂「最優」是根據同時維持內部、外部均衡的宏觀經濟目標來定義的，這包括內部的通脹與失業之間的最佳平衡，以及區域內部和外部的國際收支平衡。蒙代爾（Mundell，1961）、麥金龍（Mckinnon，1963）、英格拉姆（Ingram，1962、1969）、凱南（kenen，1969）、托爾與威廉特（Tower ＆ Willett，1970）、弗萊明（Fleming，1971）、麥克道格爾（Mac Dougall，1975）和艾倫（Allen，1982、1983）等學者力圖根據宏觀經濟政策目標探求可以作為最優貨幣區標準的決定性經濟特徵，在探索最優貨幣區的標準條件方面做出了開拓性的貢獻。

最優貨幣區理論的創始人蒙代爾（Mundell，1961）提出生產要素高度流動性是最優貨幣區的基礎和標準。蒙代爾認為，只要勞動力和其他生產要素在區域內具有完全自由的流動性，就可以依靠要素的轉移消除需求轉移引起外部不均衡的衝擊，而無需區域內貨幣匯率的頻繁變動及其引起的大幅度的物價與收入變動。因此，國家或地區之間生產要素的自由流動，就可作為判斷區域內可否實行固定匯率以至結成一個通貨區的標準。蒙代爾還指出，從貨幣本身因素考慮，最優貨幣區範圍越大越好，以便更多地節省兌換與交易成本，並可以較大規模的外匯市場加大投機操縱的難度。此外，蒙代爾還認識到各國政治差異是貨幣區形成的重要障礙。

麥金龍（Mckinnon，1963）提出，應將經濟開放程度作為最優貨幣區的標準。經濟開放程度由一國生產消費中的可貿易商品對非貿易商品的比率，或者可貿易商品產出占全部產出的比率來衡量。在一個高度開放的經濟區域中，如果運用匯率手段調整國際收支失衡（例如，企圖以本幣相對外幣貶值來改善國際收

支），首先會引起進口商品價格上升，進而導致所有商品價格上升。如果限制價格上升，就會引起需求收縮和失業率上升。其次，市場小而高度開放的經濟體消費中進口商品所占比重較大，匯率變化的實際收入效應容易識別，居民不會接受排除進口商品價格的工資指數，這樣由於「貨幣幻覺」（Money Illusion）減弱，本幣貶值後，居民會要求提高名義工資，以維持實際工資不變，引致成本上升，抵消貶值的出口促進作用。再者，開放程度越高，對進口商品依賴度越高，需求彈性越小，相應要求匯率調整的幅度越大。所以，麥金龍認為，一系列相互貿易高度集中的開放經濟體之間不宜採取彈性匯率制度，高度開放的經濟區域應該組成實行固定匯率制度的相對封閉的通貨區，對於各成員國宏觀經濟目標的實現更為有利。

英格拉姆（Ingram，1962）主張以國際金融高度一體化作為最優貨幣區的標準。在國際金融高度一體化條件下，國際收支失衡導致的微小的利率波動就足以引起足夠的跨國資本流動，從而具有自動平衡機制，而無需匯率變動，不必存在彈性匯率制。

凱南（Kenen，1969）強調產品高度多樣化的重要性。在遭受進口需求衝擊的時候，產品多樣化程度越高的國家抵禦衝擊的能力越強，對國際收支和失業的影響越小，而且產品多樣化程度高的國家與不同的國外需求衝擊具有交叉抵消的機制，足以消減整體衝擊而使出口收益相對穩定。因此，產品多樣化程度高的國家可以實行固定匯率制，而無需匯率機制的調節功能。

英格拉姆（Ingram，1969）、托爾與威廉特（Tower & Willett，1970）等學者主張以「政策一體化」，即各國政策取向相似作為最優貨幣區的標準。托爾與威廉特指出，就內部調節機制不完善的國家而言，這些國家對通貨膨脹與失業的態度以及在通貨膨脹與失業之間的平衡（Trade-off）能力的較大一致性，或許是成功組成貨幣區的首要條件。

弗萊明（Fleming，1971）等學者提出以相似通貨膨脹率作為最優貨幣區的標準。他們認為，國際收支失衡的主要原因在於宏觀層面的結構性變化、工會立場差異或各國貨幣政策差異引起的各國通貨膨脹率差異。雖然各國通脹率相近並

不能保持經常性平衡,但固定匯率不能在通脹率相差很大的情況下長期維持。因此,各國通脹率趨同是形成貨幣聯盟與最優貨幣區的一個必要條件。

此外,麥克道格爾(Mac Dougall,1975)和艾倫(Allen,1982、1983)等學者強調高度的財政一體化對貨幣聯盟的重要意義。它們認為,高度的財政一體化將使貨幣聯盟內推進穩定化進程的財政轉移支付的可行性與有效性最大化,加強貨幣聯盟抵禦外部衝擊的能力。

顯然,學者們關於最優貨幣區的標準條件有著不同的主張。這些標準條件旨在減小各成員國自主運用貨幣政策工具及浮動匯率制的必要性以及在聯盟層次統一運用貨幣與匯率政策所可能造成的不利影響。後來的研究與實踐表明,單一標準有其片面性與侷限性,需要綜合各種標準以便為建立最優貨幣區提供切實的參照。

3.貨幣一體化的策略措施

在上述關於貨幣一體化利弊得失與標準條件的研究基礎上,沃貝爾(Vaubel,1978)還進一步研究了進行貨幣一體化的策略措施問題。沃貝爾區分了合作與集權化兩種類型的貨幣一體化策略,並建議策略措施選擇應遵循漸進主義與自動原則。

沃貝爾認為,為了減小相關的調整成本,使貨幣一體化與單一貨幣切實可行,旨在貨幣一體化的各種努力與策略措施必須遵循漸進性原則;同時還需要遵循自動性原則,以限制成員國採取某種特殊策略措施的隨意性,消除匯率波動的不確定性。

沃貝爾提出的合作策略包括:約定事前協調各成員國貨幣政策以保持匯率穩定;約定事後干預外匯市場以減少匯率波動;同時約定事前協調貨幣政策與事後干預外匯市場。沃貝爾認為,這些策略措施雖然符合漸進性原則,但不僅存在技術性困難,而且缺乏自動性特徵,不能保證貨幣一體化的努力能夠順利實現。

沃貝爾提出的集權化策略包括:完全徹底地以共同貨幣取代各成員國貨幣;各成員國貨幣自由競爭;引入一種平行貨幣(如新創造的共同貨幣)與各成員國

貨幣競爭。沃貝爾認為，第一種集權化策略明顯有違漸進性原則，除非是在經過一段時期的成功協調之後採用；而後兩種集權化策略則構想了一種具有漸進性與自主性的貨幣政策集權化，這一進程展現為最優貨幣對各成員貨幣的取代，並受到市場力量的控制。

顯然，沃貝爾提出的上述兩類貨幣一體化策略並非單純基於技術標準，實際上分別針對的是貨幣一體化實現過程不同階段中的問題：合作策略著力於建立貨幣一體化所必需的政治協調前提；而集權化策略實質上是在達成政治協調後實現貨幣聯盟的種種選擇。在集權化策略中，從根本上講，以共同貨幣取代各成員國貨幣是必然的選擇；而從實現進程看，近年來更加趨向如歐盟貨幣一體化實踐中的「體制方式」（Institutional Approach）（Gros & Thygesen，1990）。歐盟貨幣一體化策略是，在各成員國經濟趨同與融合的漫長準備期基礎上，建立聯盟層次的貨幣政策集中執行機構，進而以歐元取代成員國貨幣。

（三）區域政策一體化理論：以財政一體化為例

區域經濟一體化的存在從自由貿易區、關稅同盟到共同市場，再到經濟聯盟與完全一體化等一系列一體化程度不等的形態。作為一種體制特徵，經濟一體化展現為各成員為了種種目的，以各種方式、在不同程度上實行共同的經濟政策，即展現為範圍、程度不等的政策一體化（Policy Integration）。因此，政策一體化可以有廣義與狹義之分：廣義上的政策一體化可被用於描述任何一種共同的經濟政策，而不論其是國家（政府）間性質的或超國家性質的。也就是說，廣義的政策一體化可以包括政策協調與合作。而狹義上的政策一體化僅指各成員國將某些經濟職能和手段指派給同盟或共同體，並在同盟或共同體層面上運作，而不是在成員國層面上運用。顯然，這種意義上的政策一體化是超國家性質的，區別於國家（政府）間性質的政策協調或政策合作。羅布森（Robson，1998）把政策協調一致與政策合作看作廣義政策一體化中一體化程度較低的兩個層次，並認為協調一致是一體化的第二個層次，指的是各成員國以協定的方式運用其各自保留的那部分政策工具，也包括各成員國遵照共同體機構的立法修改其內部的法規；而政策合作是一體化的第三個層次，指的是各成員國對共同體權力機構無法強制

實施的特定領域在政策與措施上進行自願協調。這裡要著重探討的是狹義上的政策一體化的必要性（敘述中涉及廣義的一體化時將指明其具體含義）。首先歸納綜述在市場一體化基礎上進行其他經濟政策一體化的主要理由與動力，然後借鑑財政聯邦主義（Fiscal Federalism）理論的觀點與方法，探討財政一體化（Fiscal Integration）及其在區域經濟一體化安排中的意義和作用。

1.其他經濟政策一體化的理由與動力

一方面，從前述關於市場一體化的理論回顧可見，部分政策一體化已經展現在市場一體化各種形態的特徵與要求之中。自由貿易區雖然算不上狹義上的關稅及貿易政策一體化，但明確要求關稅與貿易政策的協調與合作。關稅同盟不僅要求關稅政策一體化，而且關稅同盟的維持與發展還需要就同盟的關稅收益分配進行協調，並按照一致同意的準則進行分配以確保各成員國都能在一體化進程中獲益。此外，關稅同盟的資源配置效應與規模經濟效應的實現還有賴於同盟內各種非關稅壁壘的撤出。例如，需要各成員國在行業標準、安全與衛生法規等方面協調一致或者統一標準。共同市場的建立不僅要求關稅及貿易政策一體化，而且要求採取積極一致的措施以確保在一體化區域市場上公平對待區域內的勞動力、資本和企業。從關稅同盟發展成為共同市場後，雖然一體化區域整體可以從商品、要素的自由流動和資源的優化配置中獲得效率收益，但區域要素流動並不能保證每個成員國都可以自然地從一體化的區域市場中獲益，一些成員國可能因要素流動與市場競爭受損。因此，共同市場的穩定發展不僅仍然需要在一體化區域內進行收益的重新分配，而且有必要制定有效的區域政策以控制導致經濟不平衡和一些成員國受損的結構性力量。

另一方面，在市場一體化及其所培育起來的各市場間的相互依賴關係基礎上，可以透過其他領域的政策一體化尋求其他共同經濟目標以獲得更大的經濟利益。經濟分析表明，下述經濟政策的進一步統一將帶來收益（Robson，1998）：

一是克服資源配置跨國溢出的政策。在經濟全球化、特別是存在相互依賴關係的市場一體化下，無論是一個成員國的政府（市場宏觀主體）在公共領域的活

動，還是一個成員國的居民和企業（市場微觀主體）在私人領域的活動，都可能產生不可忽視的或積極或消極的跨國溢出效應。在這種情形下，如果不進行適當的政策合作或一體化把外部效應內部化，那麼整個集團將不能確保從事水平適度、種類合適的活動，區域內的資源配置將難以合理化，並將由於市場失靈而導致效率受損。例如，不協調的國際稅收競爭不僅可能扭曲資源的國際配置，而且可能導致由稅收支持的公共產品的供給不足。

二是克服宏觀經濟穩定溢出的政策。主張各成員國宏觀經濟政策一體化的一個主要目的和根據以此進一步促進資源配置優化的目標。例如，如果沒有宏觀經濟政策的合作，就將難以實現一體化區域內部的匯率穩定性，一體化區域內部的貿易及投資因此就不會以最佳方式進行。然而，進行宏觀經濟政策協調、合作與一體化的另外一個同樣重要的原因在於克服各成員國經濟穩定政策的國際溢出效應。隨著商品、要素的自由流動，經濟全球化深化發展，各成員國經濟相互依賴性日益強化，致使一國為調控其自身宏觀經濟變量而採取的經濟政策會對其經貿夥伴國造成相當大的影響，即一國的宏觀經濟穩定政策會產生不可忽視的國際溢出效應。顯然，為同時實現各成員國宏觀經濟的穩定性目標，就有必要在宏觀經濟基礎上進行貨幣及財政等方面的政策協調、合作乃至一體化。

三是促進區域凝聚力與區域趨同的政策。如上所述，市場一體化中促進資源配置效應的政策措施雖然可以使一體化區域整體獲得效率收益，但只憑市場機制的作用未必會使一體化區域中各成員國都能獲益，也未必會在整個區域市場上自然產生各成員國都滿意的分配結果。相反地，在這種「消極一體化」過程中，市場的優勝劣汰會造成一些成員國受損，並擴大各成員國間的經濟發展差距，從而損害缺少超國家政治權威的區域集團的凝聚力和進一步一體化的意願與動力。為防止這種損害，成員國之間有必要就區域收益分配問題進行具有「積極一體化」性質的政策措施安排，以進一步的共同行動來促進區域凝聚力與區域趨同。例如，在各方認同的基礎上允許並協調國別政策差別以促進區域內產業協調分工；在共同體層面制定改善受損成員經濟結構與經濟運行效率的政策並以共同體預算專款支持；透過共同體預算或者直接在成員國之間進行永久性的財政轉移支付。

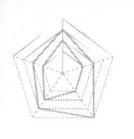

需要指出的是，雖然在市場一體化基礎上進一步進行上述政策一體化安排有助於克服市場一體化的不利影響並將帶來額外收益，但實踐中能夠在多大程度上超越市場一體化進行其他經濟政策的協調或一體化，則有賴於各成員國對各種政策目標的理解和重視，以及各成員國在聯盟中透過政治談判協調各目標之間相互交換的條件。事實上，把政策管轄權從各成員國轉移到共同體的政策一體化實踐，不僅要考慮效率收益因素，還要考慮其他一些與政治決策有關的因素。在共同體權力機構和其成員國之間進行的權力與責任的適當指派，必須反映一體化效益與成本之間的交換關係。有關研究認為跨國溢出效應、規模經濟與政治一致性應是決定在不同層面的權力機構進行權責有效分配的一般標準（Musgrave，1969；Oates，1972、1977；Gatsios & Sea-bright，1989；CEC，1993）。從效率角度看，一方面，把具有跨國溢出效應和規模經濟效應的成員國公共政策活動或其管轄權交給共同體這一高一層次的權力機構去執行，可以將其外部效應內部化，並能透過規模運行獲得成本降低的收益；另一方面，權責集中又可能造成管理與協調成本相對上升、政策質量相對下降，還可能引起成員國的對抗行為。顯然，只有當權責集中帶來的收益不會被其同時引致的成本所抵消時，權責集中才有其必要性。進一步而言，即使政策一體化滿足效率標準，也只有當成員國之間的政策協調與合作不能獲益、無法實現目標時，才真正需要集權化。事實上，由於訊息不對稱的普遍存在以及由此產生的對協調與合作協議執行情況進行監督的困難，政策協調與合作協議通常不能有效處理跨國溢出問題。一些學者進而指出，共同體需要執行的職能必須滿足兩個條件：存在巨大的跨國溢出效應以及各成員國不能輕易監督協調協議的執行情況（Gatsios & Seabright，1989）。而從現實可行性角度看，只有當各成員國偏好相似，在提供公共產品方面具有相同的政治、經濟和社會選擇標準，即具有政治一致性，各成員國才會在上述效率標準得到滿足的前提下真正支持權責集中，集權化才有其現實可行性。

2.財政聯邦主義與財政一體化經濟學

展現為財政聯盟的財政一體化（Fiscal Integration）不同於財政協調或財政合作，指的是各成員國將其財政職能指派給共同體一級的權力機構並由其負責財政聯盟中的政策目標選擇、財政開支和稅收政策工具管理等事務。顯然，從關稅

同盟與共同市場到經濟聯盟與完全一體化，區域經濟一體化的各種形態都或多或少涉及財政政策方面的協調、合作與一體化。財政一體化經濟學借鑑財政聯邦主義理論觀點與方法，考察財政一體化的理由以及共同體公共財政與財政預算在國際區域經濟一體化安排中的意義和作用（Robson，1998）。

作為公共財政理論的一個分支，財政聯邦主義（Fiscal Federalism）主要考察採取聯邦制的理由，包括如何確定在不同層次的政府間進行財政權的分配以及在不同的部門實行財稅轉移的後果，同時還探討聯邦制下政府間稅收轉移的作用及其適當形式。財政聯邦主義理論基於國家財政政策具有資源配置（提供或鼓勵提供公共產品）、經濟穩定（消減實際產出與潛在產出間的偏差）和收入再分配（調整市場引致的區域性或個人收入分配格局）三個在理論上可相對分割的經濟職能與目標的假設，運用前述的跨國溢出效應、規模經濟與政治一致性三個決定在不同層面的權力機構進行權責有效分配的一般標準，探討了財政政策的各種經濟職能在不同層級政府間的有效分派問題，並認為資源配置職能應根據所提供服務的特定公共產品的特徵與對這些產品偏好的同質性或異質性，在不同層級的政府間分派，而經濟穩定與收入再分配職能應由最高層級政府執行。財政聯邦主義認為，財政再分配在空間層面上有著一些重要的目的和意義：有助於在各州或各地區間更加平均分擔宏觀經濟衝擊引致的負擔；有效彌補各州或各地區無法執行自己的貿易、匯率政策以減輕地區性問題的缺憾；有助於促進各州或各地區更加統一以及經濟水平與標準的更加趨同；有助於阻止各州或各地區間的無法承受的大規模移民潮。進而，財政聯邦主義明確指出，要素流動產生的財政溢出效應嚴重限制了低層政府對個人收入再分配的能力，因而基於效率原則應把再分配職責主要集中於中央政府或最高層政府。財政聯邦主義理論還分析了收入工具的縱向分派問題，認為資源配置與收入再分配目標支持稅收管轄權應統一到最高層級政府，但政治目標則可能相反，因為稅收管轄權涉及國家主權問題。顯然，財政聯邦主義理論所探討的這些內容與區域經濟一體化的財政機制建設有著一定的相關性，因為市場一體化同樣引出了各成員國財政政策的協調與一體化問題。

從資源配置職能看。市場一體化條件下商品與要素的跨國流動性使得各成員國稅基具有變化性，各成員方稅收政策具有跨國溢出效應，而稅收的統一收集又

顯然具有規模經濟效應。因此，從經濟效率方面看，可以進行稅收政策一體化以避免國際稅收競爭及其對公共產品提供水平和商業企業選址決策的扭曲。但現實中當前的經濟一體化組織受制於基於國家主權的政治目標而僅限於稅收政策協調與合作的層次。而公共開支政策一體化方面更缺乏足夠的支持理由：提供國防公共產品的公共開支雖然符合規模經濟與溢出效應標準，但現實的政治安全因素考慮顯然不支持純粹的共同體層面統一的國防安排；社會服務公共產品提供雖然有著明顯的溢出效應，但規模經濟效應較弱，更明顯缺少共同的偏好和一致的態度與傳統；影響市場一體化效率收益的各成員國行業、技術、環境、安全與衛生標準等管制性職能的集權化與一體化雖然有其必要性，但一般不會要求巨大的公共開支或公共所有制，相應也就不需要大規模的財政一體化。

從收入再分配職能看。毫無疑問，財政聯邦主義上述關於再分配職能分派的主張對區域經濟一體化集團的適用性值得質疑：首先，一體化區域內的要素流動性即便完全擺脫了正式的政策因素的限制，也會因語言與文化等因素而受到一定限制，因此各成員國尚能對個人稅收進行有效管轄，而且稅收競爭對有效管轄的不利影響主要是在遠期上的，特別是在建立了貨幣同盟或貨幣一體化之前的一體化集團中，各成員國還可以透過對貨幣、匯率政策的自主運用來影響相對的實際工資成本與收入，從而削弱了把課稅與再分配職能完全或主要交給共同體一級的理由與緊迫性。其次，財政聯邦主義的分析與主張是基於最高權力機構具有超國家權力、能直接對個人或企業徵稅的假定的，但現實中當前的經濟一體化組織卻沒有這個權力，其活動資金來源於各成員國經商定交納的預算份額。但是，如前所述，區域經濟集團的凝聚力與可持續性有賴於各成員國對自身在集團運作中公平權力的體認，進而有賴於集團對類似財政聯邦主義所指出的分配目的的重視以及相應的行動。就具體行動措施而言，在一體化組織擁有課稅權、有能力自主進行針對收入與分配的空間調控之前，成員國之間的收入再分配只能採取一致同意的轉移支付方式來進行，而一體化組織的再分配職能只能透過商定的開支政策的影響，並最終透過商定的各成員國各自交納的預算份額標準來執行[38]。

從經濟穩定職能看。主張在一體化組織層面執行財政政策的經濟穩定職能主要基於兩個理由：應對市場一體化各成員國政策的跨國溢出效應；分擔偶然的不

利衝擊引起的風險。在經濟高度相互依賴的條件下，成員國為應對經濟衝擊而採取緊縮性或擴張性的財政政策會產生漏出效應，這種漏出效應不僅會在一定程度上減弱政策所期望的國內效應，而且會對其經貿夥伴的經濟增長與穩定產生一定程度的影響。此時，如果其經貿夥伴相應採取報復性的政策措施，則不僅可能進一步削弱該成員國原本期望的政策效應，而且可能會影響到整個區域集團的穩定性。顯然，克服成員國財政政策的跨國溢出效應需要各成員國就實現經濟穩定職能的財政政策進行協調、合作與一體化。而由一體化組織集中執行穩定職能在時效上顯然比成員國之間耗時的協商談判有優勢。此外，在一體化組織層面的適當穩定計劃將為對宏觀經濟有著重大不利影響的特定國家衝擊進行一定的相互保險，以分擔具有偶然性的不利衝擊所引起的風險（Goodhart & Smith，1993）。

（四）發展中國家間經濟一體化的特殊理論基礎：結構主義發展理論和國際依附理論

上述正統的區域經濟一體化理論主要是基於歐洲發達國家的情況並且是為了闡明西歐一體化問題而發展起來的。而發展中國家較之於發達國家在經濟與政治等方面存在重大差別，它們在當代世界政治中的目標訴求是追求經濟發展和政治安全。相應地，發展中國家的區域經濟一體化雖受上述正統一體化理論的影響和發達國家區域經濟一體化實踐的啟發，但還有其特殊的理論基礎——結構主義發展理論和國際依附理論，其主要從國際經濟體系的結構及其性質方面闡述了發展中國家間進行區域合作與一體化的動因與必要性。

1.結構主義發展理論

以普雷維什（Raul Prebisch）為代表的關於發展中國家的結構主義發展理論主要由中心-外圍論、貿易條件惡化論、外圍工業化思想三個部分組成。結構主義認為，由發達國家（中心國家）和發展中國家（外圍國家）組成的現代國際經濟體系不利於發展中國家的經濟發展；為實現經濟發展，發展中國家需要實行進口替代的工業化戰略以打破現行的中心-外圍論體系的約束，並需要加強發展中國家間的合作以取代不合理的國際經濟體系。

中心-外圍論是結構主義理論的基石，是結構主義者關於現代國際經濟體系

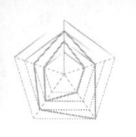

的集中論述,主要包括中心與外圍的結構差異、中心與外圍的不均衡發展、中心與外圍的不均衡發展是由結構差異決定的三方面的內容。結構主義正是在中心—外圍的框架下對處於外圍的發展中國家的不發達現象作出解釋。普雷維什(1988)指出,世界經濟星座中存在中心與外圍的格局。所謂「中心」(Center),是指生產與出口製成品的、占統治地位的資本主義工業發達國家,是資本主義生產技術率先進入的地區。相對應的「外圍」(Periphery),是指生產和出口初級產品的、在技術和組織方面都落後的發展中國家。中心與外圍的這種結構性差異構成了傳統的國際勞動分工與貿易格局:中心生產並出口製成品,外圍生產並出口初級產品。

結構主義認為,基於這種中心—外圍體系格局,在世界經濟的長期演變中,由於中心技術進步快於外圍,中心的勞動生產率增長速度會大於外圍,中心的平均實際收入也會高於外圍,結果不斷拉大中心與外圍之間的發展差距。生產結構的差異與勞動生產率以及平均收入的差距不斷拉大,兩者相互作用、相互強化,使得中心發達國家具備支配和制約外圍發展中國家為其利益服務的能力(普雷維什,1987)。這突出地表現在發展中國家貿易條件的長期惡化上。普雷維什1950年在《拉丁美洲的經濟發展及其主要問題》一文中指出,由於中心國家的技術水平與生產率高、勞動力相對短缺且組織程度高、產品生產供給的市場壟斷程度高、產品需求的收入彈性高,而外圍國家的情況則剛好相反,加之節約原材料的技術進步逐漸降低對初級產品的尋求,所以這些因素使得在技術進步與生產率提高中的中心國家的生產要素報酬不斷提高,產品價格卻很少下降,而外圍國家的產品價格不斷下降,生產要素報酬很少提高;使得在中心與外圍的貿易中的貿易條件長期有利於中心國家而不利於外圍國家,進而使得經濟剩餘與實際國民收入從外圍流向中心,同時也阻礙著外圍發展中國家的資本積累和經濟成長。

在中心—外圍體系與貿易條件惡化論基礎上,普雷維什認為外圍國家的出路在於工業化,並根據當時的國際市場情況提出了內向型發展的進口替代工業化模式,期望以本國生產的工業製成品來取代從中心國家的進口並削減本國初級產品的出口,以打破中心—外圍體系的約束。普雷維什從外圍國家經濟增長的動力、收入增長的速度和對勞動力的吸收三個方面論證了進口替代工業化戰略的重要

性，並提出了相關的政策措施。一個重要政策措施就是區域主義合作與一體化。普雷維什認為，發展中國家要實現工業化，首先要解決國內市場狹小的問題；鑒於國際市場的種種限制（如中心國家產品市場的壟斷、外圍國家產品市場競爭力的缺乏），解決這一問題的重要途徑就是發展中國家之間的區域經濟一體化，以發展中國家間的相互合作和開放市場來滿足工業化的要求，實現規模經濟效應與合理的專業化分工，同時對外高築貿易壁壘以保護區域市場，以集體力量來抗衡中心國家[39]。

普雷維什的結構主義思想在1950—1960年代拉丁美洲地區經濟一體化實踐中（例如拉美自由貿易區、中美洲共同市場、加勒比自由貿易區和安第斯集團的創立）起了重要作用，並對非洲和亞洲的區域合作產生了重要影響。由此，區域合作與一體化的理論重心從把經濟一體化作為政治統一的方法轉移到把經濟一體化作為經濟發展中工業化的手段；對區域主義一體化發展的關注也從強調限制經濟發展的國家因素轉移到把發展中國家在世界經濟中的地位作為發展的阻力。

2.國際依附理論

結構主義發展理論主張的進口替代工業化戰略與一體化措施在1940年代末到1960年代初的實施，雖使一些發展中國家在形成市場、積累資本、實現工業化、加速經濟增長等方面取得了較大進展，但並未能達到其預期的目標。相反，在一體化區域發展中出現了加劇區域內現有不平等的極化現象，特別是對發達國家的依賴也越來越強。如何認識發展中國家的這種依附問題、尋求依附的根源以及擺脫依附和發展社會經濟的出路，是發展中國家學者自1960年代中期以來一直探索的問題，國際依附論的興起與發展就是這一探索的結果。

以安德萊・岡德爾・弗蘭克（Andre Gunder Frank）、福南多・裡奇・卡多索（Ferando H.Cardoso）、薩米爾・阿明（Samir Amin）、特奧多尼奧・多斯・桑托斯（Theotonio Dos Santos）等人為代表的國際依附論者揚棄了結構主義發展理論的「中心-外圍」思想，超越了結構主義者單純從不平等力量去觀察中心發達國家與外圍發展中國家的關係，而透過對中心國家與外圍國家的內外部條件、制度、政治、歷史與現狀的分析對比，從宏觀上研究外圍國家不發達的國際背景，

考察了外圍國家發展與中心國家發展的關係，探索擺脫依附並發展社會經濟的出路。這些學者進一步認為二者的關係是中心國家支配外圍國家、外圍國家依附於中心國家並受之剝削的「支配—依附」關係；外圍國家要實現真正的經濟發展，就必須對內部制度和結構進行徹底的改革，同時採取區域合作與一體化安排，徹底擺脫對中心國家的依附。

首先，國際依附論者認為中心與外圍或宗主國與衛星國的關係是一種剝削性的支配—依附結構關係。弗蘭克（Frank，1967）指出，這種剝削性的結構關係以鏈條的方式既存在於資本主義整個世界層次上（如宗主國—衛星國鏈條），也存在於發展中國家內部（如大城市—中小城市、中小城市—邊區村落鏈條）。這種鏈條關係使得資本主義體系內部的每一個環節都緊密相聯，使衛星國大部分甚至全部經濟剩餘資源不斷地流向宗主國；在這種鏈條關係中，衛星國作為一種工具，從自身的衛星榨取資本或經濟剩餘，並把其中的一部分輸送到一切都成為其衛星的世界性宗主國中心。弗蘭克（Frank，1966）認為，這種結構關係使宗主國的控制力量滲透到每一個衛星國甚至其邊遠村落，造就了少數宗主國的發展和多數衛星國的不發達以及衛星國從屬於宗主國需要的畸形的經濟、政治和社會結構。桑托斯的依附概念指明了這種結構關係的本質。桑托斯（1999）認為，依附是指一些國家（依附國）的經濟受制於另一國（統治國）經濟的發展與擴張這樣一種結構關係，它導致依附國被統治國剝削並處於落後這樣一種局面。當一些國家的經濟之間存在著相互依賴關係，結果卻是某些國家（統治國）能夠擴展和加強自己，而另外一些國家（依附國）的擴展或加強僅是前者的擴展——對後者的近期發展可以產生積極的或消極的影響——的反映，這種相互依賴關係就呈現為具有不平等性的依附形式。桑托斯指出，從歷史進程看，先後出現過殖民地型依附、金融—工業型依附和技術—工業型依附三種依附結構形式；而在依附性結構的深化發展過程中，附屬國的不發達也在深化發展。因此，國際依附論者不贊成西方傳統發展理論的各國都有發展的可能性、發展是一個從不發達向發達自然過渡的歷史進程、發展的方式在於資本與技術從發達國家滲透到不發達國家等等關於發展的理論觀點，而認為外圍國家的不發達與中心國家的發達並非同一條發展道路上的不同發展階段，而是同一國際經濟體系中處於不同地位的不同層面，

是相互聯繫、同時發生、共同存在的歷史現象；正是中心—邊緣體系中存在的支配-依附結構關係使得邊緣國家受到中心國家的剝削而處於不發達狀況。

其次，國際依附論者在其支配—依附結構關係論基礎上提出了關於外圍發展中國家的發展與合作的主張。總體上看，在如何解決依附、促進發展的問題上，主要有「脫鉤」與「結合的依附的發展」兩派觀點。以弗蘭克、阿明為代表的脫鉤派基於中心與外圍間存在的支配—依附不平等關係，提出發展中國家要擺脫依附與貧困，必須割斷外圍與中心的經濟聯繫、與世界資本主義體系脫鉤的觀點。而以卡多索（Cardoso，1972）為代表的一些學者提出了外圍發展中國家可以進行「結合的依附的發展」的觀點。他們不否認前者對支配—依附結構關係與外圍不發達原因的分析，但認為在外圍國家社會經濟中形成了外國資本、國家資本和私人資本三者聯盟的情況下，發展與依附是可以共存和有機結合的，因此在當代發展中國家社會經濟發展過程中，若瞭解依附產生的原因並設法與之鬥爭，就能使國家獲得「結合的依附的發展」。儘管存在上述分歧，但兩派學者都提出應實行發展中國家間的經濟一體化，加強發展中國家間的從經濟到政治、安全等各個領域的合作，以共同對外政策與共同陣線的形式削弱依附並促進發展。主張完全脫鉤的學者認為，發展中國家不能只停留在內向的進口替代戰略，而應該走「集體自力更生」（Collective Self-reliance）的道路。例如，阿明（Amin，1975）主張，發展中國家應實行一種由以下三個互相依賴的部分組成的新的發展戰略：一是選擇以依賴本國資源為基礎的自力更生的發展道路；二是優先考慮第三世界國家之間的合作和經濟一體化；三是建立國際經濟新秩序，以提高原料的價格、控制自然資源、保證第三世界的製造品能進入發達國家的市場，並加速技術的轉讓。不主張完全脫鉤的學者也提出，外圍發展中國家至少要制定堅定的政策措施，實行結構主義發展理論強調的區域經濟合作與一體化，訂立國際貿易協定，發展本國技術，以最大限度地縮小中心發達國家的不利影響。

國際依附論自1960年代興起以來對國際實踐產生了強烈影響。在其影響下，不僅拉美的區域經濟合作與一體化如安第斯集團、加勒比自由貿易區等區域經濟合作組織繼續得到發展，而且廣大發展中國家間的南南合作也獲得了重要進展，不結盟運動、77國集團等發展中國家合作組織在與發達國家的鬥爭中取得

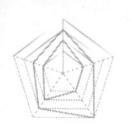

了重大成果。當然，國際依附論也受到了學術界的許多批評，其中主要的批評觀點有：「依附性」概念含糊，不能準確地說明現今發達資本主義國家與發展中國家之間的關係；對「宗主國—衛星國」結構關係的「支配—依附」解釋有其片面性；忽視了對生產關係的分析，沒有對當代國際資本主義制度做進一步分析；沒有找到任何可以消滅資本主義剝削、擺脫依附的道路（張雷聲，1998）。然而，國際依附論不僅有助於理解廣大發展中國家（特別是在1960—1970年代）的南南合作與一體化的動力與實踐，而且從更廣泛的思想角度看，國際依附論強調區域合作與一體化中全球背景的重要性，並在全球政治經濟學中理解區域合作與一體化問題，把它作為在各國社會政治體系與全球政治經濟歷史發展雙重限制下民族國家發展戰略的一個部分和一個選擇，從而賦予了發展中國家區域合作與一體化不同於傳統關稅聯盟理論的福利最大化和新功能主義理論的政治一體化動機和目標。顯然，國際依附論為研究發達國家與發展中國家之間的關係、探討發展中國家的發展走向提供了一種新的視野與思路。

從上可見，結構主義發展理論與國際依附理論都認為現代國際經濟體系是不合理的，並對發展中國家的經濟發展構成了嚴重的束縛，發展中國家需要實行相互之間的區域經濟合作與一體化，以擺脫不合理的國際經濟體系並獲得經濟發展。從實踐看，戰後發展中國家的區域經濟合作與一體化雖然在一定程度上是對西歐一體化的模仿，但它在目標設計、實現的原則與方法上都與西歐區域主義有著較大區別，並試圖超越西歐模式，建立適合本地區發展的區域主義合作形式。因此，結構主義發展理論與國際依附理論可謂戰後發展中世界區域經濟合作與一體化的特殊理論基礎。需要指出的是，結構主義發展理論和國際依附理論雖然從國際經濟體系的結構及其性質方面闡明了發展中國家間進行區域合作與一體化的動因與必要性，但缺乏過程分析，也沒有論證其內在條件與可行性。

三、簡短結語

本節的理論及實踐發展回顧顯示，作為一種實踐運動，區域一體化已成為當今世界政治經濟中最引人注目的現象之一，與全球化一起展示著今後世界政治經濟的發展趨勢。作為一種思想理論，區域一體化主要是國際關係學與國際經濟學研究的問題：國際關係學視野的區域一體化包括經濟一體化、安全（政治）一體化、社會一體化三個方面，主要關注其後的政治動因、條件、過程與結果等問題；國際經濟學研究的區域一體化即區域經濟一體化，主要關注的是一體化的經濟動因、效應和條件，多是從成員國福利角度來解釋經濟一體化的形成，探討經濟一體化各種形態對成員國福利的影響，很少關注一體化問題背後的非經濟因素、非經濟過程與非經濟後果。雖然這兩門學科關注的主題重點不完全相同，但它們的研究顯然存在著相當的互補性，共同推進著區域一體化實踐和理論的發展。隨著實踐的發展，至今已在這兩門學科中形成了眾多的理論與不同的流派，這些理論關注的視角與側重的領域不同，觀點各異，但基本上都可以定位到以政府間主義和超國家主義或者以現實主義和自由主義為基軸的坐標內。各種理論和流派都有其自身理論範式的侷限性，但又都反映了當今區域一體化的部分現實。它們相互補充，構成了區域一體化理論的主要內容，在實踐與爭論中發展，並在發展中相互借鑑和逐漸融合，但至今卻沒有一個統一的系統的理論分析框架。

　　另一方面，隨著實踐的演進，特別是新區域主義運動的蓬勃發展與突破南北界限的區域一體化實踐的出現，各種區域一體化理論的侷限性突顯。區域一體化的研究視角與重心，需要而且正在從先前的只是片面或孤立地單純從區域一體化背後的經濟動力或政治動機與安全結構角度的研究，轉向從政治、經濟、文化、心理等多方面因素的相互影響和相互滲透的角度的研究，注重引入政治學、經濟學、經濟地理學、文化人類學、宏觀史學以及心理學等有關學科，特別是國際關係學、國際經濟學、國際政治經濟學的研究成果，進行跨學科的綜合性研究；注重結合各種理論尋求對整個世界範圍內的區域一體化運動進行綜合解釋。正如赫里爾（Hurrell，1995）指出的，首先，每一種理論都存在一定的解釋強點，這正是理論多樣化的展現；其次，由此學者們應該瞭解不同理論邏輯之間的互動性質；最後，人們可以選擇一種或多種理論來對區域主義進行不同的理解。

　　事實上，區域一體化運動是一個多層次、多方面、複雜多變的動態發展過

程。僅僅從一個角度或靜止的觀察是不可能看到一體化運動的真實面貌的。對區域一體化實踐運動的考察，要求一個可以從更為廣泛的視角對之進行綜合性分析的、系統的理論框架。因此，有必要揚棄與整合各種區域一體化理論的內容和觀點，從區域一體化的動因與必要性、條件與可行性、動力與路徑、機制與模式等方面，歸納總結出一個可以系統研究區域一體化問題的綜合性的理論分析內容框架。

第三節　國際區域一體化問題的理論分析框架

上一節關於國際區域一體化理論及其發展述評顯示，隨著實踐的發展，學者們圍繞著區域一體化的動因與必要性、條件與可行性、動力與路徑、機制與模式等問題做出了各自不同的解釋，並形成了眾多的理論與不同的流派；而且，各種理論與流派在不斷發展的過程中相互補充並逐漸融合，構成了區域一體化理論的主要內容，但至今卻沒有一個統一的系統的理論分析框架。本節在上節理論發展述評的基礎上，超越門派之見，從區域合作與一體化的動因與必要性、條件與可行性、動力與路徑、機制與模式等方面，對各種區域一體化理論的內容和觀點進行揚棄與整合，歸納總結出一個可以系統研究區域合作與一體化問題的綜合性的理論分析內容框架，並以區域經濟一體化為例進行闡釋。

一、區域一體化的動因與必要性

區域一體化理論首要的任務和內容是關於一體化的動因與必要性的解釋，即回答為什麼會產生或者需要區域一體化。如前所述，許多理論從不同的角度與層面提出了自己的解釋。綜而言之，不外乎是內外兩方面的原因，而根本動機與目的在於區域成員（國家或地區）應對其內外政治經濟環境的變化以實現自身利益

的最大化。

首先，區域一體化的根本動因與目的在於區域成員實現自身利益最大化的內在需要。國家利益植根於國際國內環境所提供的機會與制約中，有賴於國內各種利益主體特別是國家領導集團的認識與判斷，並需要根據環境變化採取適當的方式去實現。當傳統的單邊方式與全球層面的多邊方式難以實現國家利益最大化目標時，區域層面的雙邊或多邊方式就成為一個現實有效的選擇，而國家利益在這裡代表的是國內競爭中獲勝的優勢集團的利益，是國內的各種利益主體之間的競爭與遊說的結果。因此，區域一體化既是國家間利益博弈的結果，又是國內利益主體間博弈的結果。值得注意的是，這裡的國家利益包括經濟、安全、價值三方面的基本內容，而在具體的一體化實踐中，不同層面與不同程度的一體化有其不同的具體動因與主要目的，通常需要對各方面利益特別是政治與經濟目的進行權衡與綜合考慮，有時候甚至需要交換與取捨。

就區域經濟一體化來說，雖然經濟一體化有其客觀內在的經濟決定性，並可能帶來經貿創造、規模經濟、競爭促進、配置優化與結構調整等效應，但實踐中諸如主權、和平與安全等高級政治方面仍然是其重要的考慮因素或目的。事實上，區域經濟一體化過程本身是高度政治化的：一方面，一定程度的經濟一體化相應要求各成員政府一定程度地放棄其對所涉問題的自主權；另一方面，一體化區域成員之間還有一個利益分配問題，因為經濟一體化即便使區域整體獲益增加，但並非每一個成員在每一階段必定都會獲益或都會得到同樣的獲益。此外，各種區域經濟一體化理論顯示，不同程度與形式的經濟一體化在其具體的經濟動因、目的與效應方面也存在一定差異。一體化程度較低的自由貿易區主要是基於貿易全球化趨勢的內在要求並主要得到貿易產生的靜態效應，在邁進關稅同盟之前不可能獲得其他諸多收益，實現其他目的，如增強在關稅與貿易談判中的討價還價實力。沒有在關稅同盟基礎上的生產要素可以自由流動的共同市場，進而沒有財政、貨幣等領域的經濟政策協調、合作與一體化的經濟聯盟，一體化的許多動態效應與目的也不可能實現。

其次，區域一體化是應對不斷強化的且又非均衡發展的全球化與相互依賴趨

勢的一個有效選擇。隨著科技進步與生產力發展，戰後全球化與相互依賴趨勢不斷加強，但又存在明顯的非均衡發展特徵，使得國際溢出效應與需要共同治理的事務日益增多、國家間互動關係日益複雜，進而使得國家利益最大化需要在超越國家自身疆界與自身權力的區域層面乃至全球層面去實現。為了在全球化與相互依賴進程中解決這類問題並實現國家利益目標，具有相同或相似訴求、具備一體化條件的有關國家（特別是在全球多邊機制難以建立或作用不力時）選擇了區域一體化安排這種形式。區域一體化安排雖然對成員的主權與行為自由度施加了一定的限制，但也增強了各成員承諾的可信度，促進了單邊行動難題的有效解決，並提升了區域行為體在世界政治經濟格局與國際事務中的份量。

就區域經濟一體化而言，由於經濟全球化與相互依賴趨勢是一個利弊兼存而又不容迴避的非均衡發展過程，而整齊劃一的全球經濟一體化安排既難以滿足非均衡發展的各經濟體在這一進程中追求自身利益最大化的需要，又因交易成本過大等因素難以在短期內取得較大程度的進展，於是，區域經濟一體化安排就成為需要與偏好相近的各經濟體參與這一進程並實現趨利避害的一種現實選擇。事實上，區域經濟一體化不僅比全球經濟一體化有著較低的交易成本，易於溝通、協調與啟動，而且在許多情況下，區域經濟一體化安排在區域層面上有效解決了一些國際溢出效應與共同事務問題，一定程度上克服了全球化與相互依賴中的一些障礙與約束、不確定性與風險，既順應並促進了經濟全球化與相互依賴發展趨勢，也滿足了各經濟體在這一發展趨勢中追求自身利益最大化的需要，並增強了各經濟體參與國際經濟競爭與全球經濟一體化的實力與能力。

最後，區域一體化在一定程度上也是利益訴求相同或相似的區域內各成員對外部因素帶來的壓力與競爭的一種集體應對行動。地緣政治或經濟的衝擊可能促使同一區域的行為體創建區域政治或經濟合作機制，特別是在全球化與相互依賴趨勢不斷深化發展的背景中，對強大的非本區域行為體行為的擔心會誘使區域行為體參加更緊密的政策協調與合作，區域政策制定也會越來越受到區域外的和區域間的政治經濟因素的制約。這在先前的發展中國家區域一體化實踐與當前的新區域主義浪潮中有著明顯的展現。

總之，區域一體化是利益訴求相同或相似的區域成員基於其內外政治經濟結構與環境的變化，特別是不斷強化的且又非均衡發展的全球化與相互依賴趨勢，尋求一種有效的、和平的、共贏的區域雙邊或多邊方式（特別是在全球多邊方式難以啟動或作用不力的情況下），來解決單邊方式難以解決的彼此間互動關係與共同事務問題，並應對區域外部因素帶來的壓力與競爭，以實現自身利益最大化。

二、區域一體化的條件與可行性

區域一體化的條件與可行性是區域一體化理論必須回答的另一個重要問題。綜觀現有理論的相關論述，雖然不同層面不同程度的一體化需要相應的特定的具體條件，但下述幾個方面的條件與可行性分析具有廣泛的參照意義，適用於區域一體化的任何形式。

其一，區域一體化的產生首先需要區域內部結構關係具有足夠的向心力。這種向心力既可源於區域內部存在的具有強烈吸引與擴散作用的某種政治、經濟、文化中心，也可源於區域內部各方之間由於政治、經濟、文化、歷史、地域等原因在頻繁互動基礎上產生的強烈而且基本對稱的相互依賴與相互需要，這種頻繁的互動、強烈而且基本對稱的相互依賴與需要是對區域外的互動、依賴與需要所不能比擬和替代的，並且以彼此勢力均衡的印象消除了各方對一體化下可能出現依附甚至吞併的擔心。顯然，這種向心力實質上是一體化潛在淨收益大小的展現。只有當一體化的收益大於一體化的成本，而且無論是區域整體還是區域內部各成員都具有這一成本-收益條件的情形下，一體化才有可能產生。當然，這裡的收益與成本概念亦如前述的國家利益概念，包括經濟、安全、價值三方面內容，並需要進行權衡與綜合考慮，甚至交換與取捨。

其二，區域一體化的產生還需要區域內部各方具有改變現有關係狀態的強烈願望與共同認知。這種願望與認知既是基於歷史的經驗與教訓，也是出於對現實

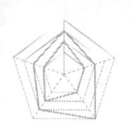

外部環境威脅的共同認知，更是出於獲取未來共同收益的強烈期望。例如，兩次世界大戰的慘痛教訓使西歐國家深刻體認到建立一種超國家的區域溝通、協調與合作機制的重要性，從而開啟了西歐一體化；對相似的發展歷史與共同的外部環境威脅的深刻體認，促使拉美的發展中國家在1960—1970年代走上了南南合作與自力更生的道路；對歐盟及北美自由貿易區的發展及排外性的增強所帶來的外部壓力的體認，促使東亞各國在新區域主義浪潮中積極謀求區域經濟一體化的發展道路。

其三，區域一體化的產生特別是深化發展還需要區域內部各方之間主要價值上的相互適應性（相容性）以及在此基礎上的行為上的相互可預測性。所謂各方之間主要價值上的相互適應性，是指有關各方對於一些基本問題有著共同的或相容的而非相互衝突的認識、標準甚至信仰。這種在主要價值上的相互適應性或相容性，是各方在共同的歷史與文化基礎上，透過歷史上長期的交流與相互理解而形成的。它作為共同體意識的基礎與部分，顯然對一體化的產生特別是一體化進程深化中超國家性制度與機構的建立，具有十分重要的影響。事實上，即便是低級政治領域中的經濟一體化的啟動也需要各方就政治與經濟的關係、經濟一體化對彼此間關係的影響等方面產生基本的政治共識。

所謂各方之間行為上的相互可預測性，是指各方對彼此的意圖偏好、行為習慣、思維模式、民族性格等方面有著相當的瞭解，相信對方不會輕易採取對己方有害的行動。顯然，這種行為上的相互可預測性是建立在主要價值的相互適應性的基礎上的，它不僅消除了有礙於合作與一體化的敵對心態或互不信任，而且使得即使在合作與一體化的相對收益有利於對方的情況下，合作與一體化特別是經濟層面的合作與一體化也可能在絕對獲益中得到啟動並維持[40]。

就區域經濟一體化的條件與可行性而言，除了上述超越經濟層面的各種考慮之外，各種經濟一體化理論還揭示了各種形式的經濟一體化需要各自特定的經濟條件。理論與實踐表明，一般而言，成功的區域經濟一體化必須至少具備以下經濟條件：

（1）一定的經濟相互依存性條件。一體化區域各成員之間在經濟上存在比

較緊密的專業化分工關係，不論這種專業化分工關係是自然分工或協議分工還是水平分工或垂直分工，各成員都能成為彼此的主要經貿夥伴，而對區域外經貿夥伴的依賴性較小，以保證一體化的經貿轉向效應較小而經貿創造效應較大。

（2）一定的經濟市場規模條件。一體化區域各成員必須有著較高的人均收入和較發達的產業體系，從而有著旺盛的最終需求與派生需求以及廣闊的國內市場，能夠較多地吸納其他成員的商品，進而一體化後可以產生較大的經貿創造效應與規模經濟效應。

（3）一定的經濟技術發展水平條件。一體化區域中至少部分成員的經濟技術發展水平較高，在貿易商品上具有成本優勢，從而能最大限度地降低經貿轉向效應，並能保證相對落後的成員透過區域經貿合作逐步提高技術水平、優化經濟結構，從而獲得一體化的動態收益。

（4）一定的經貿政策可協調性條件。某種程度與形式的經濟一體化安排需要成員之間彼此開放相應的市場，需要成員之間彼此經貿往來活動具有相應的自由化與便利化程度。一體化區域各成員之間的經濟發展水平差距不大，經濟與貿易政策乃至文化傳統與政治體制也基本相同，從而不僅有利於區域經貿活動往來，而且容易協調成員之間的經貿政策，不會給任何一方造成較大衝擊，進而有助於一體化的啟動與深化發展。

三、區域一體化的動力與路徑

關於一體化動力與路徑的研究是區域一體化理論內容的另一個主要方面。涉及這一方面的各種一體化理論基於各自的理論假設對一體化動力與路徑有著各自的觀點及解釋。綜合各種理論觀點與區域一體化的實踐經驗，一般而言，區域一體化有著社會行為體、國家行為體、超國家行為體三個方面的動力因素，而且正是這三方面力量的合力決定著一體化的現實路徑。

如上所述，區域一體化的根本動因與目的在於實現國家利益最大化；國家利

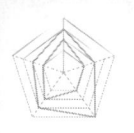

益代表的是國內競爭中獲勝的優勢集團的利益，是國內的各種利益主體之間的競爭與遊說的結果；而植根於國際國內環境所提供的機會與制約中的國家利益的實現，有賴於國內各種利益主體特別是國家領導集團的認識與判斷以及在此基礎上的相應行動。可見，國家政府與國內利益主體是一體化的主要行為體。各國政府在國家利益的驅動和國際政策外部性的壓力下，在國際層面上透過國家間談判直接決定一體化問題。追求自身利益的社會行為體（例如跨國利益集團）雖然一般不能直接參與國際談判，但會在國內政治結構層面上透過遊說與影響政府，從而間接對國家間談判的結果、一體化的規則與進程等方面的內容產生影響。因此，區域一體化既是國家間利益博弈的結果，又是國內利益主體間博弈的結果。

　　隨著一體化的啟動與發展，超國家行為體會成為一體化的另一個重要的動力因素。一體化過程中的獲益會使社會行為體遊說政府支持一體化，進而使國家政府認識到區域交往與區域機制安排的重要性，願意談判一體化協定並向區域制度讓出必要的主權，形成與之共享主權的超國家性的中心機構。由各成員派代表組成的超國家機構雖然通常只能在成員政府所給定的範圍內活動，但由於其在有關區域整體的訊息和一體化觀念方面通常比各成員具有優勢，並在一定程度上可以代表一體化區域的共同利益，因此，超國家行為體在一體化進程中能夠超越各成員僅關注自身利益的侷限性，協調成員之間的利益衝突，找到解決問題和促進一體化深化發展的方法（如促成各方就有關問題建立聯繫和相互妥協，或達成補償、轉移支付安排），從而成為一體化的重要推動者與催化劑。此外，超國家機構的存在也有助於增強成員間承諾的可信性與一體化制度安排的權威性。

　　上述社會行為體、國家行為體、超國家行為體三個方面相互聯繫、相互作用不僅構成了一體化的動力系統，而且正是這三方面力量的合力決定著一體化實現與發展的現實路徑。

　　首先，一體化的啟動與發展是由國家政府主導與控制下的三方力量的合力作用決定的。

　　通常，在全球化、相互依賴與一體化的發展進程中，在微觀層面上的以自利和規避風險為行動準則的各社會行為體，因其內在條件的不同會面臨不同的機會

與威脅，對全球化、相互依賴、一體化有著不同的甚至相反的態度與偏好。例如，微觀經濟層面就存在國際競爭力較強或較弱的企業，前者會希望和歡迎各國經濟自由化與一體化，而後者則希望政府提供保護和扶植，對經濟全球化與一體化持消極與反對態度。它們這種不同的態度與偏好會淋漓盡致地展現在遊說政府的國內政治過程中，即各社會行為體會竭力使自身的利益與偏好上升成為國家的利益與偏好，使國家政府在關於全球化與一體化的國際談判中採取有利於自己的態度與行動，從而間接使得全球化與一體化的規則和進程等方面的安排有利於自身的利益最大化。在這一過程中，代表國家利益的政府顯然是國內各種力量的平衡者，政府在關於全球化與一體化的國際談判中的態度與行動以及談判達成的有關規則和進程安排首先就是在與政府互動中的國內各種力量相互競爭與妥協的產物。因此，從國內政治過程看，一體化可以說正是在國內贊成力量與反對力量的較量與妥協中、在與各種社會力量有著互動關係的國家政府的平衡下緩慢前進的。實踐中，只有在國家政府認識到國內贊成力量比反對力量強大，或者國家政府保證反對力量能夠得到利益上的補償的情況下，一體化才能啟動或向前發展。

另一方面，在全球化與相互依賴的現實世界中，國家大體上也可謂是理性的、自利的行為體，面對國內社會行為體的利益訴求和國際環境的制約，國家會採取最適宜的方式來實現其目標。當各國政府認識到採取集體行動比單邊行動更能實現國家利益時，就會選擇透過國家間談判進行國際合作。上述國內利益主體間競爭形成的國家利益與偏好限定了達成潛在可行協議的空間，基於不對稱的相互依賴而形成的國家間談判相對實力則決定了最終的談判結果（利益分配）。因此，從國際政治過程看，一體化又可以說是成員政府理性選擇和相互交易的結果。此外，為了增強成員間承諾的可信性，各方選擇了國際制度甚至超國家機構來執行所達成的協議。國際制度或超國家機構雖然如上所述在一體化中發揮著一定作用，但對一體化談判的最終結果的影響是有限的。事實上，從過去到現在的一體化都主要是一種政府間機制，主權國家仍然是一體化活動中的主角，國家利益而非一體化共同利益是成員的首要考慮；自主自願的區域一體化只有符合各參與方的利益才能獲得推動。

其次，一體化是一個以外溢方式進行的循序漸進的過程。

如前所述，由於不同層面不同程度的一體化一方面需要特定的主、客觀條件，另一方面對成員政策行動的自主性與利益的獲取有著不同的影響，因此，自主自願的區域一體化只能是一個循序漸進的過程。雖然高級政治領域的一體化可以促進低級政治領域的一體化，而低級政治領域的一體化未必能夠導向高級政治領域的一體化。各國政府通常還是在必要的政治共識與互信的基礎上，從相互依存性較強的領域特別是經濟等低級政治領域尋找合作與一體化的起點，從低級政治領域或部門性的合作與一體化向高級政治領域或全面性的合作與一體化發展，以漸進方式推進區域合作與一體化的進程及領域。即便是區域經濟一體化也有著如前所述的從自由貿易區到完全一體化的程度與領域不同的一體化形式，並呈現了循序漸進的過程[41]。

值得注意的是，一體化的這種循序漸進的發展過程事實上還遵循著一種動態發展的客觀邏輯，那就是新功能主義一體化理論強調的外溢觀念——既有的一體化會形成進一步一體化的壓力，展現為一體化在本部門進程的深化、在其他部門範圍的擴展和在共同體制度層次權威的增加。新功能主義認為從關鍵經濟部門開始的合作與一體化會自動外溢到相關的部門，並使更多的行為體捲入其中，逐步擴大超國家職能機構的活動以至最後包括所有部門；更深的經濟一體化需要超國家規制能力，功能外溢過程要求直接地從更高的權威層次進行協調，由此導致政治外溢過程；由於這樣的擴展邏輯，一體化就由經濟領域溢出到政治、社會領域，並產生進一步一體化的政治壓力，從而使一體化逐步深化發展。事實上，由於各個部門、領域之間通常普遍存在或緊或鬆的某種內在結構關係，因此一個部門、一個領域的一體化會將其他部門或領域捲入其中，或者會給其他部門、其他領域形成示範或壓力，使其至少把一體化作為一種針對有關問題的可供選擇的方案之一。顯然，一體化中的客觀外溢過程與政府對一體化進程的主觀偏好——漸進性與可控性具有相當的一致性。

需要指出的是，這種外溢過程雖是一體化運動本身所具有的內在動力與發展趨勢的展現，並成為各國政府決策時面臨的一種客觀情況，可能會迫使各國選擇進一步的一體化，但它只是可供選擇的方案之一，因為如上所述，實踐中的一體化進程和方向總是在各國政府的主導與控制下透過國內、國際雙重博弈過程而決

定的。只有當各方在既有的一體化中實現了預期獲益，並認識到進一步獲益所受到的限制需要進一步的一體化才能克服，而且願意進一步讓出對有關問題的自主權，外溢方案才可能在下一步一體化實踐中得到採納。

綜上所述，正是社會行為體、國家行為體、超國家行為體之間的互動關係，使得一體化過程既是一個一定程度上的功能自主的客觀外溢過程，又是一個有意識地尋求一體化的主觀行動過程，在當前集中展現為一種在成員政府控制下的循序漸進的外溢過程。

四、區域一體化的機制與模式

區域一體化的機制與模式問題是一體化理論研究的核心問題。一體化的機制與模式是指在一體化過程中所建立起來的管理一體化活動的各種組織機構、規範一體化活動的各種規則章程、處理一體化問題（反映、議決、執行）的各種程序體制，甚至包括在一體化進程中形成的各種習慣、觀念和認同（陳玉剛，2001）。

從理論而言，一體化的機制與模式可以是政府間性質的，也可以是超國家性質的，或者是兩者兼而聚之，這主要取決於特定的一體化發展程度，並且本身就是一體化發展程度的一種展現。顯然，超國家性質的一體化機制與模式較之於政府間性質的一體化機制與模式，要求各成員更多的主權讓渡，相應的一體化進程會呈現更大的自主性。從現實世界的實踐看，主權國家的偏好是相當明顯的。事實上，由於一體化如前所述是基於實現國家利益的目的並在國家政府主導與控制下進行的，因此，一體化的機制與模式從本質上看仍然是政府間性質的，受國家利益所決定，是成員之間討價還價的結果，這種結果展現了成員利益的最小公分母，符合各成員的期望和利益，因為沒有一個成員會自願接受一種在總體上使其受損的國際制度安排。換言之，一體化要能得到啟動和發展，一體化的機制與模式安排必須保證各成員能夠在長期與總體上獲得淨利益而不是相反。與此同時，

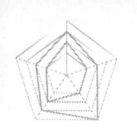

從運行成本和效率角度看，一體化的機制與模式安排必須適應並適用於一體化的客觀發展進程需要。落後於一體化客觀發展進程需要的一體化機制與模式安排不能夠有效管理和推動一體化的發展，而過度超前的機制與模式安排則是不必要的也是不經濟的。

另一方面，一體化的機制與模式雖是區域各方為了透過實現區域共同利益進而實現國家利益目的而造就的，但無論是政府間性質的還是超國家性質的機制與模式，一旦建立後，這些機制與模式就成為制約成員政府等行為體的一個相對獨立存在的因素，能夠在成員之間獨立發揮作用：可以減少一體化與國際關係中的不確定性，穩定各種行為體的預期，使其看到保持連續性的價值，從而成為一體化進程與國際關係穩定發展的重要原因；可以促進一體化成員在不同事務領域互動聯繫，產生相互依賴，使各方很難進行欺詐；可以提供訊息，賦予成員之間相互監督遵守和執行承諾的能力，利於監督；可以降低交易成本，便利國際合作；可以解決囚徒困境，實現共同利益。而且，一旦建立後，這些機制與模式就因種種原因能夠自己獲得存在與發展的動力，能夠自己提出動議並獲得透過，發展到後來甚至可能產生對成員的超國家權力。與此同時，隨著世界多元主義與功能性一體化的發展和國際社會規章制度化水平日益提高，從理論而言，在將來也可能出現一種沒有政府治理的一體化機制與模式，即一個由共同的價值觀和共同的事業來指導的功能性管理體系，這種功能性管理體系透過共識而不一定需要以強制手段來建立自己的權威。

如前所述，本章研究區域一體化理論的目的，在於為理解和研究兩岸經濟制度性合作與一體化問題建立一個較為完整的理論背景和可資借鑑的分析框架，從而提升對兩岸經濟制度性合作與一體化問題的認識高度。循此思路，下面轉入對兩岸經濟制度性合作與一體化問題的系統研究。

第三章　兩岸經濟制度性合作與一體化的動因及必要性研究

　　區域合作與一體化是利益訴求相同或相似的區域成員（國家或地區）基於其內外政治經濟結構與環境的變化，特別是不斷強化的且又非均衡發展著的全球化與相互依賴趨勢，尋求一種有效的、和平的、共贏的區域雙邊或多邊方式（特別是在全球多邊方式難以啟動或作用不力的情況下）來解決單邊方式難以解決的彼此間互動關係與共同事務問題，並應對區域外部因素帶來的壓力與競爭，以實現自身利益最大化。本章借鑑關於區域一體化的動因與必要性的理論觀點與分析框架，考察當前兩岸經濟制度性合作與一體化的動因與必要性問題。第一節對1979年以來兩岸經濟關係的發展演變進行簡要的回顧，並歸納總結影響兩岸經濟關係發展演變的主要因素，以之作為進一步分析與探討的起點和基礎；第二節從兩岸政治經濟關係發展的內在需要特別是當前兩岸經濟體的相互依存性與功能性一體化發展態勢出發，評估其對兩岸政治經濟發展的重要性與約束性，考察當前兩岸經濟制度性合作與一體化的內部動因與必要性；第三節從經濟全球化的不確定性與風險、區域一體化的競爭與邊緣化效應以及WTO下兩岸經濟關係發展面臨的挑戰等角度，揭示兩岸經濟制度性合作與一體化的外部動因與必要性；第四節是本章簡要的研究結論。

第一節　兩岸經濟關係的發展演變及其影響因素分析

　　經濟一體化可謂經濟關係發展的最高階段與最終形態。因此，要考察兩岸經

濟制度性合作與一體化的動因與必要性，首先有必要明了兩岸經濟關係發展的狀況及其影響因素，把握其發展態勢。作為進一步分析與探討的起點和基礎，本節就1979年來兩岸經濟關係的發展演變進行簡要回顧，並對影響兩岸經濟關係發展演變的主要因素進行歸納總結。

一、1979年來兩岸經濟關係的發展演變

眾所周知，1949年國民黨政權退守臺灣，宣布臺灣處於「戰時動員狀態」，實行「非常時期」的軍事管制，嚴禁臺灣人民與中國大陸的交流交往。由此開始至1979年的30年間，臺灣與大陸相互對峙與隔絕，各自走上了獨自發展的道路，兩岸經濟關係基本上處於中斷階段。隨著1970年代末期中國大陸政治經濟形勢的變化，特別是「和平統一、一國兩制」對臺政策與改革開放政策的實行，兩岸經濟聯繫得以恢復。自1979年以來，在經濟全球化力量的推動下，兩岸經濟關係克服兩岸政治關係因素的障礙不斷發展，先後大致經歷了恢復、興起、擴張、緊縮四個發展階段，當前正向著交流正常化與功能一體化的方向深化發展。

（一）兩岸經濟關係的恢復階段（1979—1987）

1979年是兩岸關係發展的新起點。從1979年到1983年，中國大陸對臺政策完成了由「解放臺灣」向「和平統一」、「一國兩制」的歷史性轉變，並發出了「三通四流」的倡議，呼籲儘早結束兩岸對抗與隔絕的局面[42]。由此，儘管當時的臺灣當局提出對大陸「不妥協、不接觸、不談判」的「三不政策」（國臺辦，2008），儘管兩岸間長期以來形成的歷史隔閡難以立即消除，但彼此對立的氣氛開始有所緩和，兩岸局勢從先前的敵我對峙與軍事對抗時期進入和平共處與相互競爭時期，為兩岸經貿往來的恢復提供了現實可能性。此外，大陸採取改革開放政策主動參與經濟全球化進程，為兩岸經貿活動提供了市場機會與誘因。1979年上半年，大陸先後開辦經第三地對臺灣的電報業務、開放對臺灣的長途

電話業務、全面開放受理寄往臺灣的平信業務、經香港郵局轉寄臺灣的掛號信函；1980年，大陸方面首先單方面向臺灣產品開放市場，主動派出大型採購團赴香港採購臺灣產品，並開放臺灣工商企業來大陸投資，設立代表機構，開展業務（國臺辦，2008）。與此同時，臺灣當局儘管基於政治因素的考慮，在原則上與公開場合仍然聲稱禁止兩岸經貿往來並作出種種限制，但是，在實際操作中則採取了消極默許的變通做法，並在1985年賦予了臺灣貨物透過第三地間接輸往大陸的「合法」地位[43]。

在這種背景下，兩岸經貿活動往來在這一時期得以開啟，兩岸經濟關係逐步從先前的中斷階段走向恢復階段。這一階段的兩岸經濟關係以貿易主導為特徵，主要表現為兩岸間接貿易（經香港的轉口貿易）逐步恢復，進而引發或帶動臺商開始透過第三地並主要在廣東與福建沿海等地進行零星、分散、隱祕、少量的試探性投資。據大陸海關統計，在1979—1987年間，兩岸透過香港的轉口貿易貨值從0.77億美元增至15.16億美元，平均年增長率為45.1%，其中，自臺進口增長尤為迅速，從0.21億美元增至12.27億美元，平均年增長率為66.3%；對臺出口從0.56億美元增至2.89億美元，平均年增長率為22.8%。據商務部統計，從1981年第一家臺資企業的出現至1987底，臺商對大陸的臺資累計只有80餘項，1億多美元。這些投資規模有限，形態單一，基本上屬於勞動力密集型加工產業，多是中小企業把大陸沿海地區作為出口加工基地，不斷以「臺灣接單、大陸生產、香港轉口、海外銷售」的模式實現資本運轉（李非，2000）。

（二）兩岸經濟關係的興起階段（1988-1991）

1987年是兩岸關係發展的新的轉折點。1987年前後，臺灣當局解除「戒嚴」，放寬外匯管制，開放民眾赴大陸探親。臺商借探親熱潮紛紛到大陸進行商務考察，尋找商機，直接商務活動日益頻繁。隨著國民黨「政治革新」的逐步推進與兩岸經濟關係的日益活躍，臺灣當局在其1988年5月提出大陸政策的三個基本原則（確保「國家安全」；區分官方與民間，官方維持不接觸、不談判、不妥協，民間則漸次開放；單向間接原則）基礎上，不得不採取日益鬆動和彈性靈活的大陸經貿政策，逐步放寬對兩岸經濟交流的限制（國臺辦，2008）。

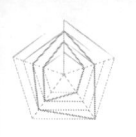

在郵電往來方面，1988年4月，臺灣透過紅十字信箱50000號開辦寄往大陸的航空郵件；1989年6月臺灣當局正式開放兩岸民眾間接通話、通報，並簡化郵寄大陸郵件的處理方式，在很大程度上實現了兩岸通郵；1990年11月，陸委會公布《開放臺灣地區與大陸地區民眾間接通話（報）實施辦法》（國臺辦，2008）。

在大陸貨品進入臺灣方面，迫於臺灣工農業生產急需，在其他進口貨源難覓的情況下，臺灣當局一改先前的消極默許間接進口大陸貨物的做法，1987年7月首次公開宣布開放27項（隨後又增至30項）大陸農工原料間接進口[44]，從而賦予了大陸貨物間接進入臺灣的「合法」地位，並在隨後的1988—1990年對大陸農工原料間接進口進行了第二、三、四批次的開放。1990年12月又進一步開放臺商在大陸委託加工或生產的半成品可以間接方式返銷臺灣，從而使得自大陸輸入的貨物從農工原料擴大到半成品（廖福順，1991）。

在對兩岸間接貿易的管理方面，臺灣當局不僅放寬了臺灣駐海外分支機構不得與大陸經貿人員接觸的限制，也放寬了對兩岸間接航行的認定，允許國際商船（包括兩岸在海外註冊的權宜籍商船）經第三地時只辦轉口手續而免裝卸過程，從而促使兩岸經貿交流由間接轉向直接，即「轉單不轉運」的形式轉變（李非，2000）。

在臺商投資大陸方面，臺灣當局1990年3月正式開放臺商赴大陸進行工商考察；7月鑒於已有大批臺商在大陸投資設廠的既成事實，正式開放臺商赴大陸間接投資，並要求以正面表列方式核準進行；8月透過《對大陸地區從事間接投資或技術合作管理辦法》，同時制定「赴大陸間接投資產品正面表列」以配合實施。該年開放項目範圍包括化工、紡織、機械、電機、資訊5大類，先後兩批開放的產品項目共計3000多項（李非，2000）。

在兩岸金融往來方面，為適應兩岸貿易與投資往來的需要，臺灣當局從1990年起開放兩岸間接通匯，規定臺灣民眾可由外匯銀行或「郵政儲金匯業局」經第三地銀行將錢間接匯到大陸；1991年8月全面開放臺灣銀行辦理對大陸間接匯款業務；同年10月同意開辦「大陸出口、臺灣押匯」的運作方式（李

非，2000）。

此外，1991年9月臺灣當局還透過包括農業技術援助、智慧財產保護、大陸資源開發等12項有利於兩岸經貿往來的大陸經貿新政策（李非，2000）。

這一時期，中國大陸也適時推出一系列加強兩岸經濟關係的特殊政策與靈活措施。1988年7月國務院公布了《關於鼓勵臺灣同胞投資的規定》，對臺商投資的合法權益提供保障，並予以較大的優惠與便利。此後，國務院相繼批准在福建的馬尾、杏林、海滄、集美設立臺商投資區，並為臺資項目提供配套資金，有力地促進了臺商到中國大陸的投資（李非，2000）。

在兩岸經貿政策的互動下，兩岸經濟關係轉趨活躍，迅速從恢復階段走向興起階段。這一階段的兩岸經濟關係以貿易主導向投資主導過渡為特徵，表現為貿易與投資並重發展，多種形式的經濟交流不斷出現。一方面，據大陸海關統計，兩岸間接貿易繼續穩定擴張，從1988年的27.21億美元增至1991年的57.93億美元，平均年增長率為28.6%，其中，自臺進口從22.42億美元增至46.67億美元，平均年增長率為27.7%；對臺出口從4.79億美元增至11.26億美元，平均年增長率為33.0%。另一方面，這一時期臺灣步入新一輪經濟轉型期，勞動力密集型產業開始大量向大陸轉移，臺商赴大陸投資設廠迅速增加。據商務部統計，1988年以前，臺資項目計437項，合約利用臺資6億美元，實際利用臺資0.22億美元；1991年臺資項目計1735項，合約利用臺資13.9億美元，實際利用臺資4.66億美元。四年累計臺資項目達3842項，累計合約利用臺資33.12億美元，實際利用臺資8.65億美元。隨著兩岸經濟聯繫逐漸加深，貿易與投資相輔相成作用日益明顯。1980年代後期，貿易主導的跡象依然存在，但90年代初期投資主導的趨勢逐漸增強（李非，2000）。

（三）兩岸經濟關係的擴張階段（1992—1995）

1992年鄧小平南巡講話後，尤其是「中共十四大」之後，中國大陸正式確立了社會主義市場經濟的發展方向，掀起了第二次改革開放的熱潮，並在引進臺資、外資方面頒布了一系列新的優惠政策與措施，從而引發了新的一波臺商赴大陸投資熱潮，促進了兩岸經濟關係進入快速擴張階段。例如，中國大陸1994年3

月頒布了《中華人民共和國臺灣同胞投資保護法》；4月又提出對臺商投資的領域、項目、方式採取「同等優先、適當放寬」的原則；1996年8月批准廈門與福州成為大陸首批對臺直航試點口岸。

這一時期，隨著兩岸經濟關係的迅猛發展，臺灣當局雖然在1992年7月公布的《臺灣地區與大陸地區人民關係條例》中對兩岸海上、空中通航問題設立了嚴格禁止條款（國臺辦，2008），但鑒於兩岸經貿往來不能也無法阻隔的客觀現實，在採取措施規範兩岸經貿往來的同時，繼續有選擇地放寬對兩岸經貿交流的限制。

在兩岸間接貿易方面，1993年初與1994年底，臺灣繼續擴大大陸產品間接進口範圍，使開放項目進一步增加至2000多項，最後逐步擴大到工業製成品，並在條件成熟時將大陸產品入臺的正面表列規定改為負面表列規定[45]。此外，臺灣方面還制定了《對大陸地區間接輸出貨品管理辦法》，設立了出口預警系統，防止臺灣產品外銷過分依賴大陸市場。

在臺商投資大陸方面，1992年底，臺灣再次增加200多項赴大陸間接投資產品，包括製造業74項、服務業139項、農產品加工業103項等，從而使臺商赴大陸間接投資產品累計超過4000項；鋼鐵、水泥、汽車、石化、玻璃等5大行業則以專案審查方式開放赴大陸投資。臺灣的新興行業，包括通訊、資訊、消費性電子、半導體、精密儀器與自動化、高級材料、特用化學品與製藥、醫療保健、汙染防治等工業，可採取個案申請方式辦理赴大陸投資事宜[46]。農委會也決定放寬臺灣農業赴大陸投資，開放養殖業、農副產品加工業等52個投資項目（李非，2000）。

在兩岸金融往來方面，1994年7月臺灣透過《臺灣地區與大陸地區金融業務往來許可辦法》，開放臺灣銀行海外分支機構經許可得與外商銀行在大陸分支機構業務往來；1995年7月臺灣開放指定銀行及國際金融業務分行與大陸金融機構海外分支機構辦理間接進出口押匯、托收等外匯業務；財政部也放寬臺灣銀行第三地子銀行可赴大陸設立辦事處（洪子仲，1995）。

在兩岸經貿人員往來方面，行政院核准《大陸人民來臺從事經貿相關活動的

許可辦法》，許可大陸經貿人士可申請赴臺進行工商考察、經貿訪問或出席會議[47]。

兩岸經貿政策在1992—1995年間的互動關係客觀上促進了兩岸經貿交流往來的快速發展，兩岸經貿交流出現了熱絡景象和投資主導特徵，表現為臺商赴大陸投資逐漸進入高潮，並在深度與廣度上都出現新的變化，促進了兩岸貿易及其他形式的經濟交流持續發展。

首先，臺商投資發生了質的變化。據商務部統計，1992年臺資項目即達6430項，合約利用臺資55.43億美元，實際利用臺資10.5億美元，分別較1991年增長270.61%、298.78%、125.32%，分別約是過去11年總和的1.7倍、1.7倍、1.2倍；1993年臺資項目、合約利用臺資金額進而達到創記錄的10948項、99.65億美元，實際利用臺資金額則高達31.39億美元，分別較1992年增長70.27%、79.78%、198.95%。其後，臺商協議投資數量雖有所回落，但實際投資數量仍保持在1992年水平之上。截至1995年底，累計臺資項目達32287項，合約利用臺資300.64億美元，實際利用臺資116.06億美元。臺灣傳統勞動力密集型產業大量向大陸轉移，帶動了臺灣中上游重化工業的大陸投資步伐。投資行業領域不再限於加工出口業，而是從勞動力密集型的輕紡製造業擴展到資本與技術型密集型產業、農產品加工業與服務業。投資廠商從初期從事中下游工業生產為主的中小企業擴大到以從事中上游工業為主的大型企業及集團企業，形成大、中、小企業並重發展，上、中、下游產業相互關聯的投資格局。臺商投資大陸的動機也不再只是尋求低廉的勞動力，土地利用型投資大幅度增長，更重要的是透過在上海等地設立據點以占領低廉市場的臺商投資不斷湧現。投資地域分佈從先前開放城市「點」的增加與沿海地區「線」的延伸轉向整個大陸「面」的擴散，形成全方位的投資佈局（李非，2000）。

其次，在投資的帶動下，兩岸貿易持續快速增長，並出現了轉運貿易與轉口貿易等多通路多形式發展的局面。據大陸海關統計，兩岸貿易總額從1992年的74.1億美元增至1995年的178.8億美元，平均年增長率為34.1%，其中，自臺進口從62.9億美元增至147.8億美元，平均年增長率為32.9%；對臺出口從11.2億美

元增至31億美元,平均年增長率為40.4%。

(四)兩岸經濟關係的緊縮階段(1996-1999)

鑒於兩岸經濟關係發展的客觀形勢對現行各項政策形成強烈衝擊,以1996年秋李登輝「戒急用忍」政策出臺為標誌,臺灣當局對大陸經貿政策從漸進開放轉入緊縮調整階段,從而人為打壓了兩岸經貿往來的快速擴張步伐,迫使兩岸經濟關係發展呈現緊縮甚至回落態勢。

1996年8月,李登輝提出必須檢討以大陸為腹地來建設亞太營運中心的論調,要求有關部門制定限制臺商對大陸投資的相應辦法(李順德,1996)。同年12月,臺灣召開的所謂「國家發展會議」根據李登輝「戒急用忍」的政策精神,針對兩岸經濟關係形成「九條共識」,其中重點有:兩岸經貿往來應考慮政治風險;西進暫緩,推動南向,臺灣優先;兩岸「三通」要根據安全、互惠原則等待時機協商解決;企業赴大陸投資要做政策性規劃和合理規範(李非,2000)。臺灣有關部門隨即採取相應措施跟進。例如,立法院1997年4月透過了《臺灣地區與大陸地區人民關係條例草案》;經濟部1997年5月公布了新版《企業對大陸地區投資審查辦法》。這些措施放緩了兩岸經貿交流的步伐,擱置了原先決定逐步開放大陸資金入臺灣的政策,暫停或取消了許多經貿交流項目,並從嚴管制大企業赴大陸投資,從嚴審查投資規模較大、對臺影響較大、助長大陸基礎建設發展的投資案(李非,2000)。

這一時期,在兩岸航運方面有幾個亮點值得一提:1997年1月,大陸的海峽兩岸航運交流協會與臺灣海峽兩岸航運協會代表在香港就兩岸「試點直航」問題進行協商,並簽署「會談紀要」,決定開通福州、廈門至高雄的「試點直航」航線,中轉大陸的外貿貨物;同年7月臺灣當局開放大陸權宜輪經第三地可原船裝載集裝箱往返兩岸;10月交通部正式開放幹線船舶經高雄港延伸至第三地;1998年6月,經濟部公告並開放船舶運送、船務代理、船舶出租、港埠、航空貨運承攬、民用航空運輸與電信等在大陸設立辦事處(國臺辦,2008)。

與此同時,中國大陸方面繼續採取了一些促進兩岸經貿交流的措施:1998年5月,國家批准設立廈門大嶝對臺小額貿易交易市場,該市場設有商品交易、

倉儲、簡易加工和綜合服務，為兩岸民間交易提供方便；同年12月原外經貿部發布了《在中國大陸舉辦對臺經濟技術展覽會暫行管理辦法》，允許臺商單獨到大陸舉辦展覽會；1999年12月，國務院發布《中華人民共和國臺灣同胞投資保護法實施細則》（國臺辦，2008）。

臺灣當局的「戒急用忍」政策嚴重束縛了兩岸經濟關係的發展，尤其是阻礙了臺商赴大陸投資。兩岸貿易在1990年代中後期增長速度明顯放緩。據大陸海關統計，兩岸貿易金額在1996年、1997年、1998年分別僅增長了6.1%、4.5%、3.3%，而1996年的對臺出口出現了20多年來少見的高達9.6%的負增長率，臺商投資項目與實際投資金額更是出現連年下滑趨勢。據商務部統計，1999年臺資項目減少到2499項，1997年合約利用臺資金額僅有28.14億美元，是1992年以來的最低，實際利用臺資金額從1996年的34.74億美元下降到2000年的22.96億美元。

由於「戒急用忍」政策嚴重違反經濟規律，有損於兩岸經濟體特別是工商界的利益，實踐中遭到了臺灣內外多方面的強烈反對，臺灣當局後來不得不對其內容進行了調整。貿易方面的調整主要是經濟部1997年11月和12月又分別開放了47項和40項大陸物品進口，使得准許進口的大陸貨品項目增至5405項，占總貨品項目的54%。投資方面主要是簡化了臺商投資大陸的手續，特別是放寬了中小企業赴大陸投資的條件，但對大企業仍然從嚴審核（李非，2000）。

（五）兩岸經濟關係的深化階段（2000年至今）

2000年以來，特別是2008年中國國民黨重新執政臺灣以來，為順應經濟全球化的深化發展趨勢，特別是為滿足加入WTO的要求，並結合自身經濟發展的需要，海峽兩岸經濟體都沿著經貿自由化的方向加強了兩岸經貿政策的調整，在開放市場、擴大准入、降低壁壘、改善環境、保護產權等方面加快了調整步伐，從而使得兩岸經濟關係朝著交往正常化與功能一體化方向深化發展。

中國大陸方面，與兩岸經貿往來發展有關的政策調整主要展現在：按照在加入WTO議定書中的承諾逐步放開進出口經營權、逐步取消進口數量限制、逐步大幅削減關稅水平、逐步加大對外商投資的開放領域及程度；按照WTO規則特別是

無歧視原則規範貿易與外資政策；逐步營造內資企業與外資企業（臺資企業）公平競爭的稅收環境（劉兵，2003）。從總體上看，中國大陸方面的經貿政策調整有助於兩岸貿易往來的加速和臺商對大陸投資的深化。特別是2005年連、宋大陸行在兩岸黨際間達成包括建立「兩岸共同市場」、「兩岸自由貿易區」等多項推動兩岸關係發展的願景和重要共識（參見國臺辦，2008）以來，中國大陸方面頒布了包括單方面擴大並免稅進口臺灣部分農產品等一系列對臺新政策和新措施，認真貫徹落實上述願景和共識，展現了極大的誠意，在使兩岸關係形勢趨向緩和的同時，推動了兩岸經貿交流與合作進一步向縱深化發展。

臺灣方面，2001年12月，陸委會公布了加入WTO後兩岸經貿政策調整的七大範圍，包括：開放兩岸直接貿易；適度開放大陸物品進口；適度開放中國大陸資本赴臺從事服務業投資；開放臺商赴中國大陸直接投資；開放兩岸直接通匯；推動兩岸直接通郵、通信；規劃設立「兩岸經貿安全預警制度」，處理相關安全及產業風險事宜（劉兵，2003）。2002年1月，行政院透過了《加入WTO兩岸經貿政策調整執行計劃》，確立了加入WTO後逐步建立正常化的兩岸經貿關係目標（劉兵，2003）。

關於兩岸貿易方面。臺灣當局在加入WTO後加快了兩岸貿易的開放步伐（彭莉，2004）。2002年2月，經濟部公告了新修訂的《臺灣地區與大陸地區貿易許可辦法》，取消了兩岸貿易須為間接貿易的先前規定，正式開放了兩岸直接貿易，但要求兩岸貨物仍須經第三地區或境外航運中心運輸；同時，擴大開放了2058項大陸物品的進口，加上在此之前開放的5000餘項，中國大陸物品開放進口比率約為73%。其後，經濟部又多次開放了數百項中國大陸貨品的進口，至2003年12月，臺灣方面累計共41次放寬中國大陸貨品的進口。2003年4月，經濟部再次修訂了《貿易許可辦法》，准許所有中國大陸物品經臺灣從事三角貿易，轉運至他地。2003年10月，立法院修訂的《臺灣地區與大陸地區人民關係條例》准許經許可進入臺灣的中國大陸物品、勞務、服務或其他事項得在臺灣從事廣告活動。但臺灣當局至今仍對高達兩千多項的工、農產品禁止自中國大陸進口，而且在逐步開放中國大陸貨品進口的同時，又明確強調建立大陸貨品進口的防禦機制，包括一般性防禦條款、平衡稅與反傾銷稅條款、農產品特別防衛措

施、大陸物品特別防衛機制等。

　　關於臺商對中國大陸投資方面。近年來，特別是加入WTO前後，經濟部多次修訂了《在大陸地區從事投資或技術合作許可辦法》、《在大陸地區從事投資或技術合作審查原則》等法規，除了自2002年1月開放臺商對大陸直接投資外，還放寬了對投資領域及投資金額的限制，簡化了投資審查程序（彭莉，2004）。到2002年4月經濟部正式公告2000多項赴大陸投資清單後，加上原已開放的項目，總計開放比率達到93.82%（劉兵，2003）。立法院2003年10月修訂的《臺灣地區與大陸地區人民關係條例》將赴大陸投資產業分類由原來的「許可類」、「專案審查類」、「禁止類」三類改為「一般類」和「禁止類」兩類（彭莉，2004）。但在開放臺商赴大陸直接投資並放寬對臺商大陸投資的限制的同時，臺灣當局也加強了管理，建立了所謂「動態調查機制」、「專案審查機制」，從而可能對臺商大陸投資形成新的壁壘。為提升臺灣資產管理的競爭力，並滿足投資人多元化的投資需求，臺灣新當局2008年7月3日透過決議，將臺灣基金投資大陸股市的資金比例上限標準，由現行的0.4%擴大為10%，同時完全取消臺灣基金投資香港紅籌股與H股的限制[48]。為提升臺灣企業的競爭力，便利臺灣企業與跨國公司合作投資大陸，把臺灣打造成為跨國公司投資亞洲與大陸的門戶，並促進核心業務根留臺灣，臺灣新行政當局於2008年8月1日起正式放寬對臺灣企業赴大陸投資金額的現行限制：非中小企業赴大陸投資一律放寬為淨值或合併淨值的60%為上限，個人赴大陸投資上限從現行新臺幣8000萬元放寬為每年500萬美元，而獲得「運營總部」資格認定的臺灣企業以及跨國公司在臺灣的子公司投資大陸不受限制。此外，臺灣新當局還將赴大陸投資的審查程序便捷化：赴大陸投資金額在100萬美元以下的申請案可在投資實行後六個月內申報，個案累計金額逾5000萬美元才進行項目審查，其餘均以簡易審查方式辦理[49]。關於大陸對臺投資方面，加入WTO前，臺灣當局未予開放，並規定在臺投資的外來企業大陸資本所佔股份比例不得超過20%；加入WTO後，臺灣當局不得不有所調整併逐步開放（彭莉，2004）。2002年4月，立法院透過《臺灣地區與大陸地區人民關係條例》修正案，解決了大陸投資盈餘匯回重複徵稅問題，允許未經核准赴大陸投資廠商補辦登記，並以許可制開放陸資直接或間接赴臺投資不動產。同年8月，內

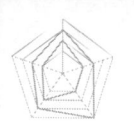

政部頒布了《大陸地區人民在臺灣地區取得設定或轉移不動產物權許可辦法》，在對有關事項進行具體規定的同時，對陸資准入、營運等環節進行了重重設限。2003年10月，立法院再次修訂的《臺灣地區與大陸地區人民關係條例》進一步開放了陸資對臺投資，規定參照僑外投資核准制度，適度開放大陸人民、法人、團體、其他機構或其在第三地投資的公司經許可在臺灣從事投資行為，但配套子法至今尚未正式頒布。

關於兩岸金融方面。為配合兩岸貿易、調整關係迅速發展的需要，近年來，臺灣當局多次修訂《臺灣地區與大陸地區金融業務往來許可辦法》等相關法規，逐步放寬兩岸金融業務往來的限制（許峰，2003）。銀行業方面，財政部於2001年11月放寬臺灣銀行海外分支機構及國際金融業務分行（OBU）可直接與大陸地區金融機構通匯，並可與大陸當地企業和個人開展金融業務往來；2002年2月，為配合兩岸直接經貿往來，對兩岸匯款及進出口外匯業務不再強調間接原則，局部開放臺灣外匯銀行（DBU）與大陸地區銀行直接通匯；同年8月，開放外匯指定銀行與大陸的金融機構直接通匯，但「直接投資」的匯款仍不透過臺灣外匯銀行（DBU）進行操作；准許國際金融業務分行（OBU）可以對大陸臺商辦理放款和應收帳款收購業務；准許臺灣外匯銀行海外子銀行申請赴大陸設立代表辦事處。非銀行金融業方面，2000年底，臺灣開放保險業與證券業赴大陸設立辦事處；2002年7月，陸委會原則同意金融服務業以直接投資方式赴大陸設立分行或子公司。2003年10月，立法院修訂了《臺灣地區與大陸地區人民關係條例》，准許臺灣金融、保險、證券、期貨機構經許可得與大陸地區人民、法人、團體、其他機構有業務上的直接往來，並在大陸設立分支機構；放寬民眾攜帶小額大陸幣券進出臺灣。但是，根據2005年3月行政院金融監督管理委員會公布的新修訂的《臺灣地區與大陸地區金融業務往來許可辦法》，臺灣方面可以開展兩岸金融業務往來的機構仍限於經主管機關許可的臺灣銀行海外分支機構、國際金融業務分行、經中央銀行許可辦理外匯業務之銀行（簡稱指定銀行）及中華郵政股份有限公司。這些機構在遵守有關規定條件下可以開展的兩岸金融業務往來範圍，主要限於收受客戶存款、匯出及匯入款業務、進出口外匯業務、代理收付款項等方面[50]；而這些兩岸金融業務使用之幣別，須以臺灣地區及大陸地區貨幣以

外之幣別為限。此外，符合規定的臺灣銀行得向主管機關申請許可在大陸地區設立代表人辦事處，從事金融相關商情調查、訊息蒐集及其他相關聯絡事宜。自2005年10月3日起，臺灣開放了金門、馬祖兩地試辦人民幣兌換業務，符合「小三通」出入境規定的臺灣民眾與大陸遊客，可向經過許可的當地金融機構申請以新臺幣兌換人民幣，每人每次兌換金額以2萬元人民幣為限[51]。2008年6月30日，為配合開放大陸民眾入臺旅遊購物消費的需要，臺灣新當局將上述試辦人民幣兌換業務延伸至臺灣機場口岸等地[52]。

關於兩岸航運方面。2000年4月，臺灣當局公布實施《離島建設條例》，決定在臺灣本島與大陸地區全面通航之前，先試辦金門、馬祖、澎湖地區與大陸地區通航；同年12月行政院公布《試辦金門馬祖與大陸地區通航實施辦法》草案，允許福建省人民到金門、馬祖旅遊，開放金門—廈門、馬祖—福州的定期或不定期客貨航線以及兩地貿易往來；2001年1月，臺灣當局開放金門、馬祖與福建沿海「小三通」（國臺辦，2008）。2002年又對《試辦金門馬祖與大陸地區通航實施辦法》進行了修正，有限度放寬金門、馬祖及澎湖地區與福建沿海的直接通航；2004年2月，陸委會討論透過《試辦金門馬祖與大陸地區通航實施辦法》部分條文修正草案，採取適度開放人員中轉等十項措施，擴大實施金馬「小三通」（國臺辦，2008）。2003年9月，陸委會宣布「兩岸間接貨運包機」政策，開放臺灣航空業者以「單向、中停港澳往返上海」的方式進行兩岸貨物運輸。2003年10月，立法院修訂的《臺灣地區與大陸地區人民關係條例》要求維持直航許可制，臺灣船舶、飛機及其他運輸工具經主管機構許可可航行至中國大陸；要求臺灣交通主管部門應會同有關機關在18個月內制定管理辦法，但該期限在必要時經向有關部門報告備查後可以延長；增訂境外航運中心與「小三通」法源依據（彭莉，2004）。2004年5月，臺灣當局開放「兩岸海運便捷化」，即允許國際班輪在同一航次直接掛靠兩岸港口；同年8月對「境外航運中心設置作業辦法」部分條文修正加以說明，指定基隆港和臺中港（不得與福建港口通航）為「境外航運中心」，可載運大陸與第三地的進出口貨物，經指定的外籍船舶能航行（國臺辦，2008）。2005年1月，海峽兩岸航空運輸交流委員會與臺北市航空運輸商業同業公會，在澳門就臺商及其家屬春節包機相關技術性、業務性問題

進行了溝通並達成共識：採取雙方對飛、飛經第三地不落地、多點開放的方式；2006年春節包機的乘客範圍擴大至其他往返兩岸持合法有效證件的臺灣居民（國臺辦，2008）。2006年6月8日，福建省泉州市石井港對臺客運碼頭開始啟用，開闢第二條對金門客運班輪航線（國臺辦，2008）。2006年6月14日，兩岸宣布就客運包機節日化和開辦專案包機達成共識，同意從即日起兩岸實施「項目貨運包機」、「節日客運包機機制化」、「緊急醫療包機」和「特定人道包機」，客運包機將從原來的春節擴大到清明、端午和中秋三個傳統節日期間，表明兩岸在客貨運包機問題上取得重大進展（國臺辦，2008）[53]。2007年5月15日，福建與澎湖實現貨運直航；2007年9月29日，福建省居民由馬祖直飛澎湖旅遊（國臺辦，2008）。2008年6月13日，兩岸透過海協會與海基會（「兩會」）簽署了《海峽兩岸包機會談紀要》和《海峽兩岸關於大陸居民赴臺灣旅遊協議》，將客運包機進一步擴大到週末包機（國臺辦，2008）[54]。2008年9月4日，行政院實施「小三通正常化推動方案」，開放大陸遊客利用「小三通」經金門、馬祖中轉到臺灣旅遊（國臺辦，2008）。2008年11月4日，兩岸透過「兩會」終於簽署了《海峽兩岸空運協議》、《海峽兩岸海運協議》和《海峽兩岸郵政協議》，此三項協議於當年12月14日正式生效，使常態化的兩岸直航與通郵取得了實質性的突破（國臺辦，2008）[55]。

總體上看，由於加入WTO和兩岸經貿往來日益密切的內外壓力的推動，2000年以來臺灣當局先後採取了「積極開放、有效管理」和「積極管理、有效開放」的兩岸經貿政策原則，在一定程度上放寬了對兩岸經貿往來的限制，原則上開放了兩岸直接貿易、投資、金融活動，放寬了對人員往來與船舶航運的限制，但並沒有從根本上放棄「戒急用忍」政策，展現在其兩岸經貿關係立法中始終堅持了「開放與管制」並存原則，對大陸經貿政策調整不僅始終堅持了分階段開放、有所選擇、循序漸進原則，而且同時加強了對兩岸經貿往來的管制措施。

海峽兩岸經濟體2000年以來沿著經貿自由化方向對兩岸經貿政策的調整，促進了兩岸經濟關係朝著交往正常化與功能一體化方向深化發展[56]，並在兩岸政治關係僵局的約束中保持了良好的發展態勢。

兩岸貿易方面，2000年以來，特別是兩岸先後加入WTO之後，兩岸貿易進入新一輪快速增長通道。據大陸海關統計，2000兩岸貿易總額、自臺進口、對臺出口分別達到305.3億美元、254.9億美元、50.4億美元，分別較1999年增長了31.1%、30.6%、27.6%；兩岸貿易總額、自臺進口、對臺出口分別從2001年的323.4億美元、273.4億美元、50億美元增長到2007年的1244.8億美元、1010.2億美元、234.6億美元，平均年增長率分別高達25.2%、24.3%、29.4%。

臺商投資大陸方面，據商務部統計，實際利用臺資從2000年的22.96億美元增至2002年達到39.7億美元的歷史最高記錄後開始呈現下滑態勢，但2007實際利用臺資仍然保持在17.7億美元的高位水平上。截至2007年底，累計臺資項目達75584項，實際利用臺資456.83億美元。

在兩岸貿易、投資往來發展的帶動與要求下，兩岸金融往來政策逐步放鬆，兩岸金融往來自2000年以來也邁入快速增長通道。據中央銀行外匯局統計，臺灣對中國大陸匯出款金額、自中國大陸匯入款金額分別從2000年的12.08620億百萬美元、7.70294億美元增至2005年的181.83927億美元、238.46433億美元，平均年增長率分別為72.0%、98.7%。

綜上可見，近20餘年來的兩岸經濟體，在經濟全球化力量的推動下，不斷突破兩岸政治關係的約束，在貿易、投資、金融、航運及人員往來等方面雖有波動，但總體上都保持著持續發展的情勢。兩岸貿易往來從1979年的0.77億美元增至2007年的1244.8億美元，平均年增長率高達30.2%，至2007年累計總額達到7281.35億美元；臺商對大陸實際投資從1989年的1.55億美元增至2007年的17.7億美元（這一期間的2002年實際利用臺資金額曾高達39.70億美元），至2007年累計實際投資總額達到456.83億美元；臺灣對中國大陸匯出款金額、自大陸匯入款金額分別從1996年的6.55453億美元、0.94280億美元增至2005年的181.83927億美元、238.46433億美元，至2005年累計總額分別達到448.96261億美元、501.00531億美元；臺胞來大陸人次、大陸居民赴臺人次分別從1987年的46679人次、1990年的8545人次增至2007年的4627900人次、229870人次，至2007年累計分別達到47035578人次、1637719人次。

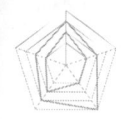

但與此同時，由於如前所述臺灣當局對中國大陸的限制性經貿政策等因素的作用，近20餘年來的兩岸經貿往來形成了「間接、單向、民間」的不對稱、不平衡格局[57]，並遠未窮其發展潛力；即便在兩岸加入WTO以來，兩岸經濟關係雖得到一定改善與快速發展，但因兩岸政治僵局的存在仍未實現正常化，不對稱、不平衡格局並未得到根本改變。隨著兩岸貿易往來的增長，中國大陸對臺貿易逆差也在不斷增長，2007年大陸對臺貿易逆差高達775.6億美元，累計逆差達到4672.79億美元；兩岸投資往來、兩岸金融往來方面基本上是有來無往；兩岸旅遊往來方面，中國大陸是臺灣境外旅遊的最大目的地，但第一類大陸民眾即一般意義上的大陸居民直至2008年7月才得以赴臺灣觀光旅遊；兩岸人員往來方面，與中國大陸的全面開放、幾無限制的做法相反，臺灣當局至今尚未開放大陸民眾在臺的工作就業權，也限制大陸商務與專業人員在臺從事商務活動，使得兩岸人員往來不對稱狀態極為明顯：2007年大陸居民赴臺人次只有臺胞來大陸人次的4.97%，而累計至2007年的大陸居民赴臺人次只有臺胞來大陸人次的3.48%。表3-1、表3-2、表3-3、表3-4分別對近20年來的兩岸貿易、投資、通匯、人員往來進行了系統的統計；相應的圖3-1、圖3-2、圖3-3、圖3-4也進一步顯示了近20年來兩岸經貿往來的發展態勢與格局。

表3-1　歷年兩岸貿易統計表

（單位：億美元，%）

年份	貿易總額	增長率	對台出口	增長率	自台進口	增長率	貿易差額
1978	0.46	—	0.46	—	0.00	—	0.46
1979	0.77	67.40	0.56	21.70	0.21		0.35
1980	3.11	303.90	0.76	35.70	2.35	1019.10	-1.59
1981	4.59	47.60	0.75	-1.30	3.84	63.40	-3.09
1982	2.78	-39.40	0.84	12.00	1.94	-49.50	-1.10
1983	2.48	-10.80	0.90	7.10	1.58	-18.60	-0.68
1984	5.53	123.00	1.28	42.20	4.25	169.00	-2.97
1985	11.01	99.10	1.16	-9.40	9.85	131.80	-8.69
1986	9.55	-13.30	1.44	24.10	8.11	-17.70	-6.67
1987	15.16	58.70	2.89	100.70	12.27	51.30	-9.38
1988	27.21	79.50	4.79	65.70	22.42	82.70	-17.63
1989	34.84	28.00	5.87	22.50	28.97	29.20	-23.10
1990	40.43	16.08	7.65	30.41	32.78	13.18	-25.13
1991	57.93	43.26	11.26	47.11	46.67	42.36	-35.41
1992	74.10	23.90	11.20	-0.60	62.90	34.70	-51.70
1993	143.95	94.26	14.62	30.54	129.33	105.60	-114.71

續表

年份	貿易總額	增長率	對台出口	增長率	自台進口	增長率	貿易差額
1994	163.20	13.44	22.40	53.21	140.80	8.87	-118.40
1995	178.80	9.49	31.00	38.39	147.80	4.97	-116.80
1996	189.80	6.10	28.00	-9.60	161.80	9.50	-133.80
1997	198.38	4.50	33.96	21.20	164.42	1.60	-130.46
1998	204.98	3.30	38.69	13.90	166.29	1.10	-127.60
1999	234.79	14.50	39.50	2.10	195.29	17.40	-155.79
2000	305.30	31.10	50.40	27.60	254.90	30.60	-204.50
2001	323.40	5.90	50.00	-0.80	273.40	7.20	-223.40
2002	446.20	38.10	65.90	31.70	380.30	39.30	-314.40
2003	583.70	30.70	90.00	36.70	493.70	29.70	-403.70
2004	783.20	34.20	135.50	50.40	647.80	31.28	-512.30
2005	912.30	16.50	165.50	22.20	746.80	15.30	-581.30
2006	1078.40	18.20	207.40	25.30	871.10	16.60	-663.70
2007	1244.80	15.40	234.60	13.10	1010.20	16.00	-775.60
累計	7281.35	—	1259.28	—	6022.07	—	-4672.79

註釋：貿易差額＝對臺出口－自臺進口，數值為負表示大陸對臺灣貿易逆差。

資料來源：海關總署；國務院臺灣事務辦公室網頁，http://www.gwytb.gov.cn/lajmsj.htm。

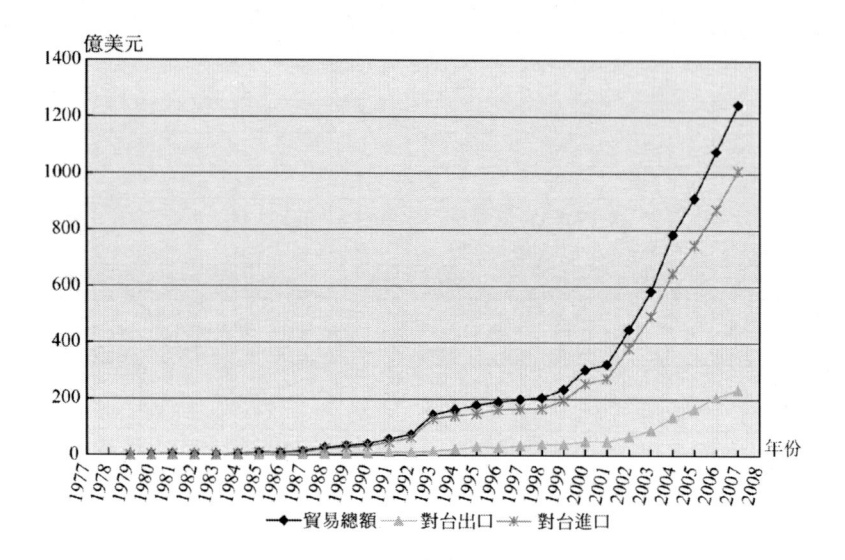

圖3-1 歷年兩岸貿易發展態勢圖

資料來源：根據表3-1數據（海關總署統計資料）繪製。

表3-2 歷年臺商投資中國大陸統計

（單位：億美元，%）

年份	台資項目	增長率	合同台資	增長率	實際利用	增長率
1988 年以前	437	—	6.00	—	0.22	—
1989	540	23.57	4.32	-8.33	1.55	600.00
1990	1103	104.26	8.90	61.82	2.22	44.16
1991	1735	57.30	13.90	56.18	4.66	109.91
1992	6430	270.61	55.43	298.78	10.50	125.32
1993	10948	70.27	99.65	79.78	31.39	198.95
1994	6247	-42.94	53.95	-45.86	33.91	8.03
1995	4847	-22.40	58.49	8.40	31.61	-6.80
1996	3184	-34.30	51.41	-12.07	34.74	10.19
1997	3014	-5.30	28.14	-45.30	32.89	-5.54
1998	2970	-2.55	29.82	10.38	29.15	-7.43
1999	2499	-14.10	33.74	10.20	25.99	-13.82
2000	3108	22.16	40.42	16.49	22.96	-9.39
2001	4214	36.15	69.14	73.10	29.80	32.82
2002	4853	15.20	67.40	-2.50	39.70	33.20
2003	4495	-7.38	85.58	26.96	33.77	-14.94
2004	4002	-10.97	93.06	8.74	31.17	-7.69
2005	3907	-2.40	103.60	11.31	21.50	-31.00
2006	3752	-4.00	113.40	9.40	21.40	-0.70
2007	3299	-12.10	-	-	17.70	-17.29
累計	75584	—	—	—	456.83	—

資料來源：商務部；國務院臺灣事務辦公室網頁，http://www.gwytb.gov.cn/lajmsj.htm。

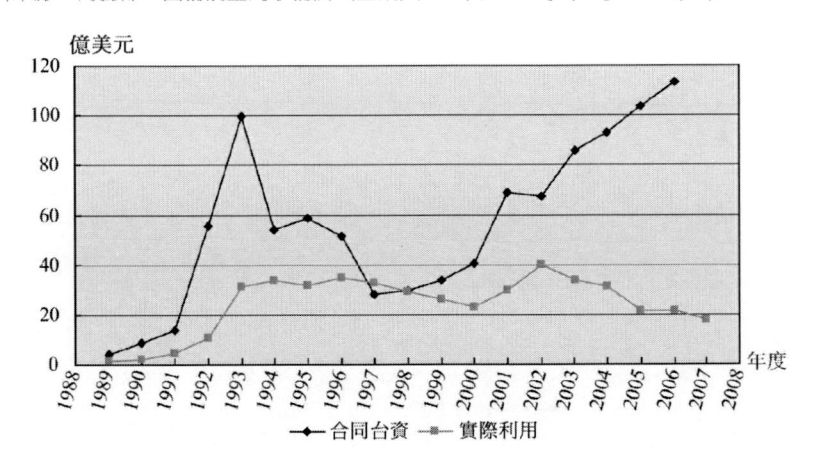

圖3-2 歷年臺商在中國大陸投資發展態勢圖

資料來源：根據表3-2數據（商務部統計資料）繪製。

表3-3 歷年臺灣對中國大陸匯出匯入款統計表（單位：千美元，%）

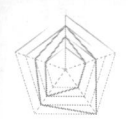

期間	對中國匯出款				自中國匯入款			
	件數	增長率	金額	增長率	件數	增長率	金額	增長率
1990－1995	448447	—	1542988	—	4300	—	192627	—
1996	117409	8.36	655453	23.50	1674	45.95	94280	20.62
1997	121567	3.54	758796	14.03	3081	84.05	210779	123.57
1998	113396	-6.72	729190	-3.90	4848	57.35	293662	39.32
1999	133445	17.68	843496	15.68	8013	65.28	509029	73.34
2000	160787	20.49	1208620	43.29	20790	159.45	770294	51.33
2001	201746	25.47	1700145	40.67	34545	66.16	1249977	62.27
2002	291067	44.27	2519872	48.22	48397	40.10	2254518	80.36
2003	448034	53.93	6076510	141.14	110504	128.33	6022190	167.12
2004	522698	16.66	10677264	75.71	169825	53.68	14656742	143.38
2005	640204	22.48	18183927	70.31	231539	36.34	23846433	62.70
累計	3198800	—	44896261	—	637516	—	50100531	—

註：臺灣對大陸個人匯出款業務自1990年5月21日開始辦理，廠商匯出款業務自1993年7月29日開始辦理；臺灣自大陸匯入款業務自1993年7月29日開始辦理。

資料來源：中央銀行外匯局；行政院大陸委員會編制的《兩岸經濟統計月報》第157期。

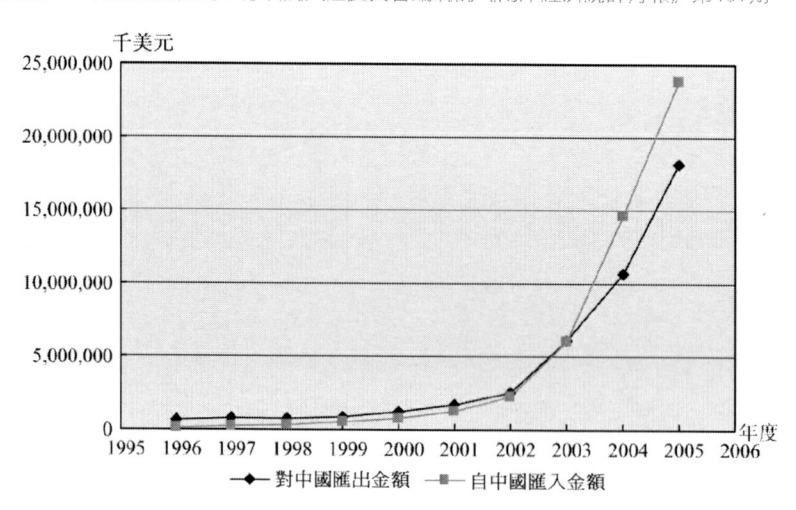

圖3-3　歷年臺灣對中國大陸匯出匯入款金額變動態勢圖

資料來源：根據表3-3數據繪製。

表3-4　歷年兩岸人員往來與交流統計表（單位：人次，個數，%）

年份	台灣民眾赴中國	增長率	中國居民來台灣	增長率	赴台交流項目	增長率	來台交流人數	增長率
1987	46679	—	—	—	—	—	—	—
1988	446000	863.8	8545	—	13	—	13	—
1989	551800	20.4	—	—	—	—	—	—
1990	890500	66.8	—	—	……	—	……	—
1991	946632	4.8	9005	—	18	—	27	—
1992	1317770	39.2	10904	21.1	155	761.1	920	3307.4
1993	1526969	15.9	14615	34.0	507	227.1	3309	259.7
1994	1390215	-9.0	17583	20.3	548	8.1	3190	-3.6
1995	1532309	10.2	42180	139.9	773	41.1	5139	61.1
1996	1733897	13.2	65205	54.6	968	25.2	5645	9.8
1997	2117576	22.1	56570	-13.2	1262	30.4	8430	49.3
1998	2174602	3.7	78423	38.6	1717	36.1	11628	37.9
1999	2584648	18.9	103977	32.6	1821	6.1	13474	15.9
2000	3108643	20.3	102933	-1.0	1787	-1.9	13623	1.1
2001	3440306	10.7	122198	18.7	2915	63.1	24719	81.5
2002	3660565	6.4	138981	13.7	4384	50.4	38259	54.8
2003	2730891	-25.4	124616	-10.3	2847	-35.1	24480	-36.0
2004	3685250	34.9	144526	14.2	4475	57.2	30728	25.5
2005	4109188	11.5	159938	10.6	5902	31.9	33421	8.7
2006	4413238	7.4	207650	29.84	7243	29.97	40981	22.62
2007	4627900	4.86	229870	10.7	8000	10.45	42000	2.49
累計	47035578	—	1637719	—	45335	—	258401	—

資料來源：國務院臺灣事務辦公室網頁，http://www.gwytb.gov.cn/jlwl/rywl1.htm。

二、影響兩岸經濟關係發展的主要因素

　　從上述關於兩岸經濟關係發展演變的歷史回顧可見，自1979年以來，兩岸經濟關係克服兩岸政治關係因素的約束，經歷了恢復、興起、擴張、緊縮、深化等不同的發展階段，雖形成了「間接、單向、民間」的不對稱、不平衡格局，但從總體上看，兩岸在貿易、投資、金融、航運及人員等方面的往來都保持著持續發展的情勢，並正在從間接向直接、從單向向雙向過渡，朝著交往正常化與功能

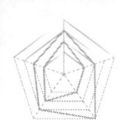

一體化方向邁進。歷史表明，兩岸經濟關係是兩岸經濟體為追求自身利益最大化，在經濟全球化力量的推動下不斷調整參與全球化的進程與方式的過程中，特別是在兩岸政治經濟博弈與不斷調整兩岸經貿政策的過程中形成與發展起來的；深受兩岸政治關係約束的兩岸經濟關係有著強大的發展動力支持。具體而言，影響兩岸經濟關係發展演變的因素主要有以下幾個方面。

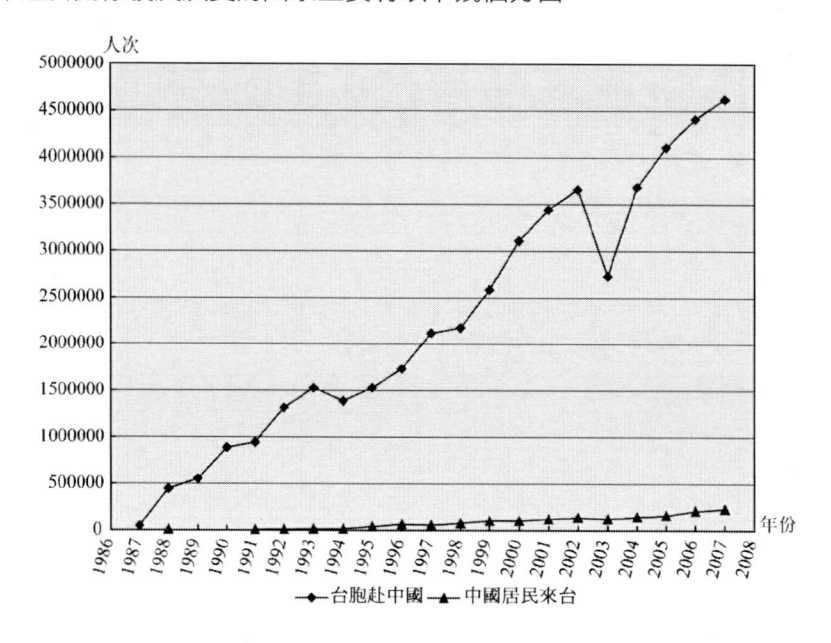

圖3-4　歷年兩岸人員往來態勢圖

資料來源：根據表3-4數據繪製。

（一）經濟全球化的深化發展

眾所周知，經濟全球化是當前世界經濟發展的一個主流趨勢。經濟全球化指的是在國際分工深化發展的基礎上，隨著各經濟體開放度的增加，各經濟體間的各種壁壘逐漸消除，整個世界相互滲透、相互依存、相互影響的程度不斷加深，規模與形式不斷增加的過程。這一過程是以經濟體利益和企業利潤最大化為目標，透過國際分工、國際貿易、國際金融、國際投資和國際要素流動等形式，以單邊開放、雙邊合作、區域或全球多邊合作等方式實現世界各經濟體市場和經濟相互融合的過程。經濟全球化是一個利弊兼存且動態發展的過程，要求各經濟體

適時調整參與全球化的進程、途徑和方式。相應地，全球化下的各經濟體之間不僅會因參與全球化的進程、途徑與方式的不同而產生性質各異、緊密程度不同的經濟關係，而且這種經濟關係會因參與全球化的進程、途徑與方式的變化而動態發展。顯然，全球化力量在兩岸經濟關係的發展演變中得到了充分的展現與驗證。正是在經濟全球化的動力與壓力作用下，兩岸不僅不得不逐步調整對外經貿政策，發展對外經濟關係，逐步參與全球化進程，融入世界經濟體系，而且還不得不逐步放鬆兩岸經貿政策，不斷為兩岸經濟關係的發展讓路，從而促進了兩岸在貿易、投資、金融與人員等方面往來的不斷發展，並形成了上述兩岸經濟關係發展演變的階段性特徵。本章第二節將進一步分析全球化力量對當前兩岸經濟關係發展的影響，並探討兩岸經濟體的應對策略。

（二）兩岸經濟體的互補性

經濟互補性意指不同經濟體之間在經濟發展中的相互補償與相互促進關係，這種互補性根源於自然資源、生產要素、商品市場等經濟發展的稟賦條件方面，具體展現為相互貿易、相互投資、勞動分工等經濟交流與合作形式，乃是經濟關係得以形成與發展的客觀基礎和前提條件。兩岸經濟的互補性顯然主要是由兩岸的地理、人口、自然資源、經濟技術和社會發展水平的差異而產生的。大陸相對於臺灣有著較為廣闊的市場容量、較為豐富的物產、較為廉價的人力資源、較為雄厚的工業基礎與較高的研發能力；而臺灣相對於大陸則在資金、技術、企業管理水平、市場營銷能力、海外市場開拓能力以及高新技術產業化與市場化方面具有優勢。兩岸經濟的這種互補性，為兩岸經濟的交流與合作以及兩岸經濟關係的發展提供了客觀基礎、動力與可能性。一方面，臺灣可以充分利用大陸廣闊的市場容量、豐富的物產與人力資源、較為雄厚的工業基礎、較高的研發能力，來克服自身的資源缺乏、市場狹小、研發能力不足等困難與約束，以進一步擴張貿易和投資，加快產業的轉型與升級；另一方面，大陸可以充分借助臺灣在資金、技術、企業管理水平、市場營銷能力、海外市場開拓能力以及高新技術產業化與市場化方面的優勢，來克服自身在經濟發展過程中所面臨的種種瓶頸與約束，以進一步發展出口生產，促進經濟增長與就業，加快高新技術產業化。事實上，如前所述，隨著兩岸經濟體逐步相互開放，兩岸在貿易、投資、金融、人員等往來方

面都得到了持續快速發展。

（三）兩岸經濟體的發展態勢

歷史表明，兩岸經濟關係的發展演變明顯受到中國大陸改革開放特別是經濟發展的影響。如果說大陸改革開放啟動了1979年以來兩岸經濟關係的發展進程，那麼，近15年來，作為亞洲乃至世界經濟增長引擎的大陸經濟的持續快速發展及其充滿商機與活力的巨大市場，無疑促進了兩岸經濟關係的持續快速發展。特別是中國大陸經濟在發展中形成的龐大的商品、投資與技術市場需求對臺灣經濟產生了巨大的磁吸效應，為臺灣對外貿易與投資轉向中國大陸提供了廣闊的經濟舞臺，也為臺灣經濟發展轉型提供了契機和空間。另一方面，臺灣經濟發展轉型的需要也為兩岸經濟關係的發展演變提供了推力。隨著臺灣企業生產成本逐步提高，投資環境趨於惡化，長期以來支撐經濟增長的加工裝配出口業以及其他趨於或已過成熟期的競爭力衰退的產業，在臺灣逐漸失去生存空間，不得不向周邊地區轉移。為了保持在生產成本方面的競爭優勢，繼續延長產品的生命週期，那些需要借助中國大陸廉價的生產要素、雄厚的工業基礎、較高的研發能力等方面的優勢的臺灣產業——從以輕紡工業為主的勞動力密集型產業到以石化工業為代表的資本密集型產業，再到以電子訊息工業為代表的技術密集型產業都紛紛將生產基地移至大陸。與此同時，臺灣企業將新產品的設計、研發與生產「根留臺灣」，利用兩岸科技人才與研發力量，加快知識與技術密集型產業發展，以保持產品在生命週期上的領先優勢，達到產業升級的目的。歷史表明，臺灣經濟發展轉型的需要在客觀上促進了兩岸投資關係以及與兩岸產業分工與合作的發展。

（四）兩岸政治關係的制約與突破

歷史表明，由於特殊的歷史原因，兩岸經濟關係的發展演變自一開始就受到兩岸政治關係形塑，被打上了深深的政治化烙印；兩岸經濟關係是在不斷突破兩岸政治關係約束的過程中，也就是在兩岸政治經濟博弈和不斷調整兩岸經貿政策的過程中形成與發展起來的。從其發展進程看，1970年代末兩岸經濟關係的啟動在一定程度上是兩岸政治關係從對抗邁向緩和的產物，中國大陸「和平統一」

政策的頒布以及「三通四流」的倡議，使得因政治對抗而中斷的兩岸經濟關係得以恢復；1980年代以來，即便是在兩岸經濟體都已是WTO成員的今天，兩岸經濟關係的發展演變不僅始終是在市場機制主導下進行的，而且仍然深深地受制於兩岸政治關係因素，兩岸潛在的經濟關係動能被政治關係僵局長期壓抑著，只有在不斷的掙扎中尋求逐步突破。可以說，1979年以來兩岸經濟關係發展演變中的階段性特徵在很大程度上是由兩岸政治關係的發展演變所形塑的。1980年代以來的兩岸政治關係對兩岸經濟關係的制約及其突破，主要展現為前述發展回顧中臺灣當局對大陸經貿政策的緩慢且有限的開放調整步伐。最為明顯的例子是臺灣當局在1996年出臺的對大陸經貿往來的「戒急用忍」政策與2000年以來所謂的「積極開放、有效管理」政策，對早就勢在必行的兩岸全面、直接、雙向「三通」設立政治障礙，不僅一直以來附加種種泛政治化的籌碼，而且後來試圖以「兩國論」來規範包括「三通」在內的兩岸經濟關係。由此可見，兩岸政治關係對兩岸經濟關係的制約作用十分突出與明顯，以致許多人誤認為兩岸政治關係的發展在左右甚至決定著兩岸經濟關係的發展。但事實上，兩岸經濟關係的發展仍有其自身內在的經濟決定性，它不僅在不斷突破兩岸政治關係的桎梏中快速發展（表現為推動兩岸當局特別是臺灣方面逐步放鬆兩岸經貿政策），而且成為了兩岸關係和平發展的穩定性力量（張冠華，2005），推動著兩岸政治經濟關係邁向正常與良性的發展方向（特別表現為推動臺灣當局逐步調整其大陸政策）。本章第二節將對此做進一步的分析和揭示。

第二節　兩岸經濟制度性合作與一體化的內部動因及必要性分析

如前所述，區域一體化的一個主要動因與目的，在於各成員基於不斷強化的全球化與相互依賴趨勢，尋求一種有效的、和平的、共贏的區域雙邊或多邊方式（特別是在全球多邊方式難以啟動或作用不力的情況下），來解決單邊方式難以

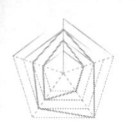

解決的互動關係與共同事務問題,以實現自身利益最大化的內在需要。因此,本節從兩岸政治經濟關係發展的內在需要,特別是當前兩岸經濟體的相互依存性與功能性一體化發展態勢出發,評估其對兩岸政治經濟發展的重要性與約束性,考察當前兩岸經濟制度性合作與一體化的內部動因與必要性。

一、兩岸經濟體的相互依存性與功能性一體化態勢

相互依存性與功能性一體化乃是制度性合作與一體化的一個主要的客觀基礎和內在動因。上一節關於兩岸經濟關係發展演變的回顧表明,隨著兩岸在全球化力量的壓力下,基於自身利益最大化目的而對相互經貿政策的逐步調整與互動,近20餘年來的兩岸經濟體,在經濟互補性的基礎上與市場力量的推動下,不斷突破兩岸政治關係的約束,在貿易、投資、金融、人員往來等方面總體上都保持著持續發展的情勢,並形成了「間接、單向、民間」的不對稱、不平衡格局。下面,本書進一步考察兩岸經濟結構關係,主要揭示兩岸經濟體在不斷發展的交流合作中所形成的相互依存性與功能性一體化態勢。

(一)兩岸經濟分工與功能性一體化態勢

包括筆者在內的許多學者研究表明(高長,1997;李非,2000、2004;潘文卿、李子奈,2000;童振源,2002;唐永紅,2004),近20餘年來的兩岸經濟體在如前所述的兩岸經濟互補性基礎上,在不斷深化發展的全球化進程與彼此交流交往過程中,在全球化力量與市場機制以及雙方經貿政策的作用下,不僅逐漸自然地形成了垂直與水平交叉並存且動態發展的多元化分工關係,而且,兩岸經濟體在全球化進程中形成的這種分工關係本身就是全球經濟分工與生產鏈條的一個重要環節。正是在這種分工關係中,兩岸經濟體在原來的互補性基礎上形成了競爭性與依存性並存的一體化發展態勢,呼喚著兩岸制度性的經濟協調、合作與一體化。

首先,兩岸經濟體由於經濟發展稟賦條件的互補性、要素價格與經濟結構的

差異性、國際直接投資與產業轉移等各種因素的作用，在彼此交流交往與全球化過程中自然形成了垂直分工與水平分工相互交叉、重疊並存的多元化複雜分工格局，並隨著全球化進程與兩岸經濟體自身發展的深化而動態演變（李非，2000）。兩岸經濟的這種複雜分工格局在兩岸貿易的商品結構層面展現為兩岸既有產業間貿易又有產業內貿易的存在。陸委會（2008）編訂的《兩岸經濟統計月報》第181期關於2007年臺灣對大陸出口和自大陸進口的主要產品統計表顯示了當前兩岸的這種分工與貿易格局（參見表3-5及圖3-5）。臺灣一方面向中國大陸大量出口電機設備及其零件、光學照相等儀器及其零附件、機械用具及其零件、塑料及其製品、鋼鐵、有機化學等產品，另一方面又自中國大陸大量進口這些產品。與此同時，臺灣向中國大陸出口人造纖維絲、銅及其製品、工業用紡織物、人造纖維棉等產品，但基本上不自大陸進口或很少進口這些產品；臺灣自大陸進口礦物燃料與礦油及其蒸餾產品、鋁及其製品、石料石灰及水泥、車輛及其零件與附件等產品，但基本上並不向大陸出口或很少出口這些產品。

表3-5　2007年臺灣與中國大陸貿易的前10大主要產品

（單位：百萬美元，%）

HS碼	商品名稱	出口金額	出口排序	占台灣對中國出口總額比重	占台灣對全球出口比重	進口金額	進口排序	占台灣自中國進口總額比重	占台灣自全球進口比重
85	電機設備及其零件	28970.5	1	39.0	32.4	9428.6	1	33.7	19.3
90	光學、照相等儀器及其零附件	11585.7	2	15.6	59.2	1564.5	4	5.6	12.4
39	塑料及其製品	6722.7	3	9.1	40.3	613.8	8	2.2	10.4
84	機械用具及其零件	5840.2	4	7.9	20.5	4193.8	2	15.0	17.8
29	有機化學產品	4161.7	5	5.6	46.7	801.5	6	2.9	7.8
74	銅及其製品	2660.4	6	3.6	58.6				
72	鋼鐵	2650.9	7	3.6	23.9	2009.6	3	7.2	17.6
54	人造纖維絲	1201.3	8	1.6	33.5				
27	礦物燃料、礦油及其蒸餾產品	709.9	9	1.0	5.2	1394.3	5	5.0	3.2
38	雜項化學產品	681.6	10	0.9	31.6	672.9	7	2.4	10.8
87	車輛及其零件與附件					447.4	10	1.6	13.3
76	鋁及其製品					453.9	9	1.6	18.4
	十大商品總額	65184.9		87.8		21580.3		77.0	
	十大商品之外的其餘商品總額	9094.2		12.2		6438.9		23.0	
	所有商品總額	74279.1		100.0		28019.2		100.0	

資料來源：根據陸委會編制的《兩岸經濟統計月報》第181期相關數據整理計算。

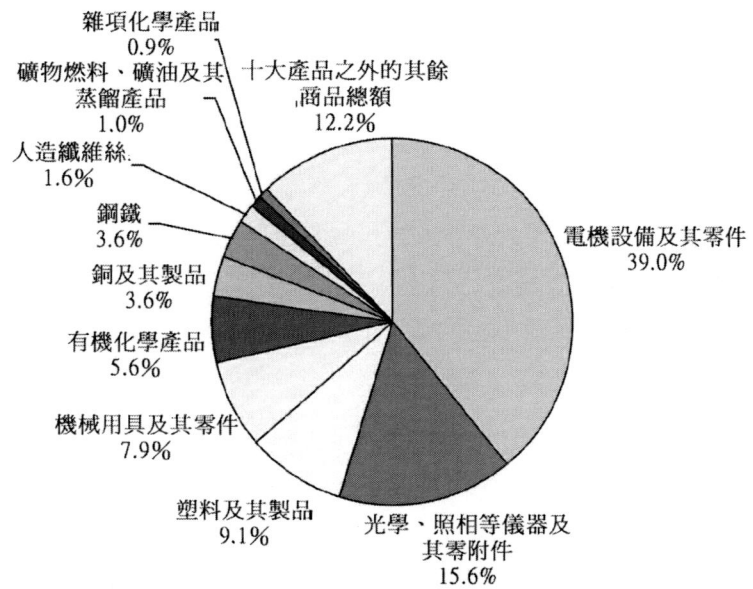

2007年台灣對中國出口的主要產品

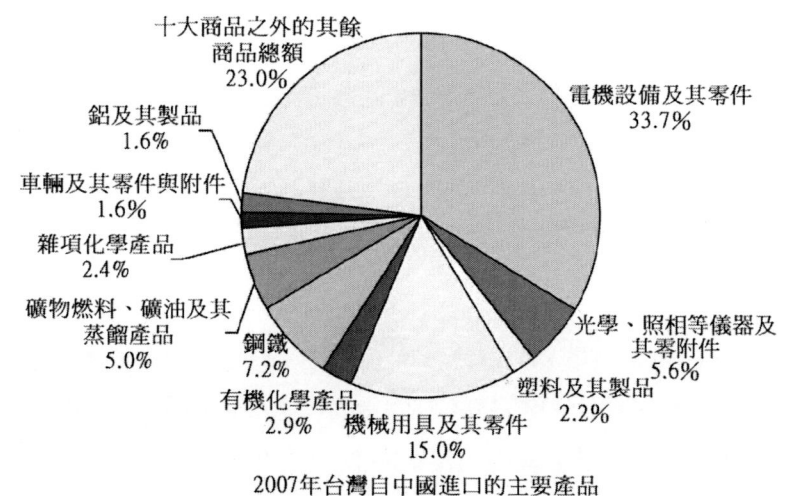

- 電機設備及其零件 39.0%
- 光學、照相等儀器及其零附件 15.6%
- 塑料及其製品 9.1%
- 機械用具及其零件 7.9%
- 有機化學產品 5.6%
- 銅及其製品 3.6%
- 鋼鐵 3.6%
- 人造纖維絲 1.6%
- 礦物燃料、礦油及其蒸餾產品 1.0%
- 雜項化學產品 0.9%
- 十大產品之外的其餘商品總額 12.2%

2007年台灣自中國進口的主要產品

- 電機設備及其零件 33.7%
- 機械用具及其零件 15.0%
- 鋼鐵 7.2%
- 光學、照相等儀器及其零附件 5.6%
- 礦物燃料、礦油及其蒸餾產品 5.0%
- 有機化學產品 2.9%
- 雜項化學產品 2.4%
- 塑料及其製品 2.2%
- 車輛及其零件與附件 1.6%
- 鋁及其製品 1.6%
- 十大商品之外的其餘商品總額 23.0%

圖3-5　2007年臺灣與中國大陸貿易的前10大主要產品

資料來源：根據表3-5數據繪製。

其次，兩岸經濟體在全球化進程中，基於互補性自然形成與發展的分工格局呈現了相互依存與功能性一體化態勢。近20多年來兩岸經貿往來如前所述能夠不斷克服兩岸政治關係的約束而持續快速發展，這本身就充分表明了兩岸經濟體

潛在的巨大互補性。事實上，這種互補性還在生產經營過程層面展現為投入、技術、研發、生產與行銷等環節的兩岸企業間或企業內的分工、合作與相互依存（童振源，2002）。特別是在國際投資與臺商投資的帶動下，隨著中國大陸經濟的持續快速發展與臺灣經濟的發展轉型，兩岸經濟分工已經成為國際經濟分工與全球生產鏈條的重要環節。這主要展現在臺灣對外經濟循環的轉型方面（李非，2004）。近10多年來，臺灣對外經濟循環已從過去「日本提供技術——臺灣加工生產——外銷歐美市場」的舊三角模式轉型為「日本進口——臺灣設計——大陸加工——歐美銷售」的四角模式。這也是近10年來兩岸經濟分工與經濟關係發展的基本形態。兩岸經濟體這種分工關係典型地反映在兩岸出口的商品結構與地區結構的變化上：1980年代後期以來，臺灣對中國大陸出口的中間產品與資本貨物急遽增加；臺灣對歐美等發達國家出口的勞動力密集型產品大量減少；而由臺商製造的中國大陸勞動力密集型產品對發達國家出口快速增加（童振源，2002）。21世紀以來，隨著中國大陸經濟崛起成為亞太地區乃至世界經濟發展的「增長極」與「火車頭」，上述四角模式正在向「日本進口——臺灣設計——大陸加工與銷售」的新三角模式轉化（李非，2004），兩岸經濟體在全球經濟分工中形成的相互依存性與功能性一體化，特別是臺灣經濟對大陸經濟的依賴，正在進一步深化發展。稍後，本書將就兩岸經濟體的相互依存性發展態勢做進一步的定量分析。

最後，兩岸經濟體自然形成的分工格局在發展中展現了日益強化的競爭性。各經濟體在發展條件方面通常既有互補性的一面又有相似的一面，因此各經濟體在發展中一般既存在合作的空間也存在競爭的可能。隨著兩岸經濟體發展與結構的自然演變，兩岸經濟體在國內外市場中的競爭性也開始顯露並不斷強化。在國內市場上，現階段兩岸經濟體不僅在商品市場競爭日益激烈，在投資、人才與技術市場的競爭也開始顯現。特別是在中國大陸市場上，臺灣既面臨與其他國家或地區的經濟競爭，又面臨著與成長中的大陸經濟的競爭。以商品市場為例，隨著中國大陸商品生產結構的不斷調整，兩岸經濟體在商品生產結構上也在不斷趨同，展現在如上所述的兩岸經濟體間產業內貿易的出現與發展上（參見表3-5及圖3-5）。在臺灣市場上，由於臺灣當局對中國大陸商品、資本、人員入臺還設

置各種政策障礙與限制，加上臺灣市場空間本身也較小，因此，兩岸經濟體在臺灣市場的競爭還遠沒有在中國大陸市場的競爭激烈。目前，兩岸經濟體在臺灣市場的競爭主要表現為商品市場競爭，不僅展現在先期的農產品、農工原料上，而且展現在部分加工產品上，如電機設備及其零件、機械用具及其零件、光學照相等儀器及其零件等（參見表3-5及圖3-5）。在國內市場的競爭態勢上，中國大陸商品因勞動力等生產要素價格低廉，市場競爭力越來越強，而臺灣商品因勞動力成本較高，市場競爭力日趨減弱。除了在中國大陸市場與臺灣市場上的競爭外，兩岸經濟體在國際市場上也存在競爭，並遠較國內市場激烈，無論是在美國市場還是日本市場，都呈現此消彼長的局面。兩岸經濟體在國際市場上相互競爭與替代的產品，不僅涉及臺灣以前向來作為主力的成衣、鞋類等屬於勞動力密集型以及技術層次較低的輕工業消費品，而且涉及電子、電器、電機與光學製品等熱門出口產品（李非，2000）。兩岸經濟體的出口商品在美國、日本的市場占有率的變化反映了兩岸經濟體在國際市場的競爭態勢。據美國海關統計，自1980年代後期以來，中國大陸出口商品與臺灣出口商品在美國進口市場的占有率一直呈現此消彼長態勢，中國大陸出口商品、臺灣出口商品在美國進口市場的占有率分別從1987年的1.6%、6.1%變化至2007年的16.46%、1.96%。相同的情形發生在日本進口市場，據日本海關統計，中國大陸出口商品、臺灣出口商品在日本進口市場的占有率分別從1987年的5%、4.8%變化至2007年的20.55%、3.19%。表3-6、圖3-6顯示了這種變化態勢。

表3-6　兩岸出口商品在美、日進口市場占有率比較（單位：億美元，%）

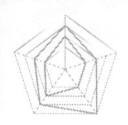

年份	台灣輸美商品金額	台灣商品在美國市場占有率	中國輸美商品金額	中國商品在美國市場占有率	台灣輸日商品金額	台灣商品在日本市場占有率	中國輸日商品金額	中國商品在日本市場占有率
1989	243.26	5.14	119.89	2.53	89.79	4.25	111.46	5.29
1990	226.67	4.58	152.24	3.07	84.71	3.64	112.01	5.11
1991	230.36	4.72	189.76	3.89	94.93	4.01	142.16	6.00
1992	246.01	4.62	257.29	4.83	94.49	4.06	169.53	7.26
1993	251.05	4.32	315.35	5.43	96.78	4.02	205.65	8.49
1994	267.11	4.02	387.81	5.84	107.54	3.91	275.66	10.00
1995	289.75	3.90	455.55	6.13	143.66	4.27	359.22	10.72

續表

年份	台灣輸美商品金額	台灣商品在美國市場占有率	中國輸美商品金額	中國商品在美國市場占有率	台灣輸日商品金額	台灣商品在日本市場占有率	中國輸日商品金額	中國商品在日本市場占有率
1996	299.11	3.78	514.95	6.51	150.33	4.28	405.41	11.58
1997	326.24	3.75	625.52	7.19	125.61	3.69	420.61	12.36
1998	331.23	3.62	711.56	7.79	101.56	3.65	368.55	13.22
1999	351.99	3.43	817.86	7.98	129.51	4.13	435.76	13.84
2000	405.14	3.33	1000.63	8.22	178.10	4.71	548.78	14.53
2001	333.91	2.92	1022.80	8.96	141.17	4.06	575.29	16.57
2002	321.99	2.77	1251.68	10.76	136.41	4.03	621.73	18.32
2003	316.00	2.51	1523.79	12.10	143.09	3.74	757.76	19.76
2004	346.17	2.36	1966.99	13.38	167.47	3.67	948.30	20.74
2005	348.38	2.08	2434.50	14.57	179.72	3.50	1078.81	21.04
2006	382.15	2.06	2877.73	15.51	203.35	3.52	1184.45	20.51
2007	383.02	1.96	3215.08	16.46	198.43	3.19	1279.22	20.55

資料來源：整理自陸委會編訂的《兩岸經濟統計月報》第83、181期。

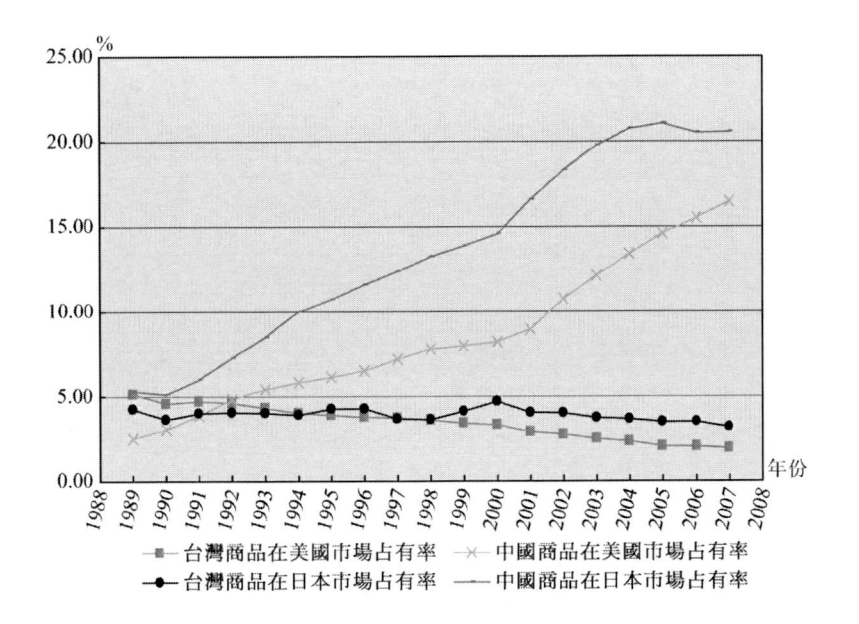

圖3-6 兩岸出口商品在美、日進口市場占有率變動態勢圖

資料來源：根據表3-6數據繪製。

（二）兩岸投資相互依存性及其發展態勢

各經濟體相互依存的一個重要表現就是資本流動形成的投資上的相互依賴狀態。一經濟體（A）在資本投資方面對另一經濟體（B）的依賴程度，在利用資本層面，通常可以用A實際利用B的資本占A實際利用外資的比重以及占A資本形成總額的比重來表示；而在資本輸出（對外投資）層面，則可以用A對B的資本輸出占A總體對外資本輸出的比重來衡量。這些指標一定程度上反映了各經濟體在資本要素市場上的依賴程度與一體化態勢。表3-7及圖3-7顯示了1980年代末以來兩岸投資相互依賴程度及其發展態勢。

表3-7 兩岸投資相互依賴度

（單位：%）

年度	中國實際利用台資占中國實際利用外資比重	中國實際利用台資占中國資本形成總額比重	中國實際利用外資占中國資本形成總額比重	台灣核准對大陸投資占台灣核准對外總投資比重
1989	4.57	0.09	2.02	
1990	6.37	0.16	2.47	
1991	10.67	0.32	2.95	9.51
1992	9.54	0.57	6.02	21.78
1993	11.41	1.15	10.09	65.61
1994	10.04	1.44	14.31	37.31
1995	8.42	1.04	12.30	44.61
1996	8.33	1.00	12.05	36.21
1997	7.27	0.91	12.52	59.96
1998	6.41	0.77	12.02	38.17
1999	6.45	0.65	10.13	27.71
2000	5.64	0.55	9.67	33.93
2001	6.36	0.62	9.76	38.8
2002	7.53	0.72	9.58	66.61
2003	6.31	0.50	7.91	65.99
2004	5.14	0.37	7.26	67.24
2005	3.56	0.22	6.13	71.05

續表

年度	中國實際利用台資占中國實際利用外資比重	中國實際利用台資占中國資本形成總額比重	中國實際利用外資占中國資本形成總額比重	台灣核准對大陸投資占台灣核准對外總投資比重
2006	3.08	0.18	5.88	63.90
2007	2.37	0.12	5.17	60.65
累計	6.07			53.98

資料來源：根據商務部統計的歷年大陸實際利用臺資數據，國家統計局編訂的《中國統計年鑑》（2008卷）提供的歷年大陸實際利用FDI數據、資本形成總額數據、人民幣對美元年平均匯價（中間價）數據，經建會編訂的《Taiwan Statistical Data Book 2008》提供的歷年臺灣核准對大陸投資金額數據、對外投資金額數據計算得出。

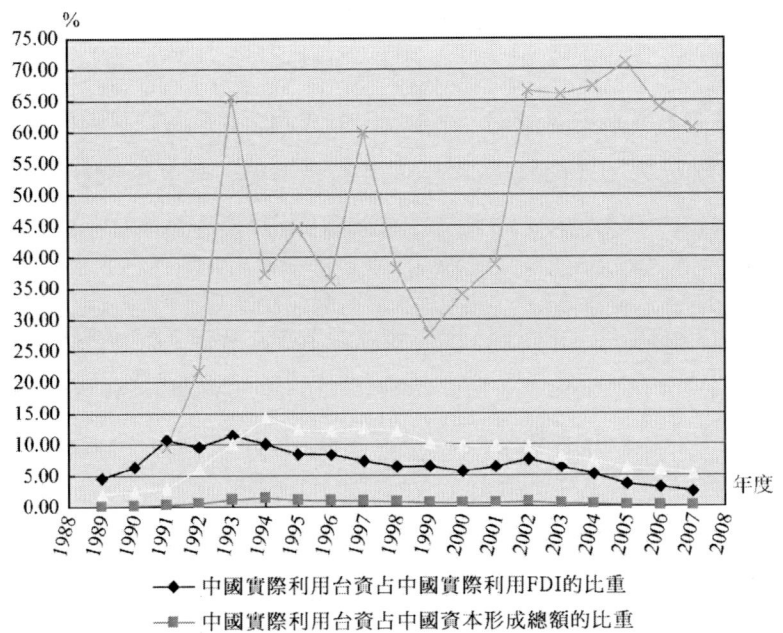

圖3-7　兩岸投資相互依存性發展態勢圖

資料來源：根據表3-7數據繪製。

眾所周知，主要由於長期以來臺灣當局的限制性大陸經貿政策的作用，兩岸資本投資往來關係主要表現為一種臺商投資大陸的單向資本流動現象。這意味著臺灣經濟體在利用資本層面對大陸資本沒有依賴關係。然而，從臺灣對外投資地區分佈看，如表3-7及圖3-7顯示的，1990年代以來，臺灣歷年核准對中國大陸投資占臺灣核准對境外總投資（含對大陸投資）的比例，基本上保持了增長態勢，從1991年的9.51%增至2005年的71.05%，2006-2007年下降至60.65%。特別是自2002年起，這一比例都維持在60%以上的高位水平，這表明臺灣對大陸投資已持續超過對其他地區投資總和，大陸已成為臺灣資本的絕對的首要投資市場。即便從臺灣在這一期間的累計對外投資地區分佈看，上述結論也依然成立。從1991年至2007年，臺灣累計對大陸投資占同期臺灣累計對外總投資的53.98%。

從中國大陸實際利用外資方面看，大陸實際利用臺資金額占大陸實際利用外

商直接投資（FDI）金額的比例，從1989年的4.57%增至1993年的11.41%，達到了歷史最高點，此後，這一比例呈現逐漸減小態勢，在2007年僅為2.37%。這一比例及其上述變動態勢不僅表明大陸在利用外資方面並沒有對臺資形成明顯依賴，而且表明隨著大陸外資來源地的多元化以及外資在大陸市場競爭的強化，臺資顯示了相對較弱的競爭力，而大陸對臺資的依賴程度也越來越小[58]。截至2007年底，臺資在大陸累計吸收境外投資中占6.07%。

從中國大陸資本形成方面看，大陸實際利用臺資金額占大陸資本形成總額的比例，先從1989年的0.09%增至1994年的1.44%，之後逐漸下降至2007年的0.12%。這一變動態勢與同期大陸實際利用外資金額占大陸資本形成總額的比例的變動態勢大致相似，後者也先從1989年的2.02%增至1994年的14.31%，之後逐漸下降至2007年的5.17%。1989年以來臺資與外資占大陸資本形成總額的比例及其上述變動態勢表明，大陸經濟的發展不僅沒有嚴重地依賴於臺資或外資，而且隨著大陸經濟的不斷發展與國內投資的不斷增長，大陸經濟的發展對包括臺資在內的外資的依賴性自1994年以來在不斷減小。

綜上可見，在臺灣當局長期禁止或高度限制大陸資本入臺以及大陸改革開放不斷深化、經濟持續快速發展的背景下，兩岸投資關係不僅呈現了單向投資往來格局，而且具有明顯的不對稱依賴性質：臺灣雖然在利用外資與資本形成層面與中國大陸資本基本上沒有關係，但臺灣的對外投資卻高度集中於大陸市場，並呈現不斷上升態勢；而大陸在利用外資與資本形成層面對臺資的依賴程度不僅較小，而且分別自1993、1994年以來在逐漸下降，在對外直接投資方面基本上無緣於臺灣市場。

（三）兩岸貿易相互依存性及其發展態勢

經濟體的相互依存性還表現為商品國際流動形成的貿易上的相互依賴狀態。一經濟體A在貿易方面對另一經濟體B的依賴程度，通常可用A對B的進出口貿易額相應占A的總進出口貿易額的比重來表示。這一指標一定程度上反映了各經濟體在商品市場上的依賴程度與一體化態勢。表3-8及圖3-8顯示了近20餘年來（1984-2005年）兩岸貿易相互依存性及其發展態勢。

從表3-8及圖3-8可見，臺灣對大陸出口占臺灣總出口的比例（一定程度上反映了臺灣在商品需求市場方面對大陸的依賴程度）、臺灣自大陸進口占臺灣總進口的比例（一定程度上反映了臺灣在商品供給市場方面對大陸的依賴程度）、臺灣對大陸進出口貿易總額占臺灣進出口貿易總額的比例（一定程度上反映了臺灣在商品供求市場方面對大陸的依賴程度）近20餘年來基本上都在持續增加，分別從1984年的1.40%、0.58%、1.06%上升到2007年的30.11%、12.77%、21.95%。這些比例及其變動態勢表明，臺灣進出口貿易對大陸商品市場供求方面有著較高的且不斷增加的依賴性。

與此同時，大陸對臺灣出口占大陸總出口的比例（一定程度上反映了大陸在商品需求市場方面對臺灣的依賴程度），隨著臺灣逐步開放對大陸商品的進口呈現了持續增加的態勢，從1984年的0.49%上升至2004年的2.83%，之後略有下降，至2007年為2.30%；但這一比例較之於臺灣對大陸出口占臺灣總出口的比例、大陸自臺灣進口占大陸總進口的比例都明顯偏低，反映出臺灣當局對大陸商品進入臺灣市場的限制性政策的作用。而大陸自臺灣進口占大陸總進口的比例（一定程度上反映了大陸在商品供給市場方面對臺灣的依賴程度）、大陸對臺灣進出口貿易總額占大陸進出口貿易總額的比例（一定程度上反映了大陸在商品供求市場方面對臺灣的依賴程度）總體上也保持了增加的態勢，分別從1984年的1.55%、1.03%上升到2007年的7.77%、4.71%，但卻以1996-1997年為界呈現了先持續上升後持續下降的態勢，前者在1997年達到了15.77%的歷史高點，後者在1996年達到了8.21%的歷史高點。這種變動態勢表明，隨著大陸商品市場的不斷開放，臺灣商品在大陸市場面臨越來越強烈的國際競爭，在大陸市場的占有率在下降。

此外，從表3-8及圖3-8顯然可見，近20餘年來，兩岸貿易相互依賴度雖然總體上呈現了不斷增加的態勢，但也表現出較大的不對稱性，臺灣貿易對中國大陸（商品市場）的依賴，明顯高於中國大陸貿易對臺灣（商品市場）的依賴。事實上，兩岸貿易的這種相互依存性也展現在兩岸各自對外貿易的地區市場分布方面。陸委會（2008）編制的《兩岸經濟統計月報》第181期有關統計顯示，2007年，中國大陸是臺灣最大的貿易夥伴、第一大出口市場、第二大進口來源地和最

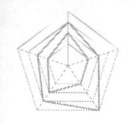

大貿易順差來源地;而商務部臺港澳司(2008)統計顯示,臺灣是中國大陸的第七大貿易夥伴、第九大出口市場、第五大進口來源地和最大貿易逆差來源地。可見,兩岸經濟體已互為重要貿易夥伴,但彼此間卻具有明顯的不對稱性依賴[59]。

上述關於臺灣外貿對兩岸貿易的依存性也可從其他學者的相關研究中得到印證。李非(2000)對1979-1998年兩岸貿易總額、臺灣對中國大陸出口總額與臺灣外貿總額、出口總額所做的線性回歸分析就表明了臺灣外貿、出口的增長與兩岸貿易、臺灣對中國大陸出口具有明顯的正相關性,兩岸貿易的發展對臺灣外貿的發展、臺灣對中國大陸出口增長對臺灣出口的增長有著較大的影響。

表3-8　兩岸貿易相互依賴度

(單位:%)

年度	台灣對中國貿易占台灣外貿之比重			中國對台灣貿易占中國外貿之比重		
	出口比重	進口比重	進出口比重	出口比重	進口比重	進出口比重
1984	1.40	0.58	1.06	0.49	1.55	1.03
1985	3.21	0.58	2.17	0.42	2.34	1.58
1986	2.04	0.60	1.49	0.47	1.89	1.29
1987	2.28	0.83	1.71	0.73	2.84	2.06
1988	3.70	0.96	2.47	1.01	4.06	2.65
1989	5.03	1.12	3.31	1.12	5.63	3.51
1990	6.54	1.40	4.23	1.23	8.24	4.47
1991	9.79	0.46	5.57	1.57	11.75	6.35
1992	12.84	1.03	7.31	1.32	13.09	7.05
1993	16.28	1.31	9.19	1.20	13.46	7.71
1994	16.99	2.17	9.93	1.54	13.85	7.55
1995	17.15	2.97	10.36	2.08	14.71	8.02
1996	17.63	2.97	10.79	2.03	14.93	8.21
1997	18.08	3.41	11.03	2.14	15.77	8.11
1998	17.62	3.91	11.00	2.24	14.15	7.39
1999	17.22	4.07	11.00	2.32	12.86	7.17
2000	16.46	4.43	10.67	2.50	11.11	6.59
2001	20.27	5.47	13.45	2.22	10.51	6.18
2002	23.30	7.04	15.89	2.45	10.68	6.36
2003	25.43	8.61	17.70	2.51	9.28	5.79
2004	26.83	9.95	18.72	2.83	8.72	5.69
2005	28.36	11.00	20.04	2.64	8.53	5.37
2006	28.27	12.23	20.65	2.56	8.00	5.00
2007	30.11	12.77	21.95	2.30	7.77	4.71

註：經濟體A對經濟體B出口比重係指A對B出口金額占A出口總額的比重，其進口比重、進出口比重類推。

資料來源：整理自陸委會編制的《兩岸經濟統計月報》第181期。

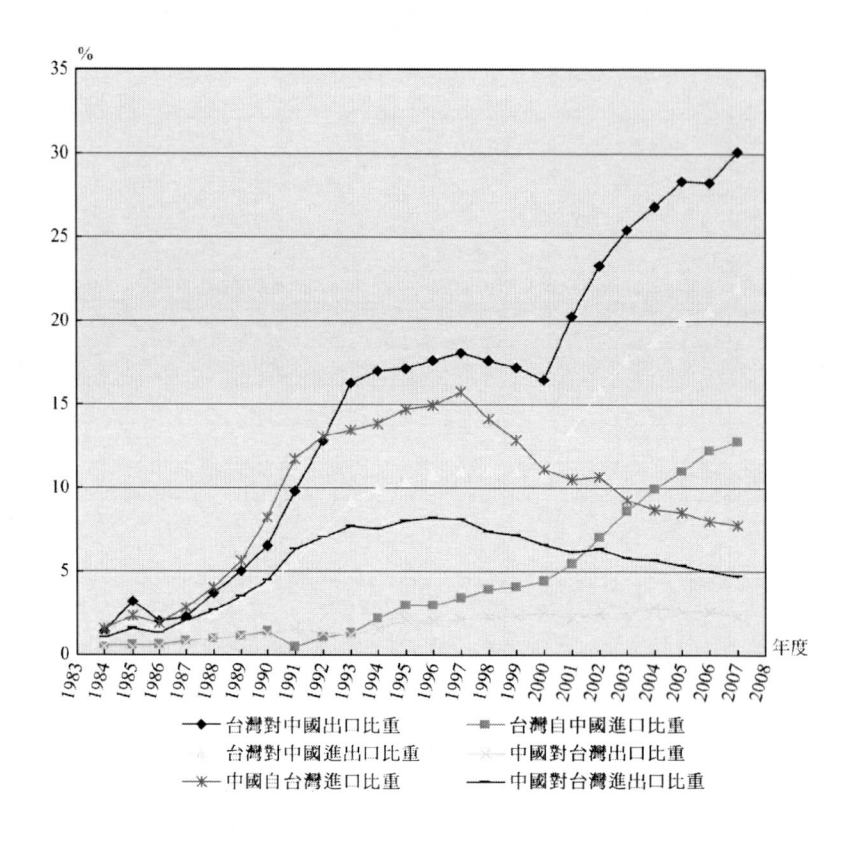

圖3-8　兩岸貿易相互依存性發展態勢圖

資料來源：根據表3-8數據繪製。

（四）兩岸經濟體對兩岸貿易的依存性及其發展態勢

兩岸貿易相互依賴度表明兩岸貿易往來關係對兩岸經濟體各自對外貿易的重要性，顯示了兩岸經濟體在商品市場供求方面的依存性與一體化態勢。但由於各經濟體的外向型程度（如貿易占國內生產總值的比例，即貿易依存度）不同，兩岸貿易相互依賴度不能完全代表兩岸經濟體對兩岸貿易往來關係的依賴程度，更無法真正反映兩岸經濟體之間的相互依存性大小。因此，有必要進一步採用兩岸貿易往來（出口或進口）金額以及進出口差額占各自GDP的比例指標，以衡量兩岸經濟體對兩岸貿易往來關係的依存性。本書把這種比例指標稱為「兩岸經濟體的兩岸貿易依存度」。表3-9及圖3-9顯示了1995年來兩岸經濟體的兩岸貿易依存度及其變動態勢。

表3-9　兩岸經濟體的兩岸貿易依存度

（單位：％）

年份	台灣經濟對中國貿易依存度				中國經濟對台貿易依存度			
	出口依存度	進口依存度	貿易依存度	淨出口依存度	出口依存度	進口依存度	貿易依存度	淨出口依存度
1990	1.99	0.46	2.46	1.53	0.20	0.84	1.04	-0.64
1991	2.53	0.61	3.14	1.92	0.28	1.14	1.42	-0.87
1992	2.88	0.51	3.39	2.36	0.23	1.29	1.52	-1.06
1993	5.60	0.63	6.23	4.97	0.24	2.11	2.35	-1.87
1994	5.58	0.89	6.47	4.69	0.40	2.52	2.92	-2.12
1995	5.40	1.13	6.53	4.27	0.43	2.03	2.46	-1.60
1996	5.59	0.97	6.56	4.62	0.33	1.89	2.22	-1.56
1997	5.48	1.13	6.61	4.35	0.36	1.73	2.08	-1.37
1998	6.02	1.40	7.42	4.62	0.38	1.63	2.01	-1.25
1999	6.54	1.32	7.86	5.21	0.36	1.80	2.17	-1.44
2000	7.94	1.57	9.50	6.37	0.42	2.13	2.55	-1.71
2001	9.37	1.71	11.09	7.66	0.38	2.06	2.44	-1.69
2002	12.90	2.24	15.14	10.66	0.45	2.62	3.07	-2.16
2003	16.47	3.00	19.47	13.47	0.55	3.01	3.56	-2.46
2004	20.11	4.21	24.31	15.90	0.70	3.35	4.06	-2.65
2005	21.57	4.78	26.34	16.79	0.74	3.33	4.06	-2.59
2006	24.50	5.83	30.33	18.66	0.78	3.29	4.08	-2.51
2007	27.33	6.35	33.67	20.98	0.72	3.12	3.84	-2.39

註：臺灣經濟對大陸出口依存度、自大陸進口依存度、對大陸貿易依存度、對大陸淨出口依存度分別係指臺灣對大陸出口、自大陸進口、對大陸貿易、對大陸淨出口占臺灣GDP的比例；大陸經濟對臺出口依存度、自臺進口依存度、對臺貿易依存度、對臺淨出口依存度分別係指大陸對臺出口、自臺進口、對臺貿易、對臺淨出口占大陸GDP的比例。

資料來源：根據海關總署統計的兩岸貿易往來數據，國家統計局編訂的《中國統計年鑑》（2008卷）提供的歷年大陸GDP（人民幣）數據、人民幣對美元年平均匯價（中間價）數據，行政院主計處網頁（http://www.stat.gov.tw/lp.asp?CtNode=2130&CtUnit=1049&Base　DSD=34）提供的統計年鑑資料（2008年）關於歷年臺灣GDP（美元）數據計算得出。

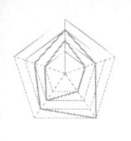

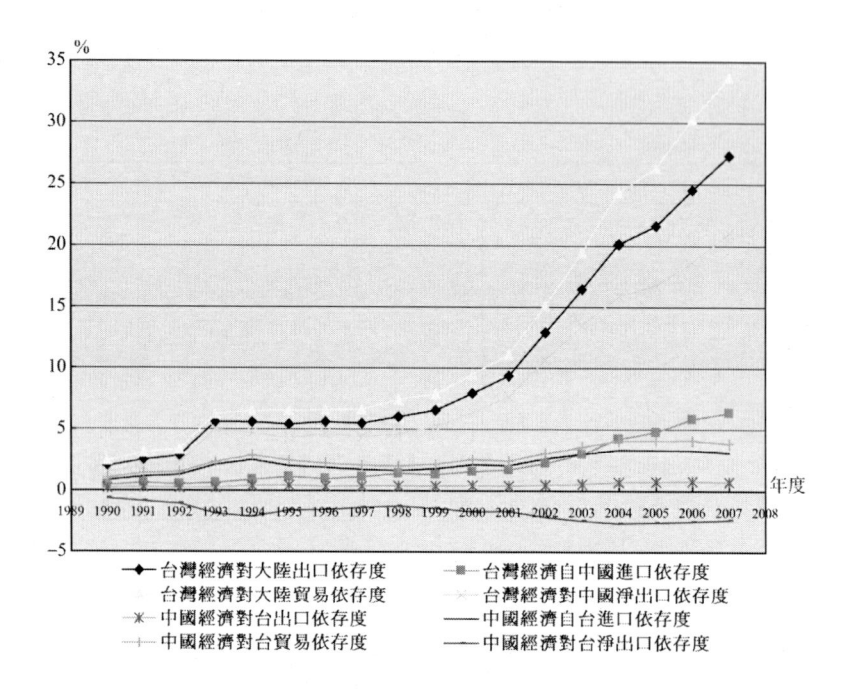

圖3-9　兩岸經濟體的兩岸貿易依存度變動態勢圖

資料來源：根據表3-9數據繪製。

　　總體上看，兩岸經濟體對兩岸貿易的依存性呈現出三個特徵：其一，兩岸經濟體對對方的出口依存度、進口依存度、貿易依存度都呈現為持續的正增長態勢，表明兩岸經濟體對兩岸貿易往來關係的依存性基本上都在不斷提高。表3-9及圖3-9顯示，臺灣經濟對大陸出口依存度、自大陸進口依存度、對大陸貿易依存度分別從1990年的1.99%、0.46%、2.46%增至2007年的27.33%、6.35%、33.67%。相對地，大陸經濟對臺出口依存度、自臺進口依存度、對臺貿易依存度分別從1990年的0.2%、0.84%、1.04%增至2007年的0.72%、3.12%、3.84%。

　　其二，表3-9及圖3-9顯示，除了自大陸進口依存度較小（這主要是由於臺灣當局長期以來高度限制進口大陸商品所致）之外，臺灣經濟對大陸其他各項貿易依存度都較大，並遠高於大陸經濟的相應的各項對臺貿易依存度。而且，臺灣經濟的對大陸貿易依存度的增長速度，1997年以來明顯高於大陸經濟的對臺貿易依存度的增長速度。

其三，表3-9及圖3-9顯示，臺灣經濟的對大陸淨出口依存度是正值，並從1990年的1.53%增至2007年的20.98%，而大陸經濟的對臺灣淨出口依存度則是負值，並呈現負增長，從1990年的-0.64%降至2007年的-2.39%，表明兩岸貿易（淨出口）對臺灣經濟的即期增長有著不斷提升的正面拉動作用，而對大陸經濟的即期增長有著不斷提高的負面漏損作用。

上述兩岸經濟體的兩岸貿易依存度及其變動趨勢表明，臺灣經濟體較之於大陸經濟體更多地倚重於兩岸貿易往來關係。

上述關於兩岸經濟體對兩岸貿易的依存性的部分結論也可從其他學者的相關研究中得到印證。李非（2000）對1979—1998年兩岸貿易總額、臺灣對中國大陸出口總額與臺灣「國民生產總值」所做的線性回歸分析表明，臺灣「國民生產總值」與兩岸貿易、臺灣對中國大陸出口都具有明顯的正相關性，臺灣的經濟產出在相當程度上有賴於兩岸貿易特別是臺灣對中國大陸出口的擴張。

（五）兩岸經濟發展對兩岸經貿往來的依存性及其發展態勢

兩岸經濟體因彼此經貿往來形成了一定的相互依存性。這種依存性最終必然會展現為兩岸經貿往來對兩岸經濟發展的總體影響。因此，有必要進一步從總體上定量分析兩岸經貿往來（兩岸經濟關係）對兩岸經濟發展的影響程度，以揭示兩岸經濟體的相互依存性大小。顯然，這可以用兩岸經濟往來所產生的經濟貢獻占兩岸經濟體各自的GDP的比例來衡量。這一比例可稱為「兩岸經貿往來對兩岸經濟體的貢獻度」，可用以衡量兩岸經濟相互依存的程度大小。

這裡的計算問題主要是分別估算兩岸貿易、兩岸投資對兩岸經濟發展的貢獻。就兩岸貿易對兩岸經濟發展的貢獻而言，可以用外貿總額與「外貿乘數」（Foreign-trade Multiplier）的乘積指標來計量。所謂「外貿乘數」，是指透過貿易所能獲得的經濟實質效益或福利（Farmer，2000）。王直等學者（Wang，1997；Wang & Schuh，2000）利用「可計算一般均衡」（Computable General Equilibrium）世界貿易模型，模擬中國大陸與臺灣加入WTO以及臺灣、香港與大陸經濟一體化的潛在影響，估計中國大陸的外貿乘數在19.4%—28.7%之間，而臺灣經濟體的外貿乘數在22.3%—32%之間。

由於臺灣當局至今仍然不開放或高度限制中國大陸資本在臺灣內投資，計算期內大陸資本未對臺灣投資或投資金額極少，因此計算期內大陸資本對臺灣投資及其對臺灣經濟發展的貢獻可以忽略不計。就臺商投資對中國大陸經濟發展的貢獻來說，可以用臺商在大陸的總產出與其附加價值率的乘積指標來計量。依據王直等學者（Wang，1997；Wang & Schuh，2000）的估計，臺商在大陸的總產出的附加價值率約為26%。臺商在大陸的總產出方面，根據高長（1997）的研究，至1995年底臺商對大陸累計投資金額為116.06億美元，而1995年臺商在大陸的總產出為336億美元。假設臺商投資對大陸經濟發展的貢獻與臺商對大陸累計投資金額成正比，就可據此估算臺商曆年投資對大陸經濟發展的貢獻。

表3-10估算了近10餘年來兩岸經貿往來對兩岸經濟發展的貢獻大小，也就是兩岸經濟體因兩岸經濟往來形成的相互依存性大小。圖3-10顯示了近10年來兩岸經貿往來對兩岸經濟體的貢獻度變動態勢，也就是兩岸經濟體相互依存性的發展態勢。總體上看，近10年來，兩岸經貿往來對兩岸經濟體的貢獻度，或者說兩岸經濟體對兩岸經貿往來的依存性，具有如下幾個重要特徵。

一是近10餘年來兩岸經貿往來對兩岸經濟體的貢獻總體上保持著不斷增加的態勢，兩岸經濟體對兩岸經貿往來的依存性在持續上升。兩岸經貿往來（兩岸貿易）對臺灣經濟的貢獻度，從1995年的1.46%—2.09%增至2007年的7.51%—10.78%。與此同時，兩岸經貿往來（兩岸貿易與臺商投資）對大陸經濟的貢獻度，從1995年的1.68%—1.90%增至2003年的2.36%—2.70%，之後呈現下降態勢，至2007年的1.81%—2.16%。

二是兩岸經貿往來對臺灣經濟的貢獻的增長速度較快，而且，自2000年以來，兩岸經貿往來對臺灣經濟的貢獻超過了對大陸經濟的貢獻，臺灣經濟較之於大陸經濟對兩岸經貿往來的依存性要高，並在不斷上升，兩岸經濟相互依存性的不對稱特徵越來越明顯。

三是近10餘年來的兩岸貿易對臺灣經濟的貢獻度，也明顯地遠遠高於對大陸經濟的貢獻度。換言之，臺灣經濟對兩岸貿易的依存性，遠遠高於大陸經濟對兩岸貿易的依存性。

四是臺商投資對大陸經濟的貢獻度,從1995年的1.20%增至2002年1.72%的高峰後,開始緩慢下滑至2007年的1.06%。這種下滑態勢明顯影響了兩岸經貿往來對大陸經濟的貢獻度的變動態勢,後者自2003年後在兩岸貿易貢獻度還在增加的過程中也呈現了下滑態勢。

表3-10　兩岸經貿往來對兩岸經濟體的貢獻度

（單位：%）

年份	兩岸經貿往來對台灣經濟的貢獻度（外貿乘數：22.3%）	兩岸經貿往來對台灣經濟的貢獻度（外貿乘數：32%）	兩岸經貿往來對大陸經濟的貢獻度（外貿乘數：19.4%）	兩岸經貿往來對大陸經濟的貢獻度（外貿乘數：28.7%）	台商對大陸經濟的貢獻度（台商在中國總產出的附加價值率：26%）	兩岸貿易對中國經濟的貢獻度（外貿乘數：19.4%）	兩岸貿易對中國經濟的貢獻度（外貿乘數：28.7%）
1995	1.46	2.09	1.68	1.90	1.20	0.48	0.70
1996	1.46	2.10	1.76	1.96	1.33	0.43	0.64
1997	1.47	2.12	1.86	2.05	1.45	0.40	0.60
1998	1.66	2.38	1.96	2.15	1.57	0.39	0.58
1999	1.75	2.51	2.08	2.28	1.66	0.42	0.62
2000	2.12	3.04	2.14	2.38	1.64	0.49	0.73
2001	2.47	3.55	2.13	2.36	1.66	0.47	0.70
2002	3.38	4.84	2.31	2.60	1.72	0.60	0.88
2003	4.34	6.23	2.36	2.70	1.67	0.69	1.02
2004	5.42	7.78	2.33	2.71	1.54	0.79	1.16
2005	5.87	8.43	2.19	2.57	1.40	0.79	1.17
2006	6.76	9.70	2.04	2.42	1.25	0.79	1.17
2007	7.51	10.78	1.81	2.16	1.06	0.74	1.10

註：1.各年臺商總產出＝1995年臺商總產出（336億美元）×至該年的臺商對大陸累計投資金額/至1995年的臺商對大陸累計投資金額（116.06億美元）。2.各年臺商對大陸的經濟貢獻度＝100×各年臺商總產出×臺商在大陸總產出的附加價值率（26%）/該年大陸GDP。3.兩岸貿易對兩岸經濟體各自的貢獻度＝100×兩岸貿易總額×兩岸經濟體各自的外貿乘數/兩岸經濟體各自的GDP。4.兩岸經貿往來對兩岸經濟體的貢獻度＝兩岸投資的貢獻度＋兩岸貿易的貢獻度。5.所涉計算期中大陸未對臺灣投資或投資金額很少,因此本表估算中忽略大陸對臺投資及其對臺灣經濟的貢獻。

資料來源：根據海關總署統計的兩岸貿易往來數據、商務部統計的大陸實際利用臺資數據、國家

統計局編訂的《中國統計年鑑》（2008卷）提供的歷年大陸GDP（人民幣）數據、人民幣對美元年平均匯價（中間價）數據，行政院主計處網頁（http//:www.stat.gov.tw/lp.asp?Ct-Node=2130&CtUnit=1049&BaseDSD=34）提供的統計年鑑資料（2008年）關於歷年臺灣GDP（美元）數據計算得出。

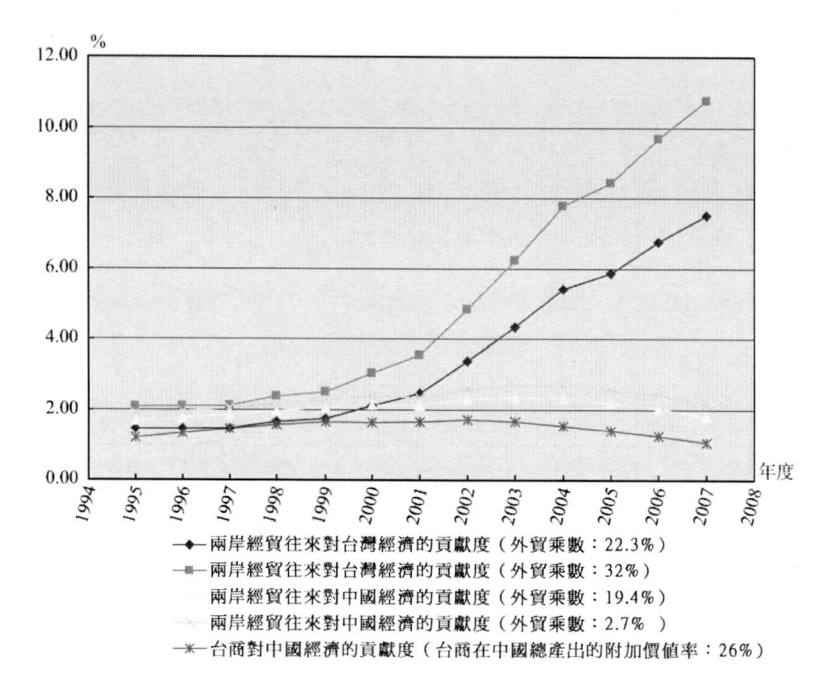

圖3-10　兩岸經貿往來對兩岸經濟體的貢獻度變動態勢圖

資料來源：根據表3-10數據繪製。

需要指出的是，由於臺灣當局長期以來對進口中國大陸商品、對臺商赴中國大陸投資進行的是嚴格管制下的逐步有限開放，並至今對中國大陸資本赴臺投資不予開放或高度設限，因此，上述兩岸經貿往來及其對兩岸經濟體的貢獻以及兩岸經濟相互依存性，是在臺灣當局有限制的經貿政策環境空間的約束下由市場機制主導形成的，因而遠未窮其潛力，未能達到其可能的規模與程度。如果臺灣當局全面開放中國大陸商品的進口、全面開放臺商赴中國大陸投資，特別是開放中國大陸資本赴臺投資，兩岸經濟關係中的不對稱特徵就會得以改變，兩岸經貿往來對兩岸經濟的貢獻以及兩岸經濟相互依存性也就有望進一步提高。

上述結論可從一些學者的有關研究中得到印證。潘文卿、李子奈（2000）

透過「中國大陸與臺灣宏觀經濟聯接模型」，從商品貿易方面定量研究了1992—1998年期間臺灣對中國大陸經濟的依存度。研究表明，臺灣對中國大陸的商品出口依存度較強，1992—1998年對中國大陸的貿易順差對同期GDP年均增長率的貢獻率達17%，已超過投資增長對GDP增長的拉動作用；如果中國大陸每年100%地削減從臺進口商品，不僅會使臺灣實際GDP與名義GDP的年均增長率分別下降0.22與0.5個百分點，而且還將造成臺灣居民收入、民間消費、投資、固定資本形成、進出口、就業等的整體下滑，其中對居民收入水平和就業情況影響最大。當然，如果中國大陸完全削減從臺進口商品也會對自身經濟運行產生不利影響，但這一影響相對來說要小得多：模擬期內，大陸實際GDP、名義GDP平均每年只比實際值分別減少0.02、0.03個百分點，而實際GDP、名義GDP年均增長率將分別下降0.01、0.02個百分點。

綜上可見，近20多年來的兩岸經濟體，在全球化進程與彼此交流交往的深化發展中，在雙方兩岸經貿政策與市場力量的作用下，在潛在的互補性發展條件基礎上，形成了垂直與水平交叉並存且動態發展的多元化分工關係，在貿易、投資與發展層面形成了一定程度的相互依存性與功能性一體化，以及合作與競爭並行的發展態勢；這種相互依存性與一體化在動態變化中總體上保持了上升趨勢；但是，除了臺灣在對外投資方面對大陸市場形成了過高的依賴、在出口層面對大陸市場有著較高的依賴之外，兩岸經濟體在其他單一層面與總體層面的相互依存與一體化程度基本上還處於較低水平；而且，兩岸經濟相互依存性還呈現了較大程度的不對稱性特徵：臺灣經濟體對兩岸經貿往來的依賴程度明顯高於大陸經濟體。當然，必須指出的是，兩岸經濟體的上述相互依賴的程度及其不對稱相互依賴特徵在很大程度上是由於臺灣當局長期以來的大陸經貿政策壓制作用的結果。這種壓制作用一旦消除，兩岸經濟相互依賴的程度將有望進一步提升，不對稱性特徵也將得到較大程度的消減。

二、兩岸經濟制度性合作與一體化的內部動因及必要性

如果說兩岸經濟關係20餘年來的持續快速發展及其在發展中形成的相互依存與一體化態勢，對促進兩經濟體的發展與轉型、推動兩岸人員與各項往來、增進兩岸共同利益、穩定與發展兩岸政治關係發揮了重要作用（張冠華，2005），那麼，在兩岸當前的政治經濟關係狀態下，兩岸經濟體之間建立制度性的合作與一體化，顯然有其內在的政治經濟動因與必要性。

（一）兩岸經濟制度性合作與一體化的內在經濟動因及利益

如上所述，自中國大陸採取「和平統一」與改革開放政策以來，近20多年來的兩岸經濟交流與合作，在兩岸經濟體潛在的互補性發展條件基礎上，在全球化力量的推動下，不斷突破兩岸政治關係的約束，在全球化進程中日益加強，兩岸經濟關係持續快速發展。當前，兩岸經濟體在分工、貿易、投資方面有著較為密切的聯繫，在發展上形成了一定的相互依存性，功能性一體化正在自發形成和深化之中。但與此同時，20多年來的兩岸經濟交流與合作，又是在有限制的經貿政策環境空間的約束下，由市場機制主導進行的，呈現出單向、間接、民間的狀態，不僅本身未能實現其可能的發展規模，而且遠未充分發揮其對兩岸經濟發展的促進作用；兩岸經濟體在基於互補性的交流交往中呈現了競爭性態勢，在相互依存性的發展中呈現了不對稱性特徵。兩岸經濟體潛在的互補性優勢的進一步發揮、競爭性問題的協調、兩岸經貿往來格局與相互依存性中不對稱特徵的消減，兩岸經濟交流與合作的進一步擴展，以及兩岸經貿往來對兩岸經濟發展貢獻的進一步提高，都有賴於兩岸經濟關係的正常化以及制度性合作與一體化。這顯然構成當前兩岸經濟體邁向關係正常化以及制度性合作與一體化的一個內在需要。

不僅如此，當前創新兩岸經濟交流與合作方式，實行一定程度及形式的制度性合作與一體化，是充分整合利用兩岸較強的經濟互補性，增強兩岸經濟交流與合作，實現兩岸經濟持續發展，在經濟全球化深化發展中進一步謀求各自最大化利益的需要。當前，臺灣產業面臨產品升級機會不足、資源外流、土地成本過高、電力供給不足、資金與技術結合困難、研發能力不足等轉型的障礙，在傳統產業和新興產業不斷向大陸等地轉移過程中，新的支柱產業的定位與形成還未跟

上；而大陸方面，雖然保持了較好的經濟增長情勢，但仍然面臨著巨大的就業壓力，經濟結構與發展水平還相對落後，需要進一步轉變經濟增長方式、參與經濟全球化、拓展海外市場。因此，隨著經濟全球化深化發展，深入挖掘與充分利用兩岸較強的經濟互補性，進一步增強兩岸經貿交流與合作，對雙方獲取經濟全球化利益意義重大。一方面，臺灣可以充分利用大陸廣闊的市場容量、豐富的物產與人力資源、較為雄厚的工業基礎、較高的研發能力，來克服自身的資源缺乏、市場狹小、研發能力不足等困難與約束，以進一步擴張貿易和投資，加快產業的轉型與升級；另一方面，大陸可以充分借助臺灣在資金、技術、企業管理水平、市場營銷能力、海外市場開拓能力以及高新技術產業化與市場化方面的優勢，來克服自身在經濟發展過程中所面臨的種種瓶頸與約束，以進一步發展出口生產，促進經濟增長與就業，加快高新技術產業化。顯然，海峽兩岸較強的經濟互補性為進一步增強兩岸經濟交流與合作以獲取經濟全球化利益提供了動力和可能性。但是，眾所周知，由於政治原因，長期以來兩岸經貿交流與合作不僅處於自發性發展狀態，而且受到臺灣當局的人為壓制而呈現單向、間接、民間格局，嚴重阻礙了兩岸經濟互補性優勢的發揮。因此，創新兩岸經濟交流與合作方式，特別是實行兩岸經濟關係正常化以及制度性經濟合作與一體化，是進一步增強兩岸經濟交流與合作以獲取經濟全球化利益的必然要求和選擇。

　　事實上，兩岸經濟制度性合作與一體化的上述經濟動因，在臺灣方面展現在蕭萬長（2001）基於臺灣利益優先角度倡議建立「兩岸共同市場」的經濟目的上：一方面企圖透過兩岸經貿的有效整合，推動臺灣經濟成功轉型，擺脫困境；另一方面希望透過建立兩岸定期、官方性質的協商機制，解決兩岸經貿往來中產生的各種問題，以利於兩岸經貿關係健康持續發展，特別是對兩岸經貿整合進行適當的引導與規範，將兩岸分工格局與兩岸經貿關係發展導向有利於臺灣的方向，消減對臺灣社會經濟結構的不利衝擊，並保證臺灣在新的分工體系中占據一個較好的戰略位置。事實上，在大陸已成為世界經濟的一個引擎與中心的現實面前，在兩岸經濟關係對臺灣經濟發展有著不容忽視的重要作用的現實面前，加強兩岸經濟交流與合作是臺灣經濟發展的必然選擇，並已成為臺灣各界主流的意見。

（二）兩岸經濟制度性合作與一體化的內在政治動因及利益

經濟一體化不僅有其經濟動因與利益訴求，而且通常也出於政治目的與利益的考慮。兩岸經濟制度性合作與一體化的政治動因主要展現在以下幾個方面。

首先，透過經濟合作與一體化安排加強彼此間的經貿關係，以減小兩岸出現對立或衝突的風險，促進兩岸關係和平穩定發展，是兩岸經濟制度性合作與一體化的一個主要政治動因與利益。

理論與實踐表明，市場機制主導的全球化進程以及為追求自身利益最大化的單邊經貿政策，都可能導致收入的再分配與生產的重新布局而惡化區域內的安全環境，而區域內各成員間積極的制度性經濟合作與一體化政策措施將會有利於減少區域內的衝突，促進區域內經濟貿易的政策通常都有利於增強區域內的安全與和平。

就兩岸而言，有必要以經濟一體化的方式來加強兩岸經貿關係進而減小兩岸出現對立或衝突的風險。一方面，近20多年來兩岸經濟關係的發展特別是相互依存性的不斷提升，雖然尚未消弭兩岸的政治分歧，但顯然有力地穩定了兩岸政治關係發展局勢，因為它迫使兩岸不得不顧忌到嚴重政治對抗與衝突可能給雙方社會經濟利益帶來的巨大損害，從而將對抗與衝突程度限制在可控制的範圍之內。但另一方面，如上所述，兩岸經濟體在全球化進程中由市場機制主導並受到兩岸政治關係形塑的經濟關係格局，已經存在明顯的競爭性與不和諧一面；而且，隨著兩岸經濟交流規模的擴大，必然導致雙方在貿易、投資、知識產權等方面的摩擦與糾紛的增多，需要雙方「看得見的手」的積極作用與安排，透過建立正常的交流與合作機制加以解決。否則，不僅會對兩岸經濟關係產生負面影響，而且可能外溢到兩岸政治關係層面。然而，兩岸政治層面至今尚未建立必要的交流與合作機制，不僅影響了上述問題的解決，而且也不能充分發揮經濟關係與政治關係的積極互動效應。

因此，透過在兩岸之間建立制度性的經濟合作與一體化安排，以加強彼此間的經貿關係，防止兩岸經濟摩擦與糾紛，並進一步發揮經濟關係對政治關係的促進作用，減小兩岸出現對立或衝突的風險，促進兩岸關係的和平與穩定發展，已

成為當前兩岸經濟制度性合作與一體化的一個廣為兩岸各方所認同的主要的政治動因。蕭萬長（2001）就認為，經貿往來是建立兩岸和平的關鍵基礎；在目前情況下，淡化政治分歧，強化經濟合作，建立「兩岸共同市場」，使得兩岸經由利益的結合變成共存體，以增加臺灣的安全保障；而建立兩岸定期、官方性質的協商機制，本身就具有突破現階段兩岸中止協商對話的局面、緩和臺海緊張關係的政治意義。事實上，一旦兩岸正式啟動制度性經濟合作與一體化，實際上就是向國際社會表明兩岸和平、發展、合作甚至和平統一的願望與決心，從而消除國際社會對臺海安全乃至亞太安全問題的擔心，有助於提升臺海安全乃至亞太安全的確定性，並使那些對兩岸不懷好意、企圖打「臺海牌」的國際勢力失去籌碼。這反過來顯然又會有助於兩岸政治經濟利益的獲取與增進，以及兩岸政治經濟關係的穩定與發展。

其次，透過經濟一體化為政治一體化鋪平道路和奠定基礎，促進兩岸統一問題的和平解決，是兩岸經濟制度性合作與一體化的又一個政治期待。

區域經濟一體化雖不必然引致區域政治一體化，但不僅相對會對區域政治一體化提出一定的要求，而且可為區域政治一體化鋪平道路和奠定基礎，大大降低政治一體化的內部風險，因為在經濟領域的共同行動以及在共同行動中共同利益的獲取與增進有助於區域成員產生相互信任，形成政治共識。

就兩岸而言，在和平發展與和平統一戰略架構下，啟動兩岸經濟制度性合作與一體化進程，協調兩岸經濟分工格局，加速推動兩岸經濟交流與合作，進一步發展兩岸經濟關係，不僅有利於進一步促進兩岸間的各項交流交往，化解兩岸政治對立態勢，增進瞭解，累積互信，建立共識，而且有助於縮小兩岸經濟差距，增強兩岸同胞的認同感，更重要的是，可以進一步密切兩岸經濟關係，增進相互依存性與功能性一體化程度，遏制分離主義傾向，最終為兩岸和平統一構築堅實而且必要的經濟、社會和政治基礎與動力。

事實上，對這一政治動因，中國大陸方面是自不待言地一貫堅持。而臺灣各界不少人士也都希望在兩岸互動中從經貿關係入手來化解政治僵局。即便是主張「臺獨」的民進黨當局對此主張也是基本認同的。陳水扁2001年元旦講話曾提

出從兩岸經貿與文化統合開始著手，逐步建立兩岸間的信任，進而共同尋求兩岸永久和平、政治統合新架構的所謂「統合論」。蕭萬長「兩岸共同市場」構想的一個政治目的，就是以兩岸經貿統合來突破兩岸政治現狀。蕭萬長指出，雖然兩岸政治上的猜忌、對立仍然存在，但是經濟上卻往來密切，這才是最大公約數；臺灣和中國大陸若能經貿統合，利益的結合就能產生互補、互利、互助、互賴，就變成共存、共榮、雙贏的局面；到時候再談政治結合，效果才會出來（林秀姿、劉勝鴻，2001）。根據蕭萬長（2001）本人的說明，其「兩岸共同市場」構想的主要內涵就在於：①以歐洲各國由經濟整合走向政治統合的模式與精神作為重要參考，從降低貿易障礙開始，擴及商品、人員、資金、服務、資訊等生產資源移動的全面自由化，進而發展到經濟政策協調乃至政治的聯盟；②從經濟合作、經濟主權的共享擴大到政治主權的共享。兩岸透過建立共同市場這樣經濟事務的協商合作關係，建立良好縝密的互動機制，降低「一個中國」的政治爭議，使一個中國問題在經濟上的一個大中華形成後能夠逐步得到解決。

需要指出的是，蕭萬長倡導的「兩岸共同市場」構想及其「從經濟整合走向政治統合」的核心內涵，雖在形式上與陳水扁的「統合論」相似，蕭萬長本人也承認其「兩岸共同市場」構想與陳水扁的「經貿統合」方向相同，但實際上，蕭萬長主張兩岸回到1992年「雙方各自以口頭聲明方式表述一個中國」的共識作為推動其構想的基礎，而陳水扁的「統合論」是基於其所謂的「一邊一國」框架，因而缺少一個兩岸可以共同接受的前提和基礎。更有「臺獨」勢力企圖利用兩岸經濟制度性合作與一體化彰顯其所謂的對等政治地位，實現其「臺獨」目的。這顯然是二者之間的重大差別。蕭萬長明確將「九二共識」作為推動「兩岸共同市場」的基礎，是因為他深切感到兩岸經濟制度性合作與一體化對臺灣未來發展的重要性，而兩岸僵局的癥結在於是否承認「一個中國」原則，臺灣如果不回到「九二共識」的立場，「兩岸共同市場」構想就沒有現實可能性。

第三節　兩岸經濟制度性合作與一體化的外部動因及必要性分析

區域合作與一體化不僅是相互依賴的區域內各成員和平共處、共同發展的需要，而且也是面對共同的區域外部因素威脅的集體應對和選擇。就兩岸經濟體而言，當前世界經濟的全球化趨勢及其各種組織表現形式，特別是在全球多邊層面建立的世界貿易組織（WTO）與在區域層面蓬勃發展的區域經濟一體化組織，在為兩岸經濟體提供更多發展機會的同時，也構成兩岸經濟發展和兩岸經濟關係發展面臨的共同的外部威脅因素[60]。邁向合作與一體化是兩岸經濟體共同應對外部環境因素威脅的一個明智和有效的選擇。

一、應對經濟全球化的不確定性與風險

　　眾所周知，全球化是世界經濟發展的一個主流趨勢。經濟全球化就其本質而言，是市場機制在全球範圍內的擴展，是分工從國內到國際的延伸，是生產社會化、經濟國際化發展的必然結果和趨勢。因而，經濟全球化又是一個利弊兼存的動態發展過程。一方面，經濟全球化以效率原則內在要求產品和要素在全球範圍的自由流動以及在全球範圍資源配置的無歧視性，因而經濟全球化內在要求世界經濟做全球一體化的制度安排（WTO就是這樣的一個制度安排），以突破市場障礙和各種約束，降低直接的生產成本和間接的交易成本，提高資源配置及使用的效率與效益，從而為追逐利益最大化的各經濟體的結構調整和經濟發展提供了更多機會與空間。另一方面，當前的經濟全球化既是市場機制在全球範圍內的擴展，就不可避免地具有市場機制的內在侷限性，特別是在加劇市場競爭與傳遞效應的同時增加了經濟發展與運行的不確定性和風險。因此，全球化下的經濟安全與風險防範以及競爭力培育，特別是參與全球化方式和路徑選擇，是任何追逐利益最大化的經濟體都必須認真考慮的問題。各經濟體應主要根據自身經濟發展水平、經濟開放度、政策取向等因素，選擇單邊的、雙邊的、區域多邊的乃至全球多邊的不同的方式，採取國際垂直分工、水平分工和交叉分工等不同的途徑，介入經濟全球化進程的不同階段。相應地，各經濟體之間的交往與合作方式也隨著經濟全球化發展而變化發展。

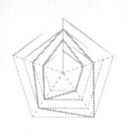

就兩岸經濟體而言，隨著參與全球化進程的深化，創新兩岸經濟交流與合作方式，實行一定程度與形式的經濟合作與一體化安排，是進一步增強兩岸經濟交流與合作，應對經濟全球化不確定性與風險的需要。如上所述，經濟全球化是一個充滿不確定性和風險的過程，全球化下的經濟安全與風險防範是任何追逐利益最大化的經濟體都必須認真考慮的問題。國際市場多元化戰略與一體化戰略以及自身經濟結構調整成為應對全球化不確定性與風險的主要手段。兩岸經濟體在新世紀開始先後加入了經濟全球化在全球多邊層面的組織實現形式——WTO。加入WTO意味著進一步參與經濟全球化，兩岸經濟體各自的開放度與對外依存度日益提高，在獲取越來越多的經濟利益機會的同時面臨著越來越高的經濟風險。事實上，當前兩岸各自對外經貿活動的夥伴與市場都呈現過度集中和倚重現象，經濟全球化的風險已在兩岸頻頻顯現。特別是臺灣，其典型的外向型經濟模式更深受國際市場不確定性因素與風險的影響和制約。長期以來，臺灣經濟對美國、日本等少數幾個市場的高度依賴，以及過分圍繞這些市場的經濟結構定位，已嚴重影響到自身經濟的持續、穩定發展。日本經濟已經長達10年的衰退、美國經濟隨著知識經濟泡沫破滅而來的增長減速明顯地對當前臺灣經濟的發展構成了阻礙。分散和規避全球化風險需要兩岸進一步強化相互間的經濟交流與合作。有鑒於此，兩岸經濟體，特別是臺灣方面，在經濟全球化深化發展中，特別是在面臨當前國際金融危機的巨大衝擊下，在謀求市場多元化發展以減輕對少數國家經濟的過度依賴並分散經濟風險的同時，應積極創新兩岸經濟交流與合作方式，在兩岸全面、直接、雙向「三通」與兩岸經貿關係正常化基礎上實行制度性經濟合作與一體化，進一步便利和增強兩岸經濟交流與合作，以相對穩定的一體化內部市場規避經濟全球化風險，並促進經濟結構調整，增強市場競爭能力和抗風險能力。

二、應對區域一體化的競爭與邊緣化效應

創新兩岸經濟交流與合作方式，實行一定程度與形式的經濟一體化安排，也是兩岸經濟體在世界經濟全球化與區域經濟一體化深化發展中增強國際競爭力和

防止邊緣化的需要。一方面，經濟全球化追逐利益最大化的內在動機和制勝國際市場競爭的外在壓力要求變革經濟活動的方式，降低經濟活動的直接成本與間接成本，不斷提升國際市場競爭能力；要求貿易、投資等經濟活動的自由化與便利化，撤除經濟活動的各種壁壘和約束，不斷擴張經濟活動的市場。另一方面，眾所周知，作為參與經濟全球化的一個現實途徑與方式，區域經濟一體化運動正在全球範圍蓬勃發展。在經貿活動與利益方面具有或多或少的排他性和轉移效應的區域經濟一體化組織的廣泛建立和發展，無疑將使國際經濟競爭主體多元化的同時加劇國際經濟競爭，從而使單一經濟體在國際經濟競爭及全球多邊經貿談判中面臨更大的挑戰和壓力。因此，兩岸經濟體應意識到強化業已形成的功能性利益共同體的必要性和緊迫性。

變革兩岸經濟交流與合作方式，在兩岸全面、直接、雙向「三通」與兩岸經貿關係正常化基礎上實行制度性經濟合作與一體化，不僅將為兩岸的貿易與投資者提供十分便利的條件，大幅度提高市場競爭力，贏得更多商機，獲得更豐厚利潤，更為重要的是，將為兩岸比較優勢的結合與實現、分工與協作的進一步形成與發展以及兩岸功能性經濟一體化深化發展鋪平道路，從而有助於國際市場競爭力的提升，並防止被當前蓬勃發展的區域經濟一體化浪潮邊緣化，增強參與經濟全球化和WTO等全球多邊經貿體制的實力，特別是有助於臺灣經濟的轉型，促進其「亞太營運中心」與「全球營運中心」的形成[61]。

事實上，臺灣經濟體是一個出口貿易依存度較高的外向型經濟體[62]，面對以東盟加一、東盟加三為代表的東亞區域經濟一體化的快速發展可能帶來的邊緣化效應，特別是2010年中國——東盟自由貿易區（CAFTA）實施零關稅對臺灣相關產業（如石化、汽車、紡織等產業）可能產生的重大衝擊，加上持續蔓延的全球金融海嘯對臺灣實體經濟的打擊，臺灣呼籲盡快商簽綜合性經濟合作協議（CECA）或經濟合作架構協議（ECFA）的聲音不斷高漲，希望以此減緩對臺灣經濟尤其是相關產業的衝擊。

但值得注意的是，當前臺灣新當局力推與大陸商簽CECA或ECFA的一個重要動機，在於馬蕭競選白皮書所謂的「以兩岸連結突破參與區域合作瓶頸」。臺灣

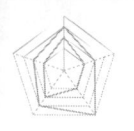

新當局認為，臺灣參與國際區域經濟一體化安排拓展國際經濟空間的努力受到大陸方面的打壓，一旦與大陸簽訂了CECA或ECFA等經濟一體化協議，大陸方面就不得阻止臺灣參加東盟加三、東盟加六等區域經濟一體化安排。

三、促進WTO下兩岸經濟關係緊密發展

創新兩岸經濟交流與合作方式，實行一定程度與形式的經濟合作與一體化安排，也是應對加入WTO及經濟全球化深化發展對兩岸經貿關係再發展的挑戰的需要。加入WTO，意味著兩岸經濟全球化進程的深化，兩岸經濟體都將在同一國際多邊貿易體制的約束下，進一步按照世界市場經濟運行規則運作，特別是在對外開放、參與經濟全球化方面，必須遵循WTO無歧視原則，從過去的單邊的、主動的、選擇性的方式向著WTO下多邊的、有規則的、全方位方式轉變。從而，兩岸經貿關係的發展面臨新的機遇和挑戰，兩岸經濟體之間的交往與合作方式面臨變革的要求，需要在WTO下探索兩岸經濟交流與合作的新形式。

眾所周知，這些年來，中國大陸對臺灣實行的特殊優惠政策對於兩岸經貿關係的發展特別是臺灣在與中國大陸的經濟合作中的顯著成就的取得具有不容小覷的作用。而隨著兩岸經濟體先後加入WTO，兩岸經貿關係的再發展和臺灣對大陸的經貿活動將在分享大陸市場的進一步開放的好處中面臨一些挑戰：一是WTO的無歧視原則等有關規定要求拉平臺灣與其他成員在中國大陸所享有的待遇差別，從而使臺灣經濟面臨更大的競爭壓力；二是WTO下中國大陸的市場開放和關稅減讓對所有成員適用，這使得臺灣生產的一些缺乏價格和質量優勢的產品在進入大陸市場的出口競爭中被淘汰[63]；三是WTO下中國大陸市場環境的穩定性與透明性的增強，加上中國大陸著眼於擴大外資來源及其規模與技術含量的外資政策調整，使得臺灣的一些中小型的、勞動力與資源導向型的對大陸投資受到歐、美、日等地的資金、技術密集型大企業的大規模的、市場導向型對華投資的強大競爭；四是隨著改革開放的進一步深化發展，WTO下大陸已逐步調整或取消其特殊

經濟區的某些不符合WTO規定和市場經濟發展要求的特殊優惠政策，這也對兩岸經貿往來帶來一定程度的影響。

顯然，隨著兩岸經濟體加入WTO，兩岸經貿關係的再發展以及臺灣經濟在中國大陸市場中競爭利益的保障，需要在WTO下探索兩岸經濟交流與合作的新形式。一個可以選擇的方式就是海峽兩岸經濟體或者是兩岸四地經濟體一起，利用WTO最惠國待遇等原則的例外安排，在WTO框架下建立諸如「兩岸自由貿易區」、「中華自由貿易區」之類的經濟一體化組織形式，以便相互間繼續給予較WTO一般成員的更為特殊優惠的政策措施，從而不僅可以保護和促進兩岸或兩岸四地間的投資與貿易，而且能夠透過協議方式，合理地協調各自的經濟政策，充分整合兩岸或兩岸四地潛在的互補性優勢和經濟貿易實力，加強兩岸或兩岸四地的經濟緊密性，增強參與經濟全球化進程與WTO等多邊經貿體制的實力與能力。當然，克服WTO下兩岸經貿關係發展特別是臺灣經貿利益所面臨的上述挑戰，以及為應對挑戰而實行經濟合作與一體化安排，都有賴於兩岸全面、直接、雙向「三通」與兩岸經貿關係正常化的實現。

第四節　本章小結

區域合作與一體化不僅是相互依賴的區域內各成員和平共處、共同發展的需要，而且也是面對共同的區域外部因素威脅的集體應對和選擇。本章借鑑區域一體化的動因與必要性理論，在對近20餘年來兩岸經濟關係的發展演變及其影響因素進行簡要回顧與歸納總結的基礎上，分別從兩岸政治經濟關係發展的內在需要特別是當前兩岸經濟體的相互依存性與功能性一體化發展態勢、經濟全球化的不確定性與風險、區域一體化的競爭與邊緣化效應以及WTO下兩岸經濟關係發展面臨的挑戰等角度，考察和評估了當前兩岸經濟制度性合作與一體化的內、外部動因與必要性。本章研究的主要結論如下：

當前兩岸經濟制度性合作與一體化，既有其內部動因，也有其外部動因；不

僅有其經濟動因與利益訴求，而且也出於政治目的與利益的考慮，且在兩岸有著不完全一致的政治經濟動因。

從其內在經濟動因看，兩岸經濟制度性合作與一體化，是應對當前兩岸經濟關係發展狀態、整合兩岸較強的經濟互補性，增強兩岸經濟交流與合作，實現兩岸經濟持續發展，在全球化中謀求利益最大化的內在需要。

自中國大陸採取和平統一與改革開放政策以來，近20多年來的兩岸經濟交流與合作，在兩岸經濟體潛在的互補性發展條件基礎上，在全球化力量的推動下，不斷突破兩岸政治關係的約束，在經濟全球化進程中日益加強，在兩岸貿易、投資、金融、人員往來等方面總體上都保持著持續快速發展的勢頭。而且，近20餘年來的兩岸經濟體，隨著全球化進程深化與彼此逐步開放，在全球化力量與市場機制以及兩岸經貿政策的作用下，形成了垂直與水平交叉並存且動態發展的多元化分工關係，在貿易、投資與發展層面形成了一定程度且動態發展的相互依存性，功能性一體化正在自發形成和深化之中，為制度性合作與一體化構成了一個內在需要及基礎條件。但與此同時，近20餘年來兩岸經濟交流與合作，是在臺灣當局限制性的大陸經貿政策環境空間的約束下，由市場機制主導下自然進行的，不僅本身呈現出單向、間接、民間的狀態，未能實現其可能的發展規模，而且使得兩岸經濟體在總體層面的相互依存與一體化程度尚處於較低水平（個別單一性指標除外，例如：臺灣在對外投資方面對大陸市場形成了過高的依賴、在出口層面對大陸市場有著較高的依賴），在相互依存性的發展中呈現了不對稱性依賴特徵（臺灣經濟體對兩岸經貿往來的依賴程度明顯高於大陸經濟體），在基於互補性的交流交往中呈現了競爭性態勢，從而遠未充分發揮其對兩岸政治經濟發展的促進作用。

兩岸經濟關係發展中的這種格局與不對稱相互依存性的存在，一方面表明兩岸經濟交流與合作不僅本身未能實現其可能的發展規模，而且遠未充分發揮其對兩岸經濟發展的促進作用，有著進一步提升的空間，另一方面也可能使得臺灣當局在兩岸經貿往來與兩岸政治經濟關係中具有較高的敏感性與脆弱性。臺灣當局不免會擔心兩岸經濟的不對稱性相互依存可能會帶給臺灣以較高的經濟風險，更

會擔心由此影響其在兩岸政治關係博弈中的力量。這種擔心顯然會影響到臺灣當局對進一步發展兩岸經貿交流與合作的態度。

但是，鑒於全球化下經濟交流與合作是必然的選擇、相互依存性與功能性一體化的提升是必然的趨勢，更鑒於形成兩岸經貿往來與相互依存不對稱格局的一個重要原因就在於長期以來臺灣當局大陸經貿政策的限制性作用，因此，兩岸經濟體潛在的互補性優勢的進一步發揮、競爭性問題的協調、兩岸經貿往來與相互依存性中不對稱特徵的消減，兩岸經濟交流與合作的進一步擴展，以及兩岸經貿往來對兩岸經濟發展與兩岸政治關係發展貢獻的進一步提高，顯然都有賴於兩岸經濟關係正常化以及制度性合作與一體化。這顯然構成當前兩岸經濟體邁向關係正常化以及制度性合作與一體化的一個內在需要。不僅如此，當前實行一定程度及形式的制度性合作與一體化，是充分整合利用兩岸較強的經濟互補性，增強兩岸經濟交流與合作，實現兩岸經濟持續發展，在經濟全球化深化發展中進一步謀求各自最大化利益的需要。

從其內在政治動因看，首先，透過在兩岸之間建立制度性的經濟合作與一體化安排，以加強彼此間的經貿關係，防止兩岸經濟摩擦與糾紛，並進一步發揮經濟關係對政治關係的促進作用，減小兩岸出現對立或衝突的風險，促進兩岸關係的和平與穩定發展，已成為當前兩岸經濟制度性合作與一體化的一個廣為兩岸各方所認同的主要的政治動因。事實上，一旦兩岸正式啟動制度性經濟合作與一體化，實際上就是向國際社會表明兩岸和平、發展、合作甚至和平統一的願望與決心，從而消除國際社會對臺海安全乃至亞太安全問題的擔心，有助於提升臺海安全乃至亞太安全的確定性，並使那些對兩岸不懷好意、企圖打「臺海牌」的國際勢力失去籌碼。這反過來顯然又會有助於兩岸政治經濟利益的獲取與增進，以及兩岸政治經濟關係的穩定與發展。

其次，在兩岸和平發展與和平統一戰略架構下，啟動兩岸經濟制度性合作與一體化進程，協調兩岸經濟分工格局，加速推動兩岸經濟交流與合作，進一步發展兩岸經濟關係，不僅有利於進一步促進兩岸間的各項交流交往，化解兩岸政治對立態勢，增進瞭解，累積互信，建立共識，而且有助於縮小兩岸經濟差距，增

強兩岸同胞的認同感,更重要的是,可以進一步密切兩岸經濟關係,增進相互依存性與功能性一體化程度,遏制分離主義傾向,最終為兩岸和平統一構築堅實而且必要的經濟、社會和政治基礎與動力。事實上,對這一政治動因,中國大陸方面是自不待言地一貫堅持。而臺灣各界不少人士也都希望在兩岸互動中從經貿關係入手來化解政治僵局。即便是主張「臺獨」的民進黨當局對此主張也是基本認同的。但「臺獨」勢力是基於其「一邊一國」框架來規範兩岸經濟制度性合作與一體化問題的,並企圖利用兩岸經濟制度性合作與一體化彰顯其所謂的對等政治地位,實現其「臺獨」目的。而當前的臺灣國民黨新當局則是在利用兩岸經濟制度性合作與一體化彰顯對等地位的同時,企圖拓展其國際空間,避免邊緣化。

從其外部動因看,兩岸經濟制度性合作與一體化也是兩岸經濟體應對共同的外部環境因素威脅的一種需要和選擇。當前,世界經濟的全球化趨勢及其各種組織表現形式,特別是在全球多邊層面建立的世界貿易組織與在區域層面蓬勃發展的區域經濟一體化組織,在為兩岸經濟體提供更多發展機會的同時,顯然也構成兩岸經濟發展和兩岸經濟關係發展共同面臨的外部威脅因素。研究表明,當前創新兩岸經濟交流與合作方式,實行一定程度與形式的經濟合作與一體化安排,是兩岸經濟體在經濟全球化深化發展進程中進一步增強兩岸經濟交流與合作,應對經濟全球化不確定性與風險的需要;是兩岸經濟體在世界經濟全球化與區域經濟一體化深化發展中增強國際競爭力和防止邊緣化的需要;也是兩岸經濟體應對加入WTO對兩岸經貿關係再發展挑戰的需要。

總之,在兩岸當前的政治經濟關係狀態與內外環境條件下,兩岸經濟體之間建立制度性的合作與一體化,具有一定的政治經濟動因與必要性;雖然在當前的兩岸方面有著不完全一致的政治經濟動因,但總體說來,兩岸經濟制度性合作與一體化不僅是兩岸應對經濟關係狀態與內外環境、增強經濟交流合作、實現經濟持續發展、追求利益最大化的必然要求,而且也是密切兩岸聯繫、穩定兩岸關係、促進兩岸和平與發展乃至統一的客觀需要。一句話,邁向合作與一體化是兩岸經濟體應對內外部環境因素狀態及其變化的一個明智和有效的選擇。

第四章　兩岸經濟制度性合作與一體化的條件及可行性研究

　　隨著經濟全球化與區域一體化以及兩岸經濟關係的深化發展，兩岸經濟制度性合作與一體化成為兩岸經濟體自身發展的必然與要求。然而，誠如區域一體化理論與實踐所表明的，區域合作與一體化是一個艱難的漸進過程，需要一定的政治、經濟與社會條件。本章借鑑關於區域一體化的條件與可行性的理論觀點與分析框架，考察當前兩岸經濟制度性合作與一體化的條件與可行性問題。第一節主要從制度性經濟一體化所需要的一般經濟條件角度，探討兩岸經濟制度性合作與一體化的經濟可行性問題；第二節從相關的國際法與國內法的角度，探討WTO下兩岸經濟制度性合作與一體化的法律性質定位、法律依據與法律途徑等問題；第三節主要從當前兩岸的政治意願與共識層面，探討當前兩岸經濟制度性合作與一體化的政治可行性問題；第四節對本章的研究進行簡要總結。

第一節　兩岸經濟制度性合作與一體化的經濟可行性分析

　　正如理論研究指出的，就經濟層面而言，各種程度與形式的經濟合作與一體化需要各自特定的經濟條件，但也都必須在經濟相互依存性、經濟市場規模、經濟技術發展水平、經貿政策可協調性等方面具備一些基本經濟條件，以實現預期的經濟效應。本節首先從這些一般性條件方面考察當前兩岸經濟制度性合作與一體化的經濟可行性，進而闡明各種合作與一體化形式在當前的經濟可行性[64]。

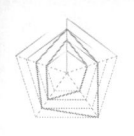

一、經濟相互依存性條件下的經濟可行性

理論與實踐表明，一般而言，成功的區域經濟合作與一體化必須具備一定的經濟相互依存性條件。合作與一體化區域各成員間在經濟上存在比較緊密的專業化分工關係，從而各成員能成為彼此的主要經貿夥伴，而對區域外經貿夥伴的依賴性較小，以保證合作與一體化的經貿轉向效應較小而經貿創造效應較大。

在這一方面，如關於動因與必要性研究部分的第一節指出的，包括筆者在內的許多學者研究表明（高長1997；李非，2000、2004；潘文卿、李子奈，2000；童振源，2002；唐永紅，2004），近20餘年來，兩岸經濟體在潛在的互補性基礎上，在不斷深化發展的全球化進程與彼此交流交往過程中，在全球化力量與市場機制以及雙方兩岸經貿政策的作用下，逐漸自然地形成了垂直與水平交叉並存且動態發展的多元化分工關係。目前，兩岸產業合作層次不斷提高，分工協作日益深化，已由勞動密集型向資本、技術密集型產業轉變，由產業之間分工向產業內部分工推進，形成了「研發、生產、銷售」合作與一體化和較為緊密的產業發展鏈。這種分工關係不僅本身就是全球經濟分工與生產鏈條的一個重要環節，而且使得兩岸經濟體在原來的互補性基礎上形成了競爭性與依存性並存的合作與一體化發展態勢。

就相互依存性而言，關於動因與必要性研究部分的第三節研究標明，近20多年來的兩岸經濟體在全球化進程與彼此交流交往的深化發展中，在貿易、投資與發展層面形成了一定程度的相互依存性與功能性合作與一體化態勢。雖然兩岸經濟關係在發展中呈現出單向、間接的不對稱與不平衡狀態，兩岸經濟體在總體層面的相互依存程度還不夠高並呈現了不對稱性特徵，但這主要是由於臺灣方面的限制性大陸經貿政策作用扭曲的結果，並從反面表明兩岸經濟關係正常化後兩岸經濟體進行制度性合作與一體化的經濟可行性。隨著兩岸經濟關係正常化，可以預期，在兩岸經濟互補性基礎上，兩岸經濟分工必將進一步深化發展，兩岸經濟的彼此交流水平與相互依存程度必將進一步提升，彼此交流與相互依存的格局也必將得到改善，相對將進一步降低兩岸經濟體對其他經濟體的依賴程度，從而

減小兩岸經濟制度性合作與一體化的經貿轉向效應而提升其經貿創造效應。

二、經濟市場規模條件下的經濟可行性

理論與實踐表明，一般而言，成功的區域經濟合作與一體化必須具備一定的經濟市場規模條件。合作與一體化區域各成員必須有著較高的人均收入和較發達的產業體系，從而有著旺盛的最終需求與派生需求以及廣闊的國內市場，能夠較多地吸納其他成員的商品，進而合作與一體化後可以產生較大的經貿創造效應與規模經濟效應。從這一方面看，兩岸經濟制度性合作與一體化在當前和將來可預見的期間內顯然有著取得成功所需的市場規模條件。

就大陸經濟體而言，首先，中國大陸有著眾所周知的超過13億的龐大人口規模和縱深寬闊的經濟腹地；其次，經過近20多年的持續快速發展，中國大陸人均國內生產總值（GDP）自2002年起達到了1000美元以上的水平，並仍在以年均約9%的速度持續快速增長，2007年中國大陸人均國民生產總值（GNP）達到2508美元（參見國家統計局，2008a）；再者，中國大陸還有著不斷發展中的龐大且完備的產業結構體系。根據國家統計局（2008b）有關統計，2007年中國大陸第一、第二和第三產業增加值占GDP的比重分別為11.7%、49.2%和39.1%，其中，第二產業中的工業增加值占GDP的比重為43.5%。所有這些顯示大陸經濟體具有旺盛的最終需求與派生需求以及廣闊的國內市場空間，可為臺灣經濟體的產品外銷、資本輸出、技術與產業轉移提供廣闊的腹地和市場。事實上，當前臺灣經濟體正處於一個新的轉型期：一方面，在產業轉移中為避免製造業的外移造成「產業空洞化」，臺灣工業亟需擺脫既有的代工生產模式而向更高層次的創新、研發方向升級；另一方面，已占臺灣GDP比重七成以上的服務業，要能帶動總體經濟的持續增長，也須盡快擺脫內需導向為主的特徵，拓展外部服務市場。

就臺灣經濟體而言，雖然人口規模不到2300萬，但早在1980年代就成為了新興工業化地區和亞洲「四小龍」之一，人均國民生產總值（GNP）自1992年以

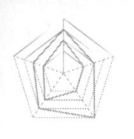

來（人均GDP自1993年以來）保持在10000美元以上並在總體上保持了持續的增長態勢，2007年人均GNP高達17252美元（參見CEPD，2008）。臺灣經濟體不僅有著較高的現實消費能力，可以為大陸物美價廉的產品提供巨大的消費市場，而且也具有比較發達的產業結構體系（參見陳恩，2003；韓清海，2004），可以為大陸商品與要素提供較大的配置空間。2007年臺灣農業、工業和服務業增加值占臺灣生產總值（GDP）的比重分別為1.51%、27.77%、70.71%，其中，工業中的製造業、服務業中的批發零售及餐飲業增加值占GDP的比重分別為24.01%、20.62%（參見經濟部統計處，2009）。

綜上可見，兩岸經濟市場規模從商品與要素的需求層面上為獲取合作與一體化的經貿創造效應與規模經濟效應提供了可能。

三、經濟技術發展水平條件下的經濟可行性

理論與實踐表明，一般而言，成功的區域經濟合作與一體化必須具備一定的經濟技術發展水平條件。合作與一體化區域中至少部分成員的經濟技術發展水平較高，在貿易商品上具有成本優勢，從而能最大限度地降低經貿轉向效應，並能保證相對落後的成員透過區域經貿合作逐步提高技術水平、優化經濟結構，從而獲得合作與一體化的動態收益。從這一方面看，兩岸經濟制度性合作與一體化在當前和將來可預見的期間內顯然有著取得成功所需的經濟技術發展水平條件。

就大陸經濟體而言，眾所周知，當前，中國大陸作為「世界製造工廠」在勞動力密集型產品和部分資本技術密集型產品的國際競爭力方面有著一定的成本優勢，作為發展中國家具有廣闊的市場容量、較為雄厚的工業基礎、較高的研發能力。

從對外貿易方面看，有關統計顯示，「十五」期間中國大陸對外貿易年均增長24.6%，創下改革開放以來外貿發展最快紀錄，遠高於同期世界貿易和中國經濟增長水平；2004年中國大陸外貿進出口總額首次超過1萬億美元大關，成為僅

次於美國和德國的「世界貿易第三強」；2005年中國大陸不僅進出口貿易總量達到14221.2億美元，躋身世界貿易大國前三強，而且進出口商品結構得到進一步優化，工業製成品出口比重提高到93.6%，機電產品和高新技術產品成為出口主導產品，占出口總值的比重分別提高到56%、28.4%，顯示中國大陸對外貿易增長方式在由「數量型」向「效益型」轉變（中央政府門戶網站，2006a、b）。2007年中國大陸出口總額達12179.39億美元，約占世界總出口（138980億美元）的8.8%，躍居世界出口大國第二強；進口總額達9558.45億美元，占世界總進口（142110億美元）的6.7%，維持世界進口大國第三強的地位，顯示中國大陸商品在國際市場上具有相當大的競爭力[65]。

從利用外資方面看，「十五」期間，外商對華直接投資超過2700億美元，中國大陸吸收外商直接投資名列全球第三，並繼續居發展中國家首位；引進外資項目的質量也在不斷改善，以IT產業、先進製造業為代表的高科技含量、高附加值項目所占比例大幅增加，外商注資建立研發中心和地區總部的數量不斷上升；隨著銀行、保險、證券、分銷等服務業領域的市場進入限制的逐步放開，服務業成為外商投資熱點；世界最大的500家跨國公司中，已有450家在華投資（中央政府門戶網站，2006a、b）。2006年中國大陸實際使用外商直接投資金額694.68億美元，約占當年全球利用外商直接投資（13058.52）的5.32%[66]。2007年中國大陸實際使用外商直接投資金額748億美元，其中，製造業占54.7%；房地產業占22.9%；租賃和商務服務業占5.4%；批發和零售業占3.6%；交通運輸、倉儲和郵政業占2.7%（國家統計局，2008b）。

再從「走出去」方面看，「十五」期間，中國大陸企業「走出去」步伐加快，全方位、寬領域的「走出去」格局逐漸形成。對外投資、承包工程、勞務合作等對外經濟合作業務遍及世界近200個國家和地區，基本形成「亞洲為主，發展非洲，拓展歐美、拉美和南太」的多元化市場格局。對外經濟合作拓展到以工業製造、建築、石油化工、資源開發、交通運輸、水利電力、電子通訊、商業服務、農業等為主，並廣泛涉及國民經濟諸多領域，如環境保護、航太、核能和平利用以及醫療衛生、旅遊餐飲、諮詢服務等（中央政府門戶網站，2006a、b）。2002年至2005年，中國企業對外直接投資淨額（非金融類）累計達179億

美元，年均增長36%，其中，2005年境外併購類投資占同期對外直接投資總額的54.7%，主要集中在電訊、汽車、資源開發等領域；對外承包工程累計完成營業額726億美元，比「九五」時期增長一倍；對外勞務合作累計完成營業額173億美元，比「九五」時期增長近五成；2005年末在外各類勞務人員達56萬人，比「九五」期末增加12.5萬人（中央政府門戶網站，2006a、b）。2006年中國大陸對外直接投資（非金融類）161.30億美元，約占當年全球對外直接投資（12157.89億美元）的1.33%[67]。2007年對外直接投資額（非金融類）187億美元，比上年增長6.2%；全年對外承包工程完成營業額406億美元，比上年增長35.3%；對外勞務合作完成營業額68億美元，增長26.0%（國家統計局，2008b）。

而臺灣經濟體方面，眾所周知，作為新興工業化地區有著現代化的經濟結構，在資金、技術、企業管理水平、市場營銷能力、高新技術產業化與市場化以及技術密集型產品方面具有一定的競爭優勢。

以對外貿易為例，2007年臺灣出口2466.77億美元，約占世界總出口的1.8%，在出口總額排序中居第16位；進口2192.52億美元，約占世界總進口的1.5%，在進口總額排序中居第17位[68]；當前，臺灣出口產品以工業製成品為主，2007年臺灣重化工業產品出口占臺灣總出口的82.8%，非重化工業產品出口占總出口的16.3%，農產品、農產加工品出口分別僅占總出口的0.2%、0.8%；工業製成品出口中又以電子產品、基本金屬及其製品、訊息與通訊產品、機器、紡織品、精密儀器、塑料及其製品、電器產品設備等技術密集型產品為主。按照SCC分類，在勞動密集型出口產品中，高勞動密集度產品占34.5%，中勞動密集度產品占41.4%；在資本密集型出口產品中，高資本密集度產品占58.7%，中資本密集度產品占38%；在技術密集型出口產品中，高技術密集度產品占51.1%，中技術密集度產品占41.3%；在能源密集型出口產品中，高能源密集度產品占25.3%，中能源密集度產品占37.9%（經濟部統計處，2009；CEPD，2008）。當前，臺灣進口產品以農、工業原料與資本貨物為主，2007年臺灣農、工業原料進口占臺灣總進口的76.5%，資本貨物進口占臺灣總進口的16.2%，消費品進口占臺灣總進口的7.3%；按照SCC分類，在勞動密集型進口產品中，高勞動密集度

產品占30.1%，中勞動密集度產品占32.8%；在資本密集型進口產品中，高資本密集度產品占53.5%，中資本密集度產品占38.1%；在技術密集型進口產品中，高技術密集度產品占38.7%，中技術密集度產品占56.0%；在能源密集型進口產品中，高能源密集度產品占37.3%，中能源密集度產品占34.1%（經濟部統計處，2009；CEPD，2008）。

再從對外直接投資方面看，當前臺灣是一個有著淨資本輸出的經濟體系。2006年臺灣對外直接投資約占世界對外直接投資總額的1%[69]。2007年臺灣經濟體對外直接投資總額達到164.40523億美元，吸引外來直接投資153.61173億美元，全年淨資本輸出10.79350億美元（經濟部統計處，2009；CEPD，2008）。此外，眾所周知，在中國大陸服務業不發達的同時，臺灣在財務、會計、金融、法律、電訊等服務業方面具有較大優勢。

臺灣經濟研究院利用顯示性比較利益指標（RCA）對2002年兩岸經濟體各行業產品的出口競爭力進行了揭示和比較（參見表4-1）[70]，其分析結論大致證實了上述判斷。RCA指標計算結果表明，在國際市場上，臺灣的紡織業和電子業有著極強的出口競爭力（RCA指標都在2.5以上），漁產、機器設備和其他製造業具有較高出口競爭力（RCA指標都在1.0以上）；大陸的成衣、紡織品有著極強的出口競爭力（RCA指標分別為4.79、2.75），稻米、漁產、豬肉產品、電子、其他製造、商品買賣具有較高出口競爭力（RCA指標都在1.0以上）。RCA指標同時表明了兩岸之間產品競爭力的相對強弱：臺灣在電子、機器設備、化學及橡塑膠、鋼鐵以及金融、保險、商業和其他服務等方面具有明顯的優於大陸的競爭力；大陸在農礦產品、其他製造業、商品買賣與水上運輸方面較臺灣有明顯的優勢。

綜上所述，可以預期，建立在兩岸現有經濟技術條件基礎上的兩岸經濟制度性合作與一體化，不僅會因貿易轉向效應較小而獲得較高的靜態收益，而且，從長遠來看，兩岸經濟體都可能獲得一定的動態收益。中國大陸可透過兩岸經貿合作實現促進技術進步與提升產業結構的目的，臺灣經濟體可透過兩岸分工、貿易與合作實現提升研發能力與促進經濟結構轉型的目的。

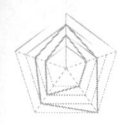

表4-1 顯示性比較利益指數（RCA）

商品	中國	台灣	香港	日本	韓國	新加坡	美國	歐盟
稻米	1.66	0.05	0.00	0.09	0.13	0.02	1.12	0.33
其他穀物	0.86	0.00	0.00	0.00	0.00	0.00	2.61	0.58
蔬果	0.79	0.09	0.00	0.03	0.09	0.09	0.09	0.99
林產	0.32	0.09	0.00	0.03	0.03	0.46	1.44	0.37
漁產	1.59	1.06	0.49	0.13	1.52	0.49	0.46	1.03
牛肉及其他畜產	0.95	0.26	0.04	0.05	0.05	0.10	1.23	0.98
肉產品	1.11	0.52	0.02	0.02	0.39	0.02	1.10	1.38
乳製品	0.05	0.01	0.04	0.02	0.02	0.15	0.19	1.80
其他農作物	0.76	0.29	0.23	0.12	0.35	0.38	0.93	0.82
礦產	0.35	0.01	0.00	0.01	0.01	0.00	0.14	0.32
紡織	2.75	2.73	2.48	0.50	3.02	0.21	0.45	0.89
成衣	4.79	0.69	6.25	0.09	0.17	0.17	0.36	0.65
石油	0.32	0.15	0.00	0.15	1.61	3.63	0.47	0.75
化學及橡塑膠	0.70	0.99	0.27	0.88	0.96	0.68	1.06	1.32
鋼鐵	0.74	0.93	0.09	1.43	1.55	0.18	0.37	1.12
汽車及零件	0.07	0.15	0.01	2.08	1.03	0.05	0.92	1.23
電子	1.14	2.86	0.99	1.91	2.23	4.18	1.17	0.63
機器設備	0.83	1.07	0.59	1.70	0.74	0.70	1.27	1.16
其他製造	1.75	1.06	0.43	0.62	0.91	0.37	0.97	1.05
公用事業	0.22	0.01	0.25	0.04	0.01	0.02	0.22	1.26

續表

商品	中國	台灣	香港	日本	韓國	新加坡	美國	歐盟
營造	0.38	0.45	0.77	2.20	0.05	0.04	0.80	1.30
商品買賣	1.38	0.25	18.81	0.55	0.70	1.85	0.62	1.11
水上運輸	0.74	0.57	0.74	1.21	0.14	0.21	0.58	1.00
其他運輸	0.52	0.51	0.69	0.77	0.52	0.70	1.44	0.94
通訊	0.31	0.38	0.69	0.76	0.97	0.13	1.20	1.11
金融服務	0.07	0.40	0.74	0.58	0.23	0.10	1.94	1.37
保險	0.25	0.39	0.77	0.81	0.77	0.84	0.93	1.30
商業服務	0.11	0.45	0.78	0.27	0.91	2.28	1.13	1.13
其他服務	0.18	0.37	0.48	0.74	0.57	0.33	2.41	0.99

註：所謂RCA指數是指以某國或地區某種產品的全球出口市場占有率與該國或該地區總出口占全球出口市場占有率的比值。$RCA_i = (X_{ij}/\sum_i X_{ij}) / (\sum_j X_{ij}/\sum_i \sum_j X_{ij})$，其中，$X_{ij}$是指j國或地區的i產品的出

口總值，$\sum_j X_{ij}$是指所有國家或地區i產品的出口總值，$\sum_j X_{ij}$是指j國或地區所有產品的出口總值，$\sum_i \sum_j X_{ij}$是指全球所有產品的出口總值。RCA指數值越大，說明j國或地區i產品越具有比較利益，其國際出口競爭能力愈強。資料來源：根據臺灣經濟研究院計算數據整理。參見王紅霞（2003），第209-210頁。

四、經貿政策可協調性條件下的經濟可行性

某種程度與形式的經濟合作與一體化安排需要成員之間彼此開放相應的市場，需要成員之間彼此經貿往來活動具有相對的自由化與便利化程度。理論與實踐表明，一般而言，成功的區域經濟合作與一體化還需要成員在經貿政策方面具備一定的可協調性。合作與一體化區域各成員經濟發展水平差距不大，經濟與貿易政策乃至文化傳統與政治體制也基本相同，從而不僅有利於區域經貿活動往來，而且容易協調成員之間的經貿政策，不會給任何一方造成較大衝擊，進而有助於合作與一體化的啟動與深化發展。

就兩岸經貿政策的可協調性而言，一方面，除了必要的政治共識之外（政治上的可行性將在稍後的第三節詳細探討），海峽兩岸當前在經濟發展水平上的差距和在經貿政策上的差別，顯然對當前兩岸經貿政策的可協調性有著一定的影響；另一方面，市場經濟體制與兩岸文化傳統的共性又為兩岸經貿政策的協調奠定了一個重要的體制基礎與可能性，而WTO下的兩岸經濟體在當前及可預見的將來都以積極主動地姿態參與全球化與一體化進程，以及為此已經採取和將進一步採取的經貿自由化措施，特別是如關於動因與必要性研究部分的第一節所述的在兩岸經貿政策上的不斷放鬆與開放，也將為兩岸經貿政策的協調提供契機。

從現狀上看，眾所周知，臺灣經濟體具有較完善的市場經濟體制，對外經貿體制與政策基本符合WTO要求和國際慣例，對外開放領域及程度都有著較高的水平；經建會編訂的《Taiwan Statistical Data Book 2008》顯示，隨著貿易自由化的推進，臺灣經濟體的關稅總水平、關稅對財政收入的重要性都在逐步下降，2007年臺灣經濟體的關稅收入約為其進口總額的1.1%，而關稅收入僅占稅收總

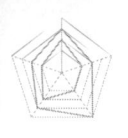

收入的4.7%[71]。

而中國大陸方面也在加入WTO前後的「十五」期間全面履行加入WTO承諾，大幅降低關稅水平，取消非關稅措施，放寬服務業市場進入和外商對華投資限制，修訂大批法律法規，使得對外經貿體制與政策基本符合WTO要求，對外開放向更高層次更廣領域穩步推進。根據有關統計顯示[72]，中國大陸關稅總水平已由加入WTO之前的15.3%降到2005年的9.9%，承諾的降稅義務基本完成；2006年中國大陸經濟體的關稅收入約為進口總額的1.8%，而關稅收入僅占全年稅收收入總額的3.3%。中國大陸還按照承諾，取消了對424個稅號的產品實行進口配額和許可證管理；逐步放開了銀行、保險、證券、分銷等服務業領域的市場進入限制（電信、法律、會計、醫療、教育等服務部門的對外開放也在穩步推進）[73]；大幅修訂了包括《外資法》、《外貿法》在內的2000多個法律法規，國務院先後取消和調整行政審批項目1806項，31個省（區、市）共取消和調整審批項目22000多項，尤其取消了大量內部文件，實行了「陽光政務」，從而逐步形成了符合WTO要求的法律法規體系，推動了市場經濟法律體系的完善，對政府職能的轉變、提高透明度和依法行政也造成了促進作用。此外，「十五」期間，內地與香港、澳門簽署了《關於建立更緊密經貿關係的安排》（CEPA），對原產港澳地區的商品實行零關稅；中國大陸與汶萊、印度尼西亞等東盟6個國家開始實施中國—東盟自由貿易區協定稅率。

綜上可見，在經濟層面上，兩岸經貿政策尤其是對外貿易政策已具有一定程度的可協調性。

五、當前各種經濟合作與一體化形式的經濟可行性

對當前的兩岸經濟體應採取何種程度與形式的合作與一體化安排？學者們有不同看法，主要有自由貿易區和共同市場兩種主張。大陸學者方面，遲福林（2002）認為，兩岸經濟制度性合作與一體化採取自由貿易區模式是比較現實

的選擇，在兩岸四地逐漸建立起一種要素無障礙流動的自由貿易關係，能具體展現「兩岸四地」之間一個國家幾個關稅區的特殊關係和客觀現實，並適應兩岸加入WTO後兩岸四地經貿關係發展的大趨勢。林凌（2002）提出建立多種層次的自由貿易區模式，即內地與港澳可以採取區域接壤地自由貿易區，兩岸四地也可以採取共同市場式自由貿易區，對某些產業實行新加坡—日本投資協議式自由貿易。林媛媛（2003a、b）提出先在廈門、金門建立區域性自由貿易區，然後進一步建立臺灣與閩東南地區自由貿易區，最後形成海峽兩岸自由貿易區。李非（2001，2005）、莊宗明和張啟宇（2005）、黃梅波和鄭瑩（2005）等主張兩岸經濟制度性合作與一體化採取共同市場模式。筆者曾提出先行在兩岸次區域層面建立廈金、廈高等自由經貿區，以開放性兩岸次區域自由經貿區導向兩岸全面性經濟合作與一體化（參見唐永紅，2005b、2006a、2007a）及唐永紅、鄧利娟，2005a、b）。臺灣人士方面，眾所周知，蕭萬長主張建立兩岸共同市場（參見鄧利娟，2001），而高長（2003）主張兩岸成立自由貿易區，高孔廉（2004）主張模仿歐洲聯盟建立兩岸經濟共同體。

筆者認為，應主要根據兩岸經濟體當前的基礎條件和應對內外環境發展情勢的需要來決定當前兩岸經濟制度性合作與一體化的適宜程度與形式。區域經濟合作與一體化理論與實踐表明，從自由貿易區到關稅同盟再到共同市場進而經濟聯盟等各種程度與形式的合作與一體化，相應需要各成員在經濟發展基礎層面與經貿政策可協調性層面具備一定的條件。如上所述，當前的兩岸經濟體已具備進行一定程度與形式的合作與一體化安排所必需的一些基本經濟條件，然而，即便從如上所述的經濟層面看，並非合作與一體化的各種程度與形式都適宜於當前的兩岸經濟狀態。

其一，如上所述，雖然兩岸經濟體當前的關稅收入在財政收入中的重要性已經相差不多，但兩岸經濟體當前的關稅水平尚有較大的差距，關稅工具在當前對兩岸經濟體的重要性還存在比較明顯的差異，特別是兩岸經濟體各行業當前的對外關稅水平尚存在較大差距，因此，為避免共同對外關稅與貿易政策對兩岸經濟體的不對稱性衝擊影響的出現，關稅同盟在當前就不宜作為兩岸經濟制度性合作與一體化的實踐形式。

其二，如上所述，當前兩岸經濟體不僅在基本制度層面存在較大的差異，而且處於不同的發展階段水平上，中國大陸經濟體總體上處於工業化的中期階段，且發展不平衡，部分地區尚處於初期階段，而臺灣經濟體已基本完成工業化，並開始邁向後工業化階段，因此，近期內兩岸經濟體在財政、貨幣、收入分配、區域開發等宏觀政策層面基本上難以統一，經濟聯盟及其之上的合作與一體化程度與形式對兩岸經濟體來說只能是未來的理想目標，而不能作為當前甚至近期的現實選擇[74]。

其三，眾所周知，當前的經濟全球化早已超越貨物貿易自由化階段而進入包括服務貿易自由化、金融全球化、投資自由化、生產要素流動全球化的全方位發展階段，而作為全球化在全球層面的一種多邊組織與實現形式的WTO的管轄範圍也因此超越了貨物貿易自由化而擴展到了服務貿易自由化、與貿易有關的投資措施及知識產權等領域，因此，當前，兩岸經濟體單純在兩岸貨物貿易領域的自由化安排已經不能滿足情勢發展的需要，有必要同時在兩岸貨物貿易自由化、兩岸服務貿易開放、兩岸經貿活動便利化乃至兩岸生產要素流動自由化等方面進行適當程度與形式的合作與一體化安排。

綜上所述，當前，兩岸在經濟相互依存性、經濟市場規模、經濟技術發展水平、經貿政策可協調性等經濟層面，已初步具備進行一定程度與形式的經濟合作與一體化安排以實現預期經濟效應所需的一些基本條件；但是，當前不平衡的兩岸經濟基礎條件決定了兩岸經濟制度性合作與一體化應循序漸進。為順應經濟全球化與WTO多邊貿易自由化發展情勢的需要，當前，如果政治條件許可，並在兩岸經貿關係正常化實現的基礎上，兩岸經濟體宜從內容廣泛的新型自由貿易區形式著手[75]，進而邁向關稅同盟、共同市場、經濟與貨幣聯盟等更為高級的合作與一體化形式。

第二節　兩岸經濟制度性合作與一體化的法律可行性分析

WTO下兩岸經濟制度性合作與一體化安排因兩岸關係的特殊性，不僅要考慮經濟層面的條件與可行性，而且還要從相關的國際法與國內法的角度考慮其法律層面的可行性。近年來，包括筆者在內的一些學者對此問題做了一定的分析與探討。本節在學界現有研究基礎上，對WTO下兩岸經濟制度性合作與一體化的法律性質定位、法律依據與途徑等問題進行進一步的探討[76]。首先，基於WTO的成員資格規定以及兩岸四地在WTO中「一國四席」格局的形成及其形成因素，闡明WTO下兩岸四地及其經貿關係的法律地位，進而闡明WTO下兩岸四地彼此之間進行制度性經濟合作與一體化的法律定位、依據與途徑，以及兩岸四地各自與其他WTO成員方之間進行制度性經濟合作與一體化的法律可行性。

一、兩岸經濟制度性合作與一體化的法律定位與依據：相關爭論

　　眾所周知，由於《馬拉喀什建立世界貿易組織協定》（以下簡稱《WTO協定》）關於WTO成員資格的規定、包含兩岸四地在內的整個中國獨特的歷史發展進程和「一國兩制」的政策取向等因素的綜合作用，兩岸四地在WTO中形成了「一國四席」的格局：中國大陸經濟體以中華人民共和國主權國家的資格、臺灣經濟體以「臺灣、澎湖、金門、馬祖單獨關稅區」（簡稱「中華臺北」）[77]的資格分別於2001年12月11日、2002年1月1日成為WTO的正式成員，而在此前的1995年1月1日，香港（Hong Kong）、澳門（Macao）已分別以單獨關稅區的資格和GATT締約方地位成為了WTO創始成員。

　　儘管如眾所周知的WTO成員間可以援引「WTO一體化例外」規則進行經濟合作與一體化安排，但由於作為一個主權國家內的不同關稅領土的兩岸四地，在WTO中的「一國四席」的特殊法律地位以及在此基礎上進行合作與一體化安排，在國際上均沒有先例可言，因此，加入WTO前後，包括筆者在內的許多學者對WTO下兩岸四地經貿關係的法律定位以及在此基礎上進行合作與一體化安排（或

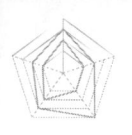

更緊密經貿關係安排）的法律途徑與可行性做了較多探討與爭論（參見曹小衡，2001；曾令良，2003；朱兆敏，2003；曾華群，2003；范宏雲、余雄，2003；王紅霞，2003；周忠菲，2003；唐永紅，2004、2005a、2006b；等等）。歸納起來，代表性的觀點有如下三種。

其一是所謂的「國內經貿關係論」，認為WTO下兩岸四地經貿關係本質上為國內經貿關係，至少在產品和服務市場進入領域，WTO其他成員不能援引最惠國待遇原則，兩岸四地可以據此法律依據與基礎進行更緊密經貿合作（參見朱兆敏，2003）。

其二是所謂的「泛國際化論」，認為WTO這一國際經濟組織下的成員之間的關係是一種國際關係，同為WTO成員的兩岸四地因此具有同等的對外簽訂國際經貿關係條約、參加國際經濟組織的權力，兩岸四地不僅相互間可以而且可以自由地與WTO其他成員進行經濟合作與一體化安排（參見朱兆敏，2003）。

其三是認為WTO下兩岸四地經貿關係，一方面是作為WTO平等成員之間的經貿關係，WTO下兩岸四地經濟合作與一體化安排因此須符合WTO有關規則，並需要援引眾所周知的「WTO一體化例外」規定（參見曾華群，2003；曾令良，2003；唐永紅，2004、2005a）；另一方面又是同一主權國家內部不同關稅區之間的經貿關係，其中，作為非主權國家的單獨關稅區的香港、澳門、臺灣，對外簽訂國際經貿關係條約、參加國際經濟組織必須得到其所屬主權國家（中國）的授權或確認（范宏雲、余雄，2003；王紅霞，2003）。

筆者持第三種觀點（唐永紅，2006b）。下面著重闡明筆者對WTO下兩岸四地經貿關係與合作與一體化的法律定位、法律依據與途徑等問題的基本看法。

二、兩岸經濟制度性合作與一體化的法律定位與依據：基本認識

筆者認為，兩岸四地在WTO中「一國四席」格局的形成及其形成因素，確立了WTO下兩岸四地及其經貿關係的法律地位，進而構成兩岸四地經濟合作與一體化安排的法律前提和基礎，並決定了WTO下兩岸四地制度性經濟合作與一體化的法律定位與依據。

其一，WTO下兩岸四地經貿關係首先是作為WTO平等成員之間的經貿關係，WTO下兩岸四地經濟合作與一體化安排必須遵循WTO的有關規定與要求，並需要援引「WTO一體化例外」規定。

眾所周知，根據GATT1947第26、32、33條的規定，主權國家並不是GATT締約方資格的必要條件；任何經濟體，無論是否是主權國家，只要構成一個關稅區，就可按照一定的條件與程序成為GATT的締約方[78]。WTO沿襲了GATT有關締約方資格的規定。根據《WTO協定》第11、12條（WTO關於成員資格的規定）[79]，WTO成員有創始成員（Original Members）與加入成員（Members by Accession）之分，任何主權國家或單獨關稅區都可按照與WTO議定的條件與程序成為WTO成員。兩岸四地由於眾所周知的獨特歷史發展進程和「一國兩制」的政策取向等因素事實上形成了四個獨立的關稅區，而作為主權國家的中華人民共和國對此也予以了確認。正是這種確認與WTO關於其成員資格的規定，構成了兩岸四地都能成為WTO成員、在WTO中形成「一國四席」格局的法律依據和基礎。

中華人民共和國關於香港、澳門、臺灣作為單獨關稅區的這種確認，既展現為國內法層面上的明確規定，也展現在中國政府與相關外國政府或國際組織在處理港、澳、臺問題的靈活安排與共識上。《中華人民共和國對外貿易法》第69條明確規定「中華人民共和國的單獨關稅區不適用本法。」在1984年簽訂的《中華人民共和國政府和大不列顛及北愛爾蘭聯合王國政府關於香港問題的聯合聲明》（簡稱《中英聯合聲明》）及1987年簽訂的《中華人民共和國政府和葡萄牙共和國政府關於澳門問題的聯合聲明》（簡稱《中葡聯合聲明》）的有關規定基礎上，1990年《中華人民共和國香港特別行政區基本法》第116、151、152條及1993年《中華人民共和國澳門特別行政區基本法》第112、136-138條分別賦予了香港及澳門特別行政區的單獨關稅區地位和以「中國香港」及「中國

澳門」的名義單獨同各國、各地區及有關國際組織保持和發展經濟、文化關係，並簽訂有關協議的權力。1994年中國大陸確定兩岸經貿交流的性質屬於中國主體同其單獨關稅區（臺灣）之間的經貿交流，納入對外經貿管理體系進行管理。事實上，中國大陸在處理其與港、澳、臺的經貿關係方面，除非有單獨的法律法規，通常比照適用國家有關涉外經濟法律、行政法規。

　　1984年簽訂的《中英聯合聲明》第3（6）、（10）條、附件1第6節規定，「香港特別行政區將保持自由港和獨立關稅地區的地位」；「可以『中國香港』的名義單獨地同各國、各地區及有關國際組織保持和發展經濟、文化關係，並簽訂有關協議」；「可參加關稅和貿易總協定」。1990年《中華人民共和國香港特別行政區基本法》第116、151、152條進一步重申和明確了上述規定。1986年4月23日，英國政府聲明並通知GATT總幹事，香港在處理其對外貿易關係和GATT規定的其他事項中具有充分的自主權；根據GATT第26條第5款第3項規定和香港的意願，香港將被視為GATT締約方，自本聲明之日起生效。中國同時發表了相應的聲明，確認了香港的GATT締約方地位。《WTO協定》生效後，根據其第11條規定，香港基於GATT締約方地位，於1995年1月1日成為了WTO的創始成員。1997年7月1日中國對香港恢復行使主權後，香港在WTO中正式更名為「中國香港」（Hong Kong，China）。

　　澳門遵循香港模式成為GATT單獨締約方。根據1987年簽訂的《中葡聯合聲明》第2（7）、附件1第10節規定，「澳門特別行政區可以『中國澳門』的名義單獨同各國、各地區及有關國際組織保持和發展經濟、文化關係，並簽訂有關協定」；「作為自由港和單獨關稅地區」；「繼續參加關稅和貿易總協定」。1993年《中華人民共和國澳門特別行政區基本法》第112、136-138條進一步重申了上述規定。1991年1月，中、葡兩國政府同時向GATT祕書處遞交聲明。葡萄牙政府聲明指出，澳門自1991年1月11日起成為GATT的單獨締約方。中國政府的聲明宣布，自1999年12月20日起，澳門特別行政區可以「中國澳門」的名義繼續作為GATT的單獨締約方。1995年1月1日《WTO協定》生效後，澳門基於GATT締約方地位成為WTO的創始成員。1999年12月20日中國對澳門恢復行使主權後，澳門在WTO中正式更名為「中國澳門」（Macao，China）。

1990年1月1日，臺灣當局以「臺、澎、金、馬」關稅區（簡稱「中華臺北」）名義申請加入GATT。1992年10月，中國大陸與GATT代表理事會達成共識，在大陸先「恢復」GATT席位後，臺灣以「臺、澎、金、馬」單獨關稅區（簡稱「中華臺北」）名義，按GATT1947第33條加入GATT。1993年9月29日GATT理事會透過成立臺灣加入工作小組決議時，首先鄭重引用聯合國第2758號決議，聲明支持「一個中國」的原則，並以「中華臺北」名義通稱臺灣，將其定位為中國的一個單獨關稅區（與香港、澳門一樣）。1995年WTO成立後，按照《WTO協定》第12條規定，並遵循GATT下的共識，在大陸以主權國家身分成為WTO成員後，臺灣以「臺、澎、金、馬單獨關稅區」（簡稱「中華臺北」）的名義加入WTO。在大陸加入WTO之後的2002年1月1日，臺灣成為WTO的正式成員。

　　但是，WTO的各種成員，無論是創始成員還是加入成員，也不管是主權國家還是單獨關稅區，在WTO中的權利與義務方面並無區分，在WTO中的法律地位是平等的。根據《WTO協定》第12條、第14條第2款[80]的規定，一旦成為WTO成員，就必須遵守《WTO協定》及其所附的多邊貿易協定（後者包括《貨物貿易多邊協定》、《服務貿易總協定》、《與貿易有關的知識產權協定》、《關於爭端解決規則與程序的諒解》）。《WTO協定》的「解釋性說明」特別指出，「本協定和多邊貿易協定中使用的『國家』一詞應理解為包括任何WTO單獨關稅區成員」[81]。可見，WTO下同屬一個主權國家的中國大陸、香港、澳門、臺灣相互之間的經貿關係以及兩岸四地同其他成員之間的經貿關係，正如WTO下其他成員之間的經貿關係一樣，是沒有區分的。換言之，WTO下兩岸四地經貿關係是作為WTO平等成員之間的經貿關係，兩岸四地因此具有依據WTO相關規定而進行區域經濟合作與一體化安排的主體地位，這就是兩岸四地經濟體能夠進行合作與一體化安排的法律依據。但是，除非可以援引《WTO協定》第13條（多邊貿易協定在特定成員間的不適用）或修改WTO規則使得「一國多席」情況可適用非歧視原則的例外，WTO下兩岸四地經貿關係與合作與一體化安排必須援引「WTO一體化例外」規定。

　　然而，從現實角度看，兩岸四地難以援引《WTO協定》的互不適用條款[82]。

《WTO協定》第13條第1款規定，任何成員，如在自己成為成員時或在另一成員成為成員時，不同意在彼此之間適用《WTO協定》及其附件1（即《貨物貿易多邊協定》、《服務貿易總協定》、《與貿易有關的知識產權協定》）與附件2（《關於爭端解決規則與程序的諒解》）所列多邊貿易協定，則這些協定在該兩成員之間不適用。但是，第13條第3款同時規定了第1款規定的適用條件，即只有在不同意對另一成員適用的一成員在部長級會議批准關於加入條件的協議之前，已按此通知部長級會議的前提下，第1款的規定方可在該兩成員之間適用。而該成員必須得到WTO部長級會議2／3多數成員的支持，方能加入WTO。兩岸四地各自成為WTO成員時都未向WTO部長級會議提出彼此不適用的要求，也就意味著WTO有關《WTO協定》及所附多邊貿易協定的法律義務對兩岸四地都適用。而在加入WTO後，兩岸四地任何一方要想免除對它方的WTO義務，就必須按照第13條第4款提請WTO部長級會議審議透過。也就是說，兩岸四地必須在得到2／3多數WTO成員支持的情況下才能援用第13條的例外。顯然，在可以預見的將來，這在實踐中是難以辦到的。所以，WTO下兩岸四地援引《WTO協定》第13條以使其間的經貿關係游離於WTO之外的可能性與可行性都極小。同樣地，要在法律上修改WTO現行規則，規定「一國多席」情況可適用非歧視原則的例外，其難度之大也是不言而喻的。

事實上，WTO下的兩岸四地經濟合作與一體化安排也必須遵循WTO的有關規定與要求。根據《中華人民共和國加入議定書》第4條規定，「自加入起，中國應取消與第三國和單獨關稅區之間的、與《WTO協定》不符的所有特殊貿易安排，包括易貨貿易安排，或使其符合《WTO協定》。」[83]WTO對兩岸四地也有著類似的要求。這種要求表明，WTO下兩岸四地經濟體要建立的任何區域經濟合作與一體化安排，包括兩岸四地經濟合作與一體化安排，都必須符合《WTO協定》有關規定，具體而言，就是要遵循眾所周知的WTO關於區域經濟合作與一體化安排的一般規則與要求。

總而言之，WTO下兩岸四地經貿關係首先是作為WTO平等成員之間的經貿關係，「國內經貿關係論」是難以成立的，WTO下兩岸四地經濟合作與一體化安排因此須符合WTO有關規則；由於在實踐中要援引《WTO協定》第13條的互不

適用條款，或者修改WTO規則以使「一國多席」情況可適用非歧視原則的例外的可能性與可行性也都極小，因此，援引「WTO一體化例外」規定，既是WTO下兩岸四地經濟合作與一體化安排的法律依據，也是其現實選擇。

其二，WTO下兩岸四地經貿關係又是同一主權國家內部不同關稅區之間的經貿關係，其中，作為非主權國家的單獨關稅區的香港、澳門、臺灣，對外簽訂國際經貿關係條約、參加國際經濟組織必須得到其所屬主權國家（中國）的授權或確認。

WTO下兩岸四地經貿關係首先是作為WTO平等成員之間的經貿關係，但是，由於兩岸四地作為WTO成員的資格如上所述是不一樣的，因此，兩岸四地經貿關係又有其特殊性，兩岸四地作為國際法主體的身分與權力也是不能等同的。

從WTO成員資格看，《WTO協定》第12條的「國家」與「單獨關稅區」是並列的兩類主體概念。這既表明WTO本身並不是主權國家政府間國際組織，也排除了單獨關稅區等於國家的可能性，從而既賦予了兩岸四地都可以成為WTO成員的法律前提，並使得WTO下兩岸四地經貿關係成為WTO平等成員之間的經貿關係，又不僅不影響兩岸四地隸屬一個主權國家的客觀事實與國際社會普遍承認的「一個中國原則」，而且以「一國四席」這一客觀事實本身明確反映和強化了WTO各成員和國際社會對「一個中國原則」的共識，表明了WTO下兩岸四地經貿關係是作為同一主權國家內部不同關稅區之間的經貿關係，而不是國家間經貿關係。

事實上，兩岸四地在WTO中「一國四席」的法律安排，是在借鑑了以往兩岸四地加入相關國際組織的經驗的基礎上加以發展而作出的安排。目前，同時能夠容納兩岸四地的國際組織，重要的有亞洲開發銀行、國際刑警組織、亞太經濟合作組織及WTO。這些組織一方面是基於章程都允許非主權國家的地區加入，另一方面是經中國政府與這些組織協商，同意香港、澳門、臺灣分別以「中國香港」、「中國澳門」、「中華臺北」的名義並作為中國的一個地區的身分加入。顯然，這種靈活安排本身展現了這些國際組織對「一個中國原則」的認可。進而言之，WTO中「一國四席」的形成並不意味著香港、澳門、臺灣在國際上的法律

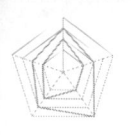

地位得到了改變或提升。事實上，為了防止此類胡亂引申，WTO在其「解釋性說明」中就明確指出，「本協定和多邊貿易協定中使用的『國家』一詞應理解為包括任何WTO單獨關稅區成員。對於WTO單獨關稅區成員，如本協定和多邊貿易協定中的措詞被冠以『國家（的）』一詞，則此措詞應理解為與單獨關稅區有關，除非另有規定。」[84]

此外，WTO中「一國四席」的形成，並不意味著同為WTO成員的兩岸四地因此具有同等的對外簽訂國際經貿關係條約、參加國際經濟組織的權力，也並不意味著香港、澳門、臺灣不僅相互間可以而且可以自由地與WTO其他成員進行經濟合作與一體化安排。因為，從國際法主體身分看，非主權國家實體雖然可以作為國際法主體，但其主體資格與權力是受到嚴格限制的。例如，作為非主權主體的國際組織的權力與權利是成立該組織的成員授予的，不能超出授權的範圍。單獨關稅區通常是一個主權國家的組成部分。由於單獨關稅區不是主權國家，作為有限的國際法主體，它本身沒有締約權，對外簽訂國際經貿關係條約、參加國際經濟組織的資格必須得到其所屬主權國家的授權或確認，並且其行為與活動要受到一定的限制。事實上，GATT 1947第26條第5款（c）在規定單獨關稅區被視為締約方的條件時，就強調該單獨關稅區需要經對其負國際責任的締約方提議並發表聲明證實該單獨關稅區「在其對外貿易關係和本協定中規定的其他事項上」享有完全自主權[85]。正是基於此認識，WTO下的香港、澳門、臺灣並不天然具有獨立的與其他主權國家或單獨關稅區簽訂經濟合作與一體化協議的權利，而需要得到中國政府的授權或確認。事實上，如上所述，關於這一方面，香港、澳門已分別在《中英聯合聲明》及《中華人民共和國香港特別行政區基本法》、《中葡聯合聲明》及《中華人民共和國澳門特別行政區基本法》中得到了中國政府的授權。但由於兩岸政治僵局的障礙，兩岸尚未就此問題進行磋商，中國政府也沒有就此問題發表聲明，臺灣還沒有得到中國政府的授權。所以，當前，臺灣是不能與任何其他WTO成員簽署經濟合作與一體化協議的，除非中國政府確認。與此同時，如果兩岸能達成共識，那麼如前所述，WTO下兩岸經濟制度性合作與一體化是有其法律可行性的。

綜上可見，WTO下兩岸四地經貿關係既是作為WTO平等成員之間的經貿關

係,同時又是同一主權國家內部不同關稅區之間的經貿關係;從國際法與國內法的角度看,所謂「國內經貿關係論」與「泛國際化論」都是難以成立的。WTO下兩岸四地制度性經濟合作與一體化,本質上是同一主權國家內部不同關稅區作為WTO平等成員之間的經濟合作與一體化安排。WTO下兩岸四地之間可以進行經濟合作與一體化安排,但須符合WTO有關規則。援引「WTO一體化例外」規定,既是WTO下兩岸四地經濟合作與一體化安排的法律依據,也是其現實選擇。

第三節　兩岸經濟制度性合作與一體化的政治可行性分析

經濟合作與一體化不僅是建立在經濟條件基礎之上的,而且需要政治共識與意願的推動。本節主要從當前兩岸的政治意願與共識層面,探討當前兩岸經濟制度性合作與一體化的政治可行性問題,揭示在當前兩岸政治關係下兩岸經濟制度性合作與一體化所面臨的困境與約束。

一、兩岸政治意願與共識下的可行性

首先,如關於區域一體化的條件與可行性理論所闡明的,區域合作與一體化的產生首先需要區域內部結構關係具有足夠的向心力。這種向心力既可源於區域內部存在的具有強烈吸引與擴散作用的某種政治、經濟、文化中心,也可源於區域內部各方之間由於政治、經濟、文化、歷史、地域等原因在頻繁互動基礎上產生的強烈而且基本對稱的相互依賴與相互需要,這種頻繁的互動、強烈而且基本對稱的相互依賴與需要是對區域外的互動、依賴與需要所不能比擬和替代的,並且以彼此勢力均衡的印象消除了各方對合作與一體化下可能出現依附甚至吞併的擔心。

以此觀之,兩岸經濟制度性合作與一體化在當前尚欠缺足夠的向心力。如上

一部分研究指出的，雖然經過近30年的改革開放發展，當前的中國大陸已經成為並將在可預見的將來繼續成為亞太經濟乃至世界經濟的一個增長極，而且當前兩岸經濟體間也已形成一定程度的相互依存性與功能性合作與一體化態勢，但是，主要由於臺灣當局的大陸經貿政策長期以來的壓製作用等因素，當前兩岸經濟總體層面上的相互依賴程度還比較低，並且呈現了不對稱依賴特徵：臺灣經濟體對兩岸經貿往來的依賴程度明顯高於大陸經濟體。兩岸經濟關係發展中的這種相互依存格局特別是不對稱性特徵的存在，一方面表明兩岸經濟體在交流與合作方面有著進一步提升的空間，特別是一旦實現兩岸經濟關係正常化，兩岸經濟相互依存的程度與不對稱特徵都有望得到較大改善；但另一方面也可能使得臺灣當局在兩岸經貿往來與兩岸政治經濟關係中具有較高的敏感性與脆弱性。儘管臺灣經濟體及其民眾在不斷發展與日益密切的兩岸經濟交流合作中獲益非淺，但是，在兩岸政治互信與共識缺乏的條件下，臺灣當局不免會擔心兩岸經濟的不對稱性相互依存可能會帶給臺灣以較高的經濟風險，更會擔心由此影響其在兩岸政治關係博弈中的力量。這種擔心顯然會影響到臺灣當局對進一步發展兩岸經貿交流與合作的態度。

其次，如關於區域一體化的條件與可行性理論所闡明的，區域合作與一體化的產生還需要區域內部各方具有改變現有關係狀態的強烈願望與共同認知。這種願望與認知既是基於歷史的經驗與教訓，也是出於對現實外部環境威脅的共同認知，更是出於獲取未來共同收益的強烈期望。

當前，中國大陸雖然在經濟層面沒有對臺灣經濟體形成不可或缺的依賴，但促進國家統一的願望與認知在歷史的經驗與教訓以及現實外部環境的威脅中由來已久並不斷強化，希望透過兩岸經濟交流、合作與一體化促進兩岸和平統一進程。臺灣社會的絕大多數民眾與「泛藍」陣營甚至部分「泛綠」人士，在世界經濟格局的變動中，特別是在源於兩岸交流合作的獲益的不斷增進中，也越來越深刻地體認到兩岸經濟交流、合作與一體化的意義與必要性[86]。然而，主導臺灣對大陸經貿政策的臺灣民進黨當局，卻因其「臺獨」圖謀而置絕大多數民眾的意願和臺灣的根本利益於不顧，認為兩岸經濟交流、合作與一體化的發展會有礙於其「臺獨」圖謀的實現，並拒絕「一國兩制」框架安排，主張以「對等的政治實

體」及「國家」身分來處理兩岸經貿問題。因此,當時,兩岸在對兩岸政治關係的現實與發展方向以及兩岸經濟制度性合作與一體化的政治效應的期望與認知方面沒有交集,特別是臺灣的民進黨當局缺乏以合作與一體化方式強化兩岸經貿關係的意願。但是,2008年以來的臺灣局勢與兩岸關係發展態勢的演變以及全球金融危機的衝擊與影響,顯然賦予臺灣新當局推動兩岸經濟制度性合作與一體化以強烈願望。一方面,主張兩岸交流合作與和平發展的「泛藍」陣營,繼「縣市長」、「立法委員」選舉大勝後又重新奪回執政權,這一事實本身就表明臺灣同胞求和平、安定與發展的意願日益增強,兩岸和平發展應成為現階段兩岸關係發展的趨勢與主題。另一方面,對期望繼續執政並面臨著連任壓力的臺灣新當局而言,推動兩岸關係和平發展與兩岸經濟關係的進一步發展也是其必然的選擇:一是因為臺灣主流民意要求改善和發展兩岸關係;二是因為臺灣經濟越來越離不開大陸,實現全面直接「三通」、推進兩岸經濟關係正常化以及合作與一體化發展是臺灣經濟發展的內在要求。

最後,如關於區域一體化的條件與可行性理論所闡明的,區域合作與一體化的產生與深化發展還需要區域內部各方之間主要價值上的相互適應性(相容性)以及在此基礎上的行為上的相互可預測性。區域內部各方之間在主要價值上的相互適應性或相容性,是合作與一體化(共同體)意識的基礎與部分,對合作與一體化的產生和發展具有至關重要的影響。在此基礎上的行為上的相互可預測性,則消除了有礙於合作與一體化的敵對心態或互不信任,使得即使在合作與一體化的相對收益有利於對方的情況下,合作與一體化特別是經濟層面的合作與一體化也可能在絕對獲益中得到啟動並維持。

以此觀之,至今,兩岸經濟制度性合作與一體化在兩岸政治層面顯然尚缺乏這種政治共識與互信基礎。眾所周知,在民進黨當局時期,兩岸政治層面對兩岸政治關係的現實與發展方向有著南轅北轍的定位,在對發展兩岸經貿關係的價值判斷上以及在對兩岸經濟制度性合作與一體化的政治效應的評判等方面也缺乏基本的政治共識。即便在國民黨新當局的現階段,料也難以形成啟動兩岸經濟制度性合作與一體化的政治共識(已經在野的「泛綠」陣營的強烈反對自不待言)。這是因為兩岸雙方至今仍然沒有形成「兩岸同屬一個主權國家」的基本共識,更

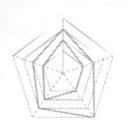

不用說「兩岸同屬一個中國」國家主權架構。這充分展現在馬英九的就職演說關於兩岸關係的主張中（馬英九，2008）。

馬英九就職演說不僅宣誓「將以最符合臺灣主流民意的『不統、不獨、不武』的理念，在『中華民國憲法』架構下」，維持臺灣海峽分治現狀，而且更以他單方面定義的所謂「一中各表」的「九二共識」[87]，呼籲「兩岸不論在臺灣海峽或國際社會，都應該和解休兵」，表明他的頭腦中不僅拒絕兩岸統一，而且並未承認「兩岸同屬一個主權國家」。由此可見，馬英九呼籲擱置爭議，先行推進兩岸經貿往來與文化交流全面正常化的真正用心，純粹是出於振興臺灣的動機與目的，無外乎是要大陸不講原則與條件地對其經濟發展提供支持，配合其振興經濟。這與大陸希望在「一個中國」的原則與前提下透過緊密的交流合作達成國家統一的動機是有著本質的區別的。因此，新情勢下大陸不宜對馬英九抱有不切實際的期待，還得將兩岸關係發展的主導權牢牢掌控在自己手中。

此外，在缺乏基本的政治共識的基礎上，並由於歷史上的長期隔絕與至今的軍事對峙，兩岸在制度性合作與一體化等行為活動方面尚缺乏足夠的政治互信基礎。

然而從兩岸社會文化層面看，雖然兩岸的政治對立與鴻溝會阻礙兩岸經濟制度性合作與一體化的啟動，但兩岸同祖同宗的地緣與血緣關係、「血濃於水」的民族情結與傳統文化以及統一願望，將對兩岸經濟制度性合作與一體化的生成造成重要的「膠合」作用。這也是在兩岸政治僵持下的兩岸經貿關係仍能得到持續發展的一個重要因素。

二、兩岸政治關係僵局下的困境與約束

儘管如前所述，兩岸經濟制度性合作與一體化是兩岸經濟體自身發展的必然與要求，並初步具有一定的經濟條件，WTO在多邊層面上也為其提供了法律依據與平臺，兩岸經濟體可以在遵守WTO關於合作與一體化的例外規定基礎上實行某

種程度與形式的合作與一體化安排，但是，WTO下兩岸經濟交流、合作與一體化一方面要遵循WTO多邊貿易體制的有關規範，另一方面如上所述也依然受制於兩岸政治關係。事實上，兩岸經濟交流與合作方式向來受到兩岸政治關係的約束。近年來，由於臺灣民進黨當局拒絕承認「一中原則」，堅持「臺獨」分裂立場，更使得這一約束極為突出。

一是在兩岸缺乏基本的政治共識與互信、經濟問題被高度政治化的背景下，WTO為兩岸經濟制度性合作與一體化所提供的良好平台難以得到應有的尊重和應用。

臺灣民進黨當局一方面擔心兩岸過於緊密的交流交往和經貿關係可能危及其所謂的「政治安全」，不利於其「臺獨」目的，因而儘量阻止或拖延兩岸經貿關係正常化進程；另一方面則不顧在WTO內的兩岸關係僅是中國大陸主體與臺灣單獨關稅區因同為WTO成員而形成的平等經貿主體之間的關係的事實，極力企圖借助WTO這一經濟平台來顯示所謂的兩岸「主權對等」，把兩岸在WTO中的平等經貿主體地位和關係上升為國際社會的「平等政治實體」地位和關係，並把兩岸政治關係問題國際化。

例如，臺灣方面的一些人士經常有意無意地完全照搬國際區域合作與一體化模式來論述、設計、規劃兩岸經濟制度性合作與一體化，將兩岸合作與一體化問題與國際區域合作與一體化相提並論，意圖藉機把兩岸政治關係定位為一種「國家間關係」，以規避「一個中國」原則，從而為臺灣爭取「國際生存空間」。又如，在內地與港澳簽訂《更緊密經貿關係安排》後不久，國務院臺灣事務辦公室就表示，中國大陸方面願意就兩岸建立「更緊密經貿關係」聽取臺灣各界的意見；商務部原副部長安民表示，非常願意以適當方式與臺灣有關方面就建立兩岸「更緊密經貿關係安排」問題展開探討和磋商。但是，臺灣民進黨當局立即以不對等為由，拒絕與中國大陸商簽這類安排。而大陸對任何違反「兩岸一中」的做法顯然都是不可能同意的。

由此可見，兩岸間的經濟問題明顯被政治化了，雖然兩岸經濟制度性合作與一體化在經濟方面有著強烈的內在動力與外在壓力以及初步的經濟條件，但卻缺

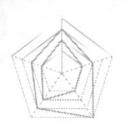

乏起碼的政治共識與互信基礎，因而現有的WTO平台無法得到適當應用，即便一些有效的民間對民間的協商方式也不能實現。新情勢下，如果臺灣新當局在謀求兩岸經濟制度性合作與一體化與拓展國際經濟空間的活動中，仍然不能接受兩岸同屬一個國家的原則與前提，仍然不能正確認知臺灣的單獨關稅區身分與角色，而仍然堅持所謂的「對等的主權國家」企圖，那麼兩岸經濟制度性合作與一體化進程仍將面臨兩岸政治關係僵局的瓶頸約束。

二是現階段兩岸經濟的交流方式構成兩岸經濟制度性合作與一體化的另一個制約因素。

眾所周知，一定的經濟合作與一體化方式有賴於一定的經濟交流方式，某種程度與形式的經濟合作與一體化安排需要成員方彼此開放相應的市場，實現雙方商品與要素的相應流動，以及彼此經貿往來活動一定程度上的自由化與便利化。由此觀之，現階段兩岸經濟的交流方式顯然是構成兩岸經濟制度性合作與一體化的另一個制約因素。如前所述，長期以來的兩岸政治關係僵局阻礙了兩岸經貿關係的正常化，扭曲著兩岸經濟交流方式，使其處於局部、間接、單向的不對稱狀態和高度受限階段，遠未達到制度性經濟合作與一體化所要求的起碼狀態——經濟關係正常化，從而從經濟交流方式層面制約著當前兩岸經濟的制度性合作與一體化。

綜上可見，從當前兩岸的政治意願層面看，在對兩岸政治關係的現實的認知與發展方向定位、對發展兩岸經貿關係與兩岸經濟制度性合作與一體化的政治效應的價值評判等方面缺乏基本的政治共識，在對對方的行為活動與政策主張方面尚缺乏足夠的政治互信，加上當前兩岸經濟體在相互依存性方面的不足與侷限，兩岸經濟制度性合作與一體化在當前尚欠缺足夠的向心力和政治共識前提。在兩岸缺乏基本的政治共識與互信、經濟問題被高度政治化的背景下，WTO為兩岸經濟制度性合作與一體化所提供的良好平台難以得到應有的尊重和應用；長期以來的兩岸政治關係僵局還阻礙了兩岸經貿關係的正常化，扭曲著兩岸經濟交流方式，制約著當前兩岸經濟的制度性合作與一體化。

第四節　本章小結

　　本章主要借鑑區域一體化的條件與可行性理論，分別從當前兩岸經濟制度性合作與一體化的經濟條件角度、相關國際法與國內法的角度、當前兩岸的政治意願與共識層面，探討了當前兩岸經濟制度性合作與一體化在經濟、法律、政治層面的可行性問題，特別是闡明了WTO下兩岸經濟制度性合作與一體化的法律性質定位、法律依據與法律途徑等問題。主要結論如下：

　　從經濟合作與一體化所需的經濟條件看，兩岸當前在經濟相互依存性、經濟市場規模、經濟技術發展水平、經貿政策可協調性等經濟層面，已初步具備進行一定程度與形式的經濟合作與一體化安排以實現預期經濟效應所需的一些基本條件；但在當前不平衡的兩岸經濟基礎條件的約束下，兩岸經濟制度性合作與一體化，應依循序漸進原則進行。為順應經濟全球化與WTO多邊貿易自由化發展情勢的需要，當前兩岸經濟體宜從包括兩岸貨物貿易自由化、兩岸服務貿易開放、兩岸經貿活動便利化乃至兩岸生產要素流動自由化等方面的內容廣泛的新型自由貿易區形式著手，進而邁向關稅同盟、共同市場、經濟與貨幣聯盟等更為高級的合作與一體化形式。

　　從國際法與國內法的角度看，WTO下兩岸經貿關係既是作為WTO平等成員之間的經貿關係，同時又是同一主權國家內部不同關稅區之間的經貿關係；所謂「國內經貿關係論」與「泛國際化論」都是難以成立的；WTO下兩岸經濟制度性合作與一體化，本質上是同一主權國家內部不同關稅區作為WTO平等成員之間的經濟合作與一體化安排，或者說是同為WTO成員的中國國家主體與其單獨關稅區之間的合作與一體化安排。WTO下兩岸之間可以進行經濟合作與一體化安排，但須符合WTO有關規則；援引WTO的「一體化例外」規定，既是WTO下兩岸經濟制度性合作與一體化安排的法律依據，也是其現實選擇。

　　從當前兩岸的政治意願與共識層面看，在對兩岸政治關係的現實認知與發展方向定位、對發展兩岸經貿關係與兩岸經濟制度性合作與一體化的政治效應的價值評判等方面缺乏基本的政治共識，在對對方的行為活動與政策主張方面尚缺乏

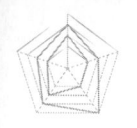

起碼的政治互信,加上當前兩岸經濟體在相互依存性方面的不足與侷限,兩岸經濟制度性合作與一體化在當前尚欠缺足夠的向心力和政治共識前提;另一方面,長期以來的兩岸政治關係僵局還阻礙了兩岸經貿關係的正常化,扭曲著兩岸經濟交流方式,制約著當前兩岸經濟的制度性合作與一體化。

綜而言之,雖然當前兩岸經濟體都有著實現制度性合作與一體化的內在動力與外在壓力,並初步具備進行一定程度與形式的經濟合作與一體化安排以實現預期經濟效應所需的一些基本經濟條件,WTO也為其提供了法律依據、空間與平台,但是,當前兩岸政治關係僵局構成了兩岸經濟制度性合作與一體化的一個瓶頸,迫切需要尋求突破,需要探索能為兩岸同時接受的、既符合WTO規範又能超越兩岸政治關係約束的兩岸經濟交流與合作形式,特別是能促進兩岸制度性合作與一體化進程的新形式與新途徑。

第五章　兩岸經濟制度性合作與一體化的動力及路徑研究

　　誠如區域一體化理論與實踐所表明的，區域合作與一體化是一個艱難的漸進過程。而兩岸關係的複雜性必將對兩岸經濟制度性合作與一體化的路徑與前景打上深深的烙印。本章借鑑關於區域一體化的動力與路徑的理論，探討兩岸經濟制度性合作與一體化的路徑與前景問題。第一節主要基於兩岸各自內部利益主體之間以及兩岸政治層面的互動關係，闡明兩岸經濟制度性合作與一體化的動力系統的構成及其運作問題；在此基礎上，第二節綜合此前關於當前兩岸經濟制度性合作與一體化的動因與必要性、條件與可行性的研究結論，進一步探討在兩岸政治經濟關係與WTO多邊貿易體制規則約束下的兩岸經濟制度性合作與一體化的實現路徑問題。第三節進一步對兩岸經濟制度性合作與一體化的發展路徑與前景進行展望；最後，在第四節對本章的研究做簡要總結。

第一節　兩岸經濟制度性合作與一體化的動力系統考察

　　區域一體化的動力與路徑理論指出，區域中的社會行為體、國家行為體、超國家行為體三個方面相互聯繫、相互作用不僅構成了區域合作與一體化的動力系統，而且正是這三方面力量的合力決定著合作與一體化實現與發展的現實路徑。借此思路與框架，可以闡明兩岸經濟制度性合作與一體化的動力系統的構成及其運作問題。

一、兩岸經濟制度性合作與一體化動力系統的構成

　　理論與實踐表明，區域合作與一體化的根本動因與目的在於實現包括經濟、安全、價值三方面內容的國家利益最大化，而國家利益代表的是國內競爭中獲勝的優勢集團的利益，是國內的各種利益主體之間的競爭與遊說的結果，而且，植根於國際國內環境所提供的機會與制約中的國家利益的實現，有賴於國內各種利益主體特別是國家領導集團的認識與判斷以及在此基礎上的相應行動：各國政府在國家利益的驅動和國際政策外部性的壓力下，在國際層面上透過國家間談判直接決定一體化問題；追求自身利益的社會行為體（例如跨國利益集團）雖然一般不能直接參與國際談判，但會在國內政治結構層面上透過遊說與影響政府，從而間接對國家間談判的結果、一體化的規則與進程等方面的內容產生影響。因此，區域合作與一體化既是國家間利益博弈的結果，又是國內利益主體間博弈的結果；國家政府與國內社會行為體乃是決定區域合作與一體化啟動與發展進程的主要行為體。此外，在合作與一體化過程中形成的超國家行為體，因其在有關區域整體的訊息以及合作與一體化觀念方面通常比各成員具有優勢，並在一定程度上可以代表合作與一體化區域的共同利益，能夠超越各成員僅關注自身利益的侷限性，協調成員之間的利益衝突，找到解決問題和促進合作與一體化深化發展的方法，並有助於增強國家間承諾的可信性以及合作與一體化制度安排的權威性，從而成為合作與一體化發展進程的重要推動者與催化劑。實踐中，區域中的上述社會行為體、國家行為體、超國家行為體三個方面相互聯繫、相互作用不僅構成了區域合作與一體化的動力系統，而且正是這三方面力量的合力決定著合作與一體化實現與發展的現實路徑。

　　WTO下兩岸經濟制度性合作與一體化，雖然本質上是同一主權國家內部不同關稅區作為WTO平等成員之間的經濟合作與一體化安排，換言之，是同為WTO成員的中國國家主體與其單獨關稅區之間的合作與一體化安排，而不是通常意義中的國家之間的經濟合作與一體化安排，但是，鑒於作為WTO成員的兩岸經濟體是相對獨立的經濟體系，各自擁有其WTO框架下的對外經貿政策自主權，因此，可

以借鑑上述分析區域合作與一體化動力系統及其運作的思路與框架,來分析兩岸經濟制度性合作與一體化的類似問題。

就兩岸經濟制度性合作與一體化動力系統的構成而言,顯然,在兩岸經濟制度性合作與一體化啟動之前,兩岸高層、政治團體以及包括兩岸民眾與企業特別是跨境民眾與企業等在內的兩岸內部社會行為體,無疑是決定兩岸經濟制度性合作與一體化是否啟動與如何發展的主要行為體。更明確地說,兩岸高層是依據兩岸自身利益最大化原則決定兩岸經濟制度性合作與一體化是否啟動與如何發展的宏觀行為主體[88];包括兩岸政治團體、兩岸民眾與企業特別是跨境民眾與企業等在內的兩岸內部社會行為體,則是作為兩岸經濟制度性合作與一體化的微觀行為主體,本著追求自身利益最大化的目的,在兩岸各自的內部政治結構層面上透過遊說兩岸高層以影響其判斷、意願與決心,從而間接對兩岸高層的談判結果、合作與一體化的規則與進程等方面的內容產生影響。此外,一旦兩岸之間建立了雙邊制度安排和負責兩岸經濟制度性合作與一體化問題的專門組織機構,兩岸經濟制度性合作與一體化的發展無疑還會一定程度地受到這種雙邊制度安排和專門組織機構的意願與行為的影響。

二、兩岸經濟制度性合作與一體化動力系統的運作

兩岸經濟制度性合作與一體化的上述三個方面的動力因素在實踐中呈現一定的互動關係,並以其合力作用方式決定著兩岸經濟制度性合作與一體化實現與發展的現實路徑。這可以從兩岸各自的內部政治過程與兩岸高層的政治互動過程角度加以考察。

從兩岸各自的內部政治過程角度看,兩岸經濟制度性合作與一體化是兩岸各自內部利益主體間博弈的結果。通常而言,在微觀層面上的以自利和規避風險為行動準則的各社會行為體,因其內在條件的不同會面臨不同的機會與威脅,對合作與一體化有著不同的甚至相反的態度與偏好。兩岸競爭力較強的企業與流動能

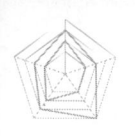

力較強的民眾會希望和歡迎兩岸經濟制度性合作與一體化，而競爭力較弱的企業與流動能力較弱的民眾則主要希望執政者提供保護和扶植，可能對合作與一體化持消極與反對態度。兩岸的不同的政治團體也因其不同的政治理念而可能對兩岸經濟制度性合作與一體化持不同甚至相反的態度。它們的這種不同的態度與偏好會淋漓盡致地展現在遊說執政者的內部政治過程中，即各社會行為體會竭力使自身的利益與偏好上升成為公共的利益與偏好，使執政者在關於合作與一體化的兩岸談判中採取有利於自己的態度與行動，從而間接使得合作與一體化的規則與進程等方面的安排有利於自身的利益最大化。在這一過程中，代表公共利益的執政者顯然是內部各種力量的平衡者，執政者在關於合作與一體化的談判中的態度與行動以及談判達成的有關規則與進程安排，首先就是在與執政者互動中的內部各種力量相互競爭與妥協的產物。因此，從內部政治過程看，兩岸經濟制度性合作與一體化必將是在內部贊成力量與反對力量的較量與妥協中、在與各種社會力量有著互動關係的執政者的平衡下逐步進行的。實踐中，只有在執政者認識到贊成力量比反對力量強大，或者執政者保證反對力量能夠得到利益上的補償的情況下，合作與一體化才能啟動或向前發展。事實上，近20多年來兩岸經貿關係發展演變的歷史表明，儘管海峽兩岸存在著政治和外交方面的緊張以及長期根深蒂固的猜疑與不信任，政策和經貿活動之間也仍然有著一種互動關係：一方面臺灣的大陸經貿政策服從其政治鬥爭需要被高度政治化，使得兩岸經貿關係一直在兩岸政治對抗中被抑制發展，並不斷被撕裂；另一方面，作為根本驅動力的經濟因素與市場力量，不斷促使雙方不得不調整有關政策，放鬆管制，以容忍所出現的經濟關係，並為其進一步發展提供機會。

　　從兩岸的政治互動過程角度看，兩岸經濟制度性合作與一體化是兩岸間利益博弈的結果。通常說來，在全球化與相互依賴的現實世界中，兩岸大體上也可謂是理性的、自利的行為體，面對內部社會行為體的利益訴求與外部環境的制約，兩岸會採取最適宜的方式來實現其目標。當兩岸認識到採取合作行動比單邊行動更能實現包括執政者自身利益的公共利益（包括經濟、安全、價值三方面內容的綜合利益）時，就會選擇透過兩岸談判進行兩岸合作。上述兩岸各自內部利益主體間競爭形成的公共利益與偏好限定了達成潛在可行協議的空間，基於不對稱的

相互依賴而形成的兩岸間談判相對實力則決定了最終的談判結果（利益分配）。因此，從兩岸的政治互動過程看，兩岸經濟制度性合作與一體化又可以說是兩岸理性選擇和相互交易的結果。即便兩岸之間如上所述建立了雙邊制度安排或組織機構來執行所達成的協議，以增強兩岸間承諾的可信性，但是，雙邊制度安排或組織機構雖然可在兩岸合作與一體化中發揮一定作用，但對合作與一體化談判的最終結果的影響是有限的。事實上，從過去到現在的合作與一體化都主要是一種政府間機制，執政者仍然是合作與一體化活動中的主角，自身利益而非一體化共同利益是成員的首要考慮，自主自願的區域合作與一體化只有在各成員看來是符合自身利益的條件下才能獲得推動。兩岸經濟制度性合作與一體化的啟動與發展進程也必將如此。

綜上可見，兩岸高層以及包括兩岸政治團體、兩岸民眾與企業在內的兩岸內部社會行為體乃是兩岸經濟制度性合作與一體化動力系統中的兩種主要力量，合作與一體化中兩岸之間建立的雙邊制度安排或組織機構也將是合作與一體化進程的一個影響因素。實踐中，這三方面力量有著一定的互動關係。兩岸經濟制度性合作與一體化的啟動與發展正是在兩岸政治層面主導與控制下的上述三方面力量的合力作用決定的。從兩岸各自的內部政治過程角度看，兩岸經濟制度性合作與一體化是兩岸各自內部利益主體間博弈的結果，必將是在內部贊成力量與反對力量的較量與妥協中、在與各種社會力量有著互動關係的執政者的平衡下逐步進行的。只有在執政者認識到贊成力量比反對力量強大，或者執政者保證反對力量能夠得到利益上的補償的情況下，合作與一體化才能啟動或向前發展。從兩岸的政治互動過程角度看，兩岸經濟制度性合作與一體化又是兩岸之間利益博弈的結果，是兩岸理性選擇和相互交易的結果。自主自願的兩岸經濟制度性合作與一體化只有在兩岸看來是符合自身利益的條件下才能獲得推動。

就當前兩岸的政治經濟互動格局而言，正如關於條件與可行性研究表明的，雖然當前兩岸經濟體都有著實現制度性合作與一體化的內在動力與外在壓力，並初步具備進行一定程度與形式的經濟合作與一體化安排以實現預期經濟效應所需的一些基本經濟條件，WTO也為其提供了法律依據、空間與平台，但是，當前兩岸政治關係僵局構成了兩岸經濟制度性合作與一體化的一個瓶頸，迫切需要尋求

突破，需要探索能為兩岸同時接受的、既符合WTO規範又能超越兩岸政治關係約束的兩岸經濟交流與合作形式，特別是能促進制度性合作與一體化進程的新形式與新途徑。

第二節　兩岸經濟制度性合作與一體化的實現路徑探討

上節主要基於兩岸各自內部利益主體之間以及兩岸政治層面的互動關係，闡明了兩岸經濟制度性合作與一體化的動力系統的構成及其運作問題；在此基礎上，本節綜合此前關於當前兩岸經濟制度性合作與一體化的動因與必要性、條件與可行性的研究結論，探討在當前兩岸政治經濟關係與WTO多邊貿易體制規則約束下的兩岸經濟制度性合作與一體化的實現路徑問題。

一、兩岸經濟制度性合作與一體化宜先行區域試點

事實上，近年來，包括筆者在內的一些學者在探討當前兩岸經濟制度性合作與倡議建立「兩岸共同市場」或「兩岸自由貿易區」的一體化安排時已注意到這一問題，並提出了一些初步的想法和建議。例如，林媛媛（2003b）指出，構建海峽兩岸自由貿易區的目標模式應是在淡化政治的前提下，分步驟、有重點地一步一步向前推進；爭取在兩岸在試點直航和金馬直航的基礎上，實現兩岸特定區域之間全面、直接、雙向的經濟交流，在條件成熟時，透過簽訂促進區域經濟合作的臨時協議做出貿易優惠安排，為自由貿易區過渡期創造條件；可嘗試先在廈門、金門建立區域性自由貿易區，然後進一步建立臺灣與閩東南地區自由貿易區，最後形成海峽兩岸自由貿易區。黃紹臻（2005）也提出，根據目前的情況，兩岸暫時還無法簽訂「更緊密經貿關係安排」，可以考慮局部突破，待條件成熟時再考慮「更緊密經貿關係安排」；可以採用「點、線、面」結合的方式，

在目前存在的臺商投資區、保稅區、經濟特區、出口加工區的基礎上，建立帶有「自由港」性質的自由貿易區，並與臺灣的加工出口區、科學園區等進行對接，賦予更加多樣、更加靈活、更加實用的功能；透過不斷擴大業務和地域範圍，加強試點的作用，在兩岸交流與合作條件成熟時，透過中國大陸與臺灣商談單獨關稅區之間的「更緊密經貿關係安排」。李非（2005）認為，從地域關係、人文關係、經濟條件、政策優勢看，海峽西岸經濟區應是「兩岸共同市場」的首推試行區域，在條件成熟時逐步擴大到其他區域。莊宗明、張啟宇（2005）也基於類似的理由提出以「閩臺共同市場」為「兩岸共同市場」試驗區的一種設想。彭莉（2005）則從國際經貿規則角度探討了建立海峽兩岸次級自由貿易區的法律問題，認為構建海峽兩岸次級自由貿易區與世貿組織實現貿易全面和高度自由化的宗旨是相吻合的，是兩岸特殊政經情勢下成立全方位的海峽兩岸自由貿易區的特殊要求，具有限時性、示範性等法律性質。近年來，筆者則曾先後從不同角度撰文探討了這一問題（參見唐永紅，2005b、2005c、2006a、2007a；唐永紅、鄧利娟，2005a、b；趙玉榕、唐永紅，2005），認為借鑑近年國際上次區域經濟合作的成功經驗，先行在兩岸次區域層面共建開放性的廈一金、廈一高等跨關境自由經貿區，應是當前兩岸經濟制度性合作與一體化的一個現實路徑。之所以提出兩岸制度性合作與一體化宜先行區域試點，是基於以下之考慮。

（一）兩岸經濟制度性合作與一體化自身條件限制的需要

如前所述，近30年來的兩岸交流合作，是在有限制的經貿政策環境空間的約束下，由市場機制主導進行的，呈現出單向、間接、民間的狀態，不僅本身未能實現其可能的發展規模，而且遠未充分發揮其對兩岸政治經濟關係發展的促進作用；當前，兩岸經濟體在基於互補性的交流交往中呈現了競爭性態勢，在相互依存性的發展中呈現了不對稱性特徵，需要制度性的協調與合作；而另一方面，同為WTO成員的兩岸經濟體又都面臨著如何在WTO約束下進一步增強交流合作，如何在經濟全球化與區域一體化深化發展中進一步謀求各自最大化利益，增強國際競爭力，防止邊緣化，並有效應對不確定性與風險的問題。因此，變革與創新兩岸交流合作方式，進一步破除交流合作的障礙與壁壘，增強交流合作，成為當前兩岸經濟體進一步參與全球化進程和實現再發展的客觀要求。一個可以選擇的

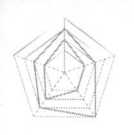

方式就是兩岸經濟體在遵守WTO關於一體化的例外規定基礎上實行某種程度及形式的制度性合作與一體化安排。

雖然，隨著參與全球化進程的深化以及兩岸民間交流合作的發展，當前兩岸都有著實現制度性經濟合作與一體化的內在動力與外在壓力，而且新情勢下兩岸關係正在邁向和平發展的軌道，兩岸交流合作與和平發展正在成為兩岸關係的趨勢與主題，但與此同時，兩岸不同的社會經濟發展水平、不同的社會政治制度與社會意識形態、並不完全相似的社會文化、觀念與思維方式，以及兩岸政治關係上的結構性矛盾與臺灣分離主義問題依然存在，兩岸之間的猜忌與誤解多而互信與共識少。這些必將對兩岸整體層面的制度性合作與一體化的步伐形成相當程度的制約，使其呈現一個循序漸進的過程，並仍然構成兩岸和平發展與和平統一的重大挑戰，並可能在新情勢下更加突顯。

因此，在啟動整體層面的制度性合作與一體化之前，兩岸需要有一個彼此磨合與相互適應的過程。一個可行途徑與方式就是在有條件的兩岸次區域層面構建「兩岸經濟制度性合作與一體化先行區」，先行先試制度性合作與一體化。建立這種次區域層面的合作機制，既可順應經濟全球化與一體化以及兩岸政治經濟關係發展的需要，也可作為在「兩岸自由貿易區」、「兩岸共同市場」等全面性兩岸合作與一體化機制建立之前對臺灣新當局領導人之有關呼籲的回應，有助於兩岸政治互信與共識的建立與累積，為兩岸將來更大範圍、更高層次的制度性合作與一體化探索經驗，並構築必要的經濟、社會和政治基礎與動力。

（二）兩岸政經互動關係下實踐以經促政、以經促統的需要

實踐表明，兩岸政治關係與經濟關係一直以來都存在政經互動關係與格局，兩岸各方對發展彼此經貿關係的戰略安排也具有互動博弈關係。自中國大陸對臺工作確立和平統一方針並實施相關政策以來，兩岸經貿關係發展戰略基本上較好地遵循了「以經促政」、「以經促統」的方針。兩岸關係取得今天的成就是與中國大陸一貫堅持一個中國原則並採取「以經促政」、「以經促統」的做法緊密相關的。新情勢下，在建立兩岸經濟機制實現制度性合作與一體化過程中我們仍須堅持這一原則與做法。這是因為兩岸雙方至今仍然沒有形成「兩岸同屬一個主權

國家」的基本共識，更不用說「兩岸同屬一個中國」國家主權架構。如前所述，這充分展現在馬英九（2008）的就職演說關於兩岸關係的主張中。

因此，新情勢下中國大陸不宜對馬英九抱有不切實際的期待，還得將兩岸關係發展的主導權牢牢掌控在自己手中。為此，新情勢下兩岸制度性合作與一體化仍有必要堅持一個中國原則並採取「以經促政」、「以經促統」的做法，促使臺灣方面明確承認與接受兩岸同屬一個中國的政治主張，或者至少明確承認與接受兩岸同屬一個主權國家的政治主張。實踐中應把這一政治主張作為兩岸共識正式寫入兩岸經濟制度性合作與一體化協議之中，並應儘量迫使臺灣按照加入WTO時所採用的單獨關稅區角色與身分與大陸方面簽訂有關協議。這樣，既可以達到「以經促政」、「以經促統」的目的，避免陷入「兩個中國」或「一邊一國」的政治陷阱，防止被「臺獨」勢力濫用而成為臺灣取得獨立國體資格的證據，又可以在臺灣政黨輪替時是否繼續執行這種協議問題上保持主動性。而在這一政治主張成為兩岸共識之前，兩岸經濟制度性合作與一體化則可採用「兩岸經濟制度性合作與一體化先行區」的模式逐步推進，以有助於達成「以經促政」、「以經促統」的目的。

事實上，新情勢下中國大陸在兩岸經濟制度性合作與一體化安排中可以而且有條件實踐「以經促政」、「以經促統」的做法。一方面，制度性經濟合作與一體化並非作為WTO成員的應盡義務，而是成員之間自主自願的行為。因此在啟動兩岸經濟制度性合作與一體化過程中，中國大陸可以和臺灣討價還價，實踐「以經促政」、「以經促統」的做法。二是兩岸經濟體在發展層面形成的眾所周知的不對稱性依賴：臺灣經濟體對兩岸經貿往來的依賴程度明顯高於中國大陸經濟體，為中國大陸實踐「以經促政」、「以經促統」奠定了經濟基礎和條件。

二、兩岸經濟制度性合作與一體化實現路徑之構想

（一）以兩岸次區域自由經貿區導向全面性的兩岸經濟一體化

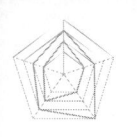

鑒於兩岸在當前難以就「兩岸同屬一個中國」問題達成共識，兩岸經濟體間的全面性的制度性合作與一體化在短期內難以實現，為在堅持「以經促政」、「以經促統」原則同時，靈活應對臺灣當局對制度性經濟合作與一體化的可能呼籲，並有利於我們做好對臺工作，筆者認為，當前的兩岸經濟制度性合作與一體化安排可以在遵守WTO的法律原則和有關規定基礎上，在次區域層面上從局部突破開始，以漸進方式進行。即兩岸可以借鑑近年來國際上以「增長三角」為代表的次區域經濟合作方式的成功經驗，在有條件的局部臨近區域率先進行經濟合作與一體化安排，以開放性的次區域自由經貿區導向全面性的兩岸經濟一體化。事實上，當在各經濟體之間由於存在較大差異，在整個區域層面建立一體化組織較為困難時，次區域合作方式是一種現實的選擇。而且，兩岸經濟體在漸進的交往與合作中獲益的增進與功能性一體化程度的提高，將會有助於兩岸政治互信與共識的建立與累積，為兩岸全面性的制度性一體化構築必要的經濟、社會和政治基礎與動力。

具體而言，可以利用閩臺地緣優勢、港口物流條件與經濟區位優勢，在福建沿海地區（如廈門）與臺灣離島地區（如金門）及自由貿易港區之間，在遵守WTO有關特殊經濟區的規範要求的基礎上，建立可對接的單邊自由經貿區，進而共建開放性的廈—金、廈—高等次區域跨關境自由經貿區。兩岸共同在這些局部區域中率先以WTO無歧視原則消除經貿活動壁壘，實行商品與要素的自由流動，並率先以開放性方式實現這些小範圍的、低協調水平的制度性經濟一體化，從而超越WTO談判內容框架和當前兩岸政治關係約束，以局部、漸進的方式啟動兩岸經濟制度性合作與一體化進程，為將來更大範圍、更高層次的制度性一體化探索經驗和奠定基礎。

首先，當前中國大陸方面的廈門經濟特區可在現有的發展基礎上轉型為一個遵循WTO無歧視原則的、境內關外的，集國際投資、研發製造、國際貿易、物流管理、倉儲展示、過境轉運、國際金融、休閒旅遊等多項功能於一身的綜合型世界自由經貿區；臺灣方面可把金門地區規劃建設成為一個自由經貿區，並與目前實施中的高雄自由貿易港區等一起也遵循WTO無歧視原則，在特區內給予作為WTO成員的大陸方面應有的待遇。如此，兩岸各自的經濟特區可在WTO無歧視原

則基礎上實現對接。

　　進而，兩岸可以在單邊自由經貿區的基礎上，共建開放性的多功能綜合型廈一金、廈一高等次區域跨關境自由貿易區，整合併充分發揮廈門、金門、高雄等地的海港、機場優勢以及其他經濟發展資源與條件，使之成為海峽兩岸的國際貿易中心、物流分撥中心和以高科技產品為主導的加工製造中心，成為海峽兩岸與國際物流鏈的重要環節。在此基礎上，進一步建立開放性的廈一金、廈一高等次區域跨關境自由經濟區，實現生產要素的自由流動與優化配置，成為國際化的區域性資金流、物流和訊息流的匯集區，最終發展成為國際化區域經濟中心。如此，可在兩岸特區之間率先實質性地啟動兩岸經濟制度性合作與一體化進程。

　　（二）建立開放性次區域自由經貿區的意義與作用

　　顯然，上述次區域自由經貿區中所謂的開放性，意指兩岸在廈一金、廈一高等跨關境自由經貿區中實行的經貿活動自由化與便利化措施，不僅適用於廈、金、高等當地的經濟主體，也適用於在這些區域中開展經貿活動的兩岸其他地區的經濟主體，更以WTO無歧視原則適用於在這些區域中開展經貿活動的其他國家或地區的經濟主體。之所以強調這種開放性，不僅是為了符合WTO的有關規範和要求，而且從進一步參與全球化、促進兩岸經濟一體化與兩岸政治經濟關係發展以及這些區域自身再發展角度看，當前，建立開放性的、無歧視性的、更加自由化與便利化的廈一金、廈一高等次區域跨關境自由經貿區，有著重大的現實意義和作用。

　　1.發揮兩岸經濟制度性合作與一體化先行試驗區作用

　　上述思路與構想可以作為兩岸經濟體制度性合作與一體化的一個先行區與試驗區。兩岸共同在這些局部區域中率先以WTO無歧視原則消除經貿活動壁壘，實行商品與要素的自由流動，並率先以自由經貿區對接方式實現這些小範圍的、低協調水平的兩岸經濟制度性合作與一體化，是基於兩岸經濟發展現實條件的一個現實選擇，可順應兩岸功能性經濟一體化深化發展趨勢與要求，並可為將來兩岸間全面性的、更深層次的制度性經濟合作與一體化探索經驗，奠定基礎[89]。

　　2.發揮經貿自由化與便利化試驗田與先行區作用

上述思路與構想有助於構建起兩岸經濟體參與經濟全球化進程的一個新平台，在貿易自由化、金融全球化、投資全球化、生產要素流動全球化等方面進一步率先發展，從而可以順應全球化深化發展趨勢與要求，積極穩妥地在更高層次上和更大範圍內參與全球化進程，發揮經貿自由化與便利化試驗田與先行區作用；也可作為兩岸經濟體對WTO承諾的對外開放義務（包括加入WTO時承諾的和今後參與WTO多邊談判承諾的義務）的率先試驗區，從而可在多邊開放過程中優先促進兩岸經貿交流與合作的進一步發展，更好地實現與保障兩岸經濟利益。

3. 發揮臺灣海峽區域經濟的增長極與輻射源作用

上述思路與構想不僅可以整合海峽兩岸的海港、機場優勢以及其他經濟發展資源與條件，吸引國際經濟資源與要素的流入，從而在克服閩、廈、金、高、臺等地自身經濟發展面臨的各種瓶頸約束的同時，使經貿自由化先行區成為兩岸人員往來、貨物中轉、經貿交流的重要樞紐，促進海峽西岸經濟區與海峽經濟區內部的分工、合作與協調發展，而且有助於整合兩岸四地彼此的經濟互補性優勢特別是港口區位優勢與運輸能力，在促進海峽經濟區深化發展的同時，有利於加強兩岸四地中華經濟區內部的承接與合作，從而在更大範圍、更高層次上發揮區域經濟的增長極與輻射源作用。

4. 發揮對臺工作前沿平台與兩岸全面整合先行試驗區作用

上述思路與構想還可以促進閩、廈、金、高、臺等地經濟、文化（社會）、政治一體化，形成兩岸經濟、文化（社會）、政治全面整合的一個先行試驗區，為兩岸將來更大範圍、更高層次的制度性合作與一體化以及兩岸和平統一探索經驗，累積互信，並構築必要的經濟、社會和政治基礎與動力，更好地發揮廈門在兩岸交流、合作與整合中的優勢和作用。

（三）建立開放性次區域自由經貿區的可行性

上述先行在兩岸次區域層面建立開放性的跨關境自由經貿區的思路與構想，不僅現實意義突出，而且從自由經貿區一般經濟條件、WTO有關規範、兩岸關係發展態勢等層面看還具有較大的可行性。

1.自由經貿區一般經濟條件上的可行性

從自由經貿區理論與國際實踐看（鄧力平、唐永紅，2003），建立自由經貿區，一般除了要在法律制度、經濟政策與管理體制等方面營造適宜開展國際或地區間經濟活動的良好軟環境條件之外，還在地理區位與基礎條件等硬環境方面有著較高的要求，主要包括：有利於開展國際或地區間經濟活動與發揮集散功能的優越的地理區位特別是良好的位置接觸性與廣闊的服務區域[90]、完善的基礎設施特別是優良的港口與便捷的國際國內通道、良好的發展基礎與環境等等。實踐中，需要運用成本—效益分析法並綜合考慮與權衡各種因素，來判定特定地點建立自由經貿區的可行性。

廈門、金門、高雄地處東南亞國家與中國大陸、臺灣聯繫的中心位置，是東北亞和東南亞國際主航線的海上交通要沖，顯然具有建立廈—金、廈—高自由經貿區所需的區位與服務區域條件、港口與物流條件。從成本—效益角度看，以建立開放性廈—金自由經貿區為例。在成本方面，金門與廈門特區不僅遠離兩岸各自的政治中心，而且又都是海島地形，因而隔離成本較低[91]；特殊的海島地形使金門與廈門特區內的現有企業和人口規模相對比較確定，加上經濟以外向型為主且國際競爭力較強，因而關稅減免損失[92]與經貿轉向效應[93]也不會過大。在效益方面，基於其區位優勢與港口條件，在兩岸當前的關稅水平條件下，自由經貿區經貿活動的自由化與便利化必將進一步吸引國際經貿活動的進入，產生較大的經貿創造與擴大效應；特別是鑒於兩岸目前在社會政治經濟制度與政策上存在較大的差異，在相互關係方面存在較大的對立與分歧，透過自由經貿區對接或共建開放性次區域自由經貿區的形式，不僅在兩岸次區域層面上實現了制度性合作與一體化，推進兩岸經濟一體化進程，而且較大程度地便利了兩岸經濟交流與合作，可以在兩岸經貿方面產生較大的創造與擴大效應。

2.WTO有關特殊經濟區規範上的可行性

WTO下兩岸經濟體的行為措施應遵循WTO的有關規範。從WTO對世界特殊經濟區的有關規範看，WTO以「原則中有例外，例外中有原則」的現實主義精神容許其成員在其特殊經濟區實施特殊制度、優惠政策，但條件是不得有違透明度

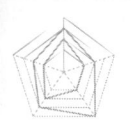

原則和非歧視原則，即這些特殊制度、優惠政策引起的特區的貿易自由化與市場進入水平不得低於其對WTO承諾的約束義務水平（即不得低於在其他地區實施的貿易自由化與市場准入水平），並且必須以透明的方式同時對所有的WTO成員提供（鄧力平、唐永紅，2003；唐永紅，2005d）。顯然，一個開放性的、無歧視性的、更加自由化與便利化的可對接單邊自由經貿區或次區域性跨關境自由經貿區符合WTO有關要求。

事實上，特殊經濟區的存在與發展已有很長的歷史了，其在各國經濟與世界經濟中的地位及作用日益受到重視，建立和發展特殊經濟區已是當今國際性的潮流。隨著世界經濟的發展，特殊經濟區的內涵與外延均發生了深刻的變化，特別地，近年來世界特殊經濟區出現了由單邊的一國內部型向雙邊或多邊的跨國（跨關境）型發展的新趨勢，即幾個主權國家或單獨關稅區把各自的彼此相鄰的部分領土結成一個一體化的經濟區域（唐永紅，2005d）。世界上的各種「增長三角」就是這種次區域性的跨國（跨關境）特殊經濟區的典型形式。在各國或各地之間由於存在較大差異，在整個區域層面建立經濟一體化組織較為困難時，次區域經濟合作方式是一種現實的選擇。

3.兩岸關係發展態勢下的現實可能性

從臺灣局勢與兩岸關係發展態勢看。2008年3月臺灣領導人選舉底定，主張兩岸交流合作與和平發展的「泛藍」陣營，繼「縣市長」、「立法委員」選舉大勝後又重新奪回執政權。這表明臺灣同胞求和平、安定與發展的意願日益增強，兩岸和平發展正在成為現階段兩岸關係發展的趨勢和主題。事實上，對面臨著連任壓力的臺灣新當局而言，推動兩岸關係和平發展也是其必然的選擇：一是因為臺灣主流民意要求改善和發展兩岸關係；二是因為臺灣經濟越來越離不開大陸，加強兩岸經濟交流合作是臺灣經濟發展的內在要求。

然而，整體性的兩岸經濟制度性合作與一體化如前所述仍然受制於當前的兩岸社會政治經濟文化條件，「兩岸共同市場」這種一體化程度較高的制度性經濟一體化形式，更超越了當前兩岸經濟發展的現實水平和客觀條件。而次區域層面局部地區的可對接的單邊自由經貿區和次區域性的跨關境自由經貿區在經濟運作

機制上主要是市場調節性的，一般只需要參與方的地方政府間的低水平低層次的鬆散性、隨機性協調。因此，為因應經濟全球化與兩岸政治經濟關係深化發展的需要與約束，並在一定程度上舒緩國際區域經濟一體化發展帶來的競爭與邊緣化壓力，兩岸可以在次區域層面實行兩岸商品與要素的自由流動，以局部漸進方式推進兩岸經濟制度性合作與一體化。這也符合從局部到整體、由量變到質變的發展規律，有利於以漸進方式推進更高層次的制度性合作與一體化。

事實上，臺灣目前正在推動以自由貿易港區為代表的經貿特區計劃，這為兩岸單邊自由經貿區的對接和次區域跨關境自由經貿區的形成提供了可能。而且，高雄自由貿易港區經過一段時間籌備後已於2005年初正式營運，目前急需拓展發展空間，臺灣當局有可能在對中國大陸開放方面讓其先行一步；而金門作為一個離島，對臺灣的政治重要性及其影響有限，加之金門本身有著良好的港口和區位優勢，在金門地區的強烈要求下，臺灣當局也有可能將其作為向世界特別是中國大陸開放的一個前沿與窗口。事實上，2005年6月12日立法院院長王金平就提出將金門打造成「一網三區」的「新金門」構想：「兩岸客貨航線網」、「兩岸臺商訊息交流區」、「金門和平觀光特區」、「金廈共榮經濟特區」（參見火山，2005）。金門縣長李炷峰也曾多次倡議建立「金廈生活圈」、「金廈一國兩制試驗區」。[94]2008年8月24日，馬英九以「從殺戮戰場到和平廣場」為題發表金門炮戰五十週年的講話，更為上述構想的實現提供了想像的空間[95]。

從大陸方面看，進一步發展海峽西岸及其經濟特區，進一步發揮其在改革開放與現代化建設中的帶動與示範作用，特別是進一步發揮其對臺獨特優勢和作用，促進兩岸的交流、合作、整合與發展，是既定的發展方略。在當前情勢下，建立可對接的單邊自由經貿區或跨關境自由經貿區，可以進一步發揮海峽西岸及其經濟特區的獨特對臺優勢與試驗探索作用，可以在實現海峽西岸及其經濟特區自身再發展的同時實現兩岸經貿關係的再發展。因此，各級政府應予以大力支持。

綜上可見，當前，借鑑近年來國際上次區域經濟合作的成功經驗，兩岸先行在有條件的次區域層面共建更加自由化與便利化的開放性廈─金、廈─高等跨關

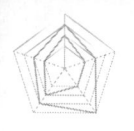

境自由經貿區，既是順應經濟全球化與一體化深化發展的趨勢與要求，更是當前兩岸經濟制度性合作與一體化的一個現實路徑。

第三節　兩岸經濟制度性合作與一體化的發展進程展望

區域合作與一體化理論與實踐表明，區域社會行為體、國家行為體、超國家行為體之間的互動關係，使得自主自願的區域合作與一體化過程既是一個一定程度上的功能自主的過程，又是一個有意識地尋求合作與一體化的行動過程，在當前的實踐中集中展現為一種在政府控制下的循序漸進的外溢過程。區域經濟一體化也有著從自由貿易區到完全一體化的程度與領域不同的一體化形式，並因新功能主義一體化理論所強調的外溢發展的客觀邏輯和政府希望掌控一體化進程的主觀偏好而呈現循序漸進的過程。而關於條件與可行性研究部分（第四章第一節）的研究曾指出，當前兩岸經濟基礎條件的不平衡性，對當前兩岸經濟制度性合作與一體化可能實現的程度和形式形成了現實的約束。由此可以預期，兩岸經濟制度性合作與一體化的發展路徑也將呈現漸進發展的過程。加之兩岸政治關係的現實約束，目前兩岸經貿關係尚未正常化，兩岸經濟制度性合作與一體化的發展進程可能將會大致包括以下幾個階段：

第一階段，兩岸經貿關係正常化與部分領域自由化階段。

在兩岸經貿關係正常化之前，一方面，應積極推動兩岸經貿關係正常化，實現WTO框架下的兩岸經濟體之間的制度性交流。具體內容包括兩岸商品（貨物與服務）貿易的正常化、兩岸資本投資的正常化、兩岸金融開放的正常化、兩岸貨幣兌換與清算的正常化，並就兩岸產品標準、知識產權保護、投資保護、避免雙重課稅與爭端解決機制等達成共識與協議。另一方面，如前所述，還可以在兩岸有條件的次區域層面建立可對接的單邊自由貿易區或共建廈一金、廈一高等次區域跨關境自由貿易區，進行次區域經濟合作與一體化，為全面性的兩岸經濟合作與一體化以及常態性官方合作機制的建立積累互信、奠定基礎、探索經驗。此

外，也可以在兩岸有需要有條件的部分貨物與服務的貿易中先行減免關稅與開放市場，即先行自由化。

第二階段，「兩岸自由貿易區」階段。

在兩岸經貿關係正常化之後，兩岸將商談實行兩岸貿易自由化的有關政策，相互之間取消關稅和進口數量限制，以實現兩岸貨物貿易、服務貿易的自由化以及貿易投資活動的便利化。但是在這一階段，兩岸對「兩岸自由貿易區」外的其他貿易夥伴則仍保留各自自主的關稅與貿易政策，並對它們實行WTO多邊貿易體制所要求的市場准入與貿易自由化水平。實踐中，建立「兩岸自由貿易區」，可以借鑑內地分別與香港、澳門的CEPA方式（參見安民，2004）透過簽署「兩岸自由貿易區安排」來實現，也可視兩岸四地各方的意願透過建立「兩岸四地自由貿易區」來實現兩岸自由貿易。實踐中究竟如何啟動「兩岸自由貿易區」這種全面性的兩岸經濟制度性合作與一體化，應由兩岸協商決定。

第三階段，「兩岸關稅同盟」階段。

隨著兩岸經濟的國際競爭力的增強與貿易自由化水平的提升，當兩岸經濟體在關稅水平上的差距以及關稅工具對兩岸經濟體的重要性差異基本消除條件下，兩岸經濟體可在「兩岸自由貿易區」的基礎上進一步建立「兩岸關稅同盟」，不僅取消彼此之間的關稅及其他貿易壁壘外，還協調與統一彼此的對外貿易政策，對區外貿易夥伴採取統一的並符合WTO要求的關稅稅率與貿易措施。

第四階段，「兩岸共同市場」階段。

在「兩岸關稅同盟」的基礎上，兩岸經濟體可進一步建立「兩岸共同市場」，不僅取消彼此之間的關稅及其它貿易壁壘，實現兩岸商品的自由流動，而且消除兩岸勞動力、資本等各種生產要素在兩岸間流動的障礙和壁壘，實現兩岸人員、企業、生產要素的自由流動；不僅協調與統一彼此的對外貿易政策，而且協調或採行共同的對外經濟政策。

第五階段，「兩岸經濟與貨幣聯盟」階段。

隨著兩岸經濟的異質性基本消除，兩岸經濟體可在「兩岸共同市場」的基礎

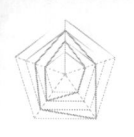

上結成「兩岸經濟與貨幣聯盟」，對兩岸經濟結構調整與區域發展採取共同的政策，協調與統一包括財政預算、貨幣政策和收入分配政策在內的宏觀經濟政策，以及包括就業與勞工政策、人員自由流動與移民待遇政策、教育與職業培訓政策、衛生醫療保健政策等在內某些社會政策，並在同盟內實行單一貨幣，建立共同的中央銀行。

最後，「完全的兩岸經濟一體化」階段。

它是兩岸經濟制度性合作與一體化的最高形式，是指在「兩岸經濟與貨幣聯盟」的基礎上，不僅開展經濟與貨幣聯盟所進行的各種政策協調與統一，而且相對建立協調與統一兩岸各自經濟政策的「超國家性的」經濟機構，以制定和實施這些政策，從而實現兩岸對內對外的各種經濟政策的完全統一。同時，在兩岸經濟融合的基礎上可能進行兩岸政治整合，最終實現兩岸經濟社會的全面統一，完成祖國統一大業。

需要指出的是，上述外溢發展過程僅是一體化運動本身所具有的內在動力與發展趨勢的展現，它雖然可能成為兩岸決策時面臨的一種客觀情況，可能會迫使兩岸選擇進一步的合作與一體化，但它畢竟只是可供選擇的方案之一，因為如前所述，實踐中的合作與一體化進程和方向總是在兩岸政治層面的主導與控制下，透過兩岸各自的內部政治博弈過程與兩岸政治層面的政治互動博弈過程而決定的。只有當兩岸各方在既有的合作與一體化中實現了預期獲益，並認識到進一步獲益所受到的限制需要進一步的合作與一體化才能克服，而且願意進一步讓出對有關問題的自主權，一體化外溢發展的客觀邏輯才能得到兩岸政治層面的充分尊重，一體化實踐進程才能得以深化發展。

值得注意的是，通常而言，自由化與便利化應在正常化完成的基礎上推進，但實踐中，鑒於臺灣方面的急迫需求，上述第一、二階段的內容也可透過協商談判簽訂類似臺灣方面提出的ECFA之類的協議同時加以推進。另外，在兩岸整體層面進行合作與一體化安排（如商品的自由貿易）的同時，兩岸次區域合作與一體化也可在更寬領域與更深層次的自由化與便利化方面（如人員、要素的自由流動）加以推進。

第四節　本章小結

　　本章借鑑關於區域一體化的動力與路徑的理論，探討兩岸經濟制度性合作與一體化的路徑與前景問題。首先，主要基於兩岸各自內部利益主體之間以及兩岸政治層面的互動關係，闡明了兩岸經濟制度性合作與一體化的動力系統的構成及其運作問題；在此基礎上，並綜合此前關於當前兩岸經濟制度性合作與一體化的動因與必要性、條件與可行性的研究結論，進一步探討在兩岸政治經濟關係與WTO多邊貿易體制規則約束下的兩岸經濟制度性合作與一體化的實現路徑與發展進程問題。主要的研究結論如下：

　　就兩岸經濟制度性合作與一體化的動力系統的構成及其運作而言，兩岸高層以及包括兩岸政治團體、兩岸民眾與企業在內的兩岸內部社會行為體乃是兩岸經濟制度性合作與一體化動力系統中的兩種主要力量，合作與一體化中兩岸之間建立的雙邊制度安排或組織機構也將是合作與一體化進程的一個影響因素。實踐中，這三方面力量有著一定的互動關係。兩岸經濟制度性合作與一體化的啟動與發展正是在兩岸政治層面主導與控制下上述三方面力量的合力作用決定的。從兩岸各自的內部政治過程角度看，兩岸經濟制度性合作與一體化是兩岸各自內部利益主體間博弈的結果，必將是在內部贊成力量與反對力量的較量與妥協中、在與各種社會力量有著互動關係的執政者的平衡下逐步進行的。只有在執政者認識到贊成力量比反對力量強大，或者執政者保證反對力量能夠得到利益上的補償的情況下，合作與一體化才能啟動或向前發展。從兩岸的政治互動過程角度看，兩岸經濟制度性合作與一體化又是兩岸之間利益博弈的結果，是兩岸理性選擇和相互交易的結果。自主自願的兩岸經濟制度性合作與一體化只有在兩岸看來是符合自身利益的條件下才能獲得推動。

　　就當前兩岸的政治經濟互動格局而言，雖然當前兩岸經濟體都有著創新交流與合作方式，實現制度性合作與一體化的內在動力與外在壓力，WTO也為其提供了法律依據、空間與平台，但是，當前兩岸不同的社會經濟發展水平、不同的社會政治制度與社會意識形態、並不完全相似的社會文化、觀念與思維方式，特別

是依然存在的兩岸政治關係上的結構性矛盾與臺灣分離主義問題，必將對兩岸整體層面的制度性合作與一體化的步伐形成相當程度的制約，需要探索能為兩岸同時接受的、既符合WTO規範又能超越兩岸政治關係約束的兩岸經濟交流與合作形式，特別是能促進兩岸經濟制度性合作與一體化進程的新形式與新途徑。

當前，可借鑑國際上次區域經濟合作的成功經驗，兩岸先行在有條件的次區域層面共建更加自由化與便利化的開放性廈-金、廈-高等跨關境自由經貿區，既是順應經濟全球化與一體化以及兩岸政治經濟關係深化發展的趨勢與要求，更是在當前兩岸社會政治經濟文化條件約束下的當前兩岸經濟制度性合作與一體化的一個現實路徑，也可作為在「兩岸自由貿易區」、「兩岸共同市場」等全面性兩岸合作與一體化機制建立之前對臺灣新當局領導人之有關呼籲的回應，有助於達成「以經促政」、「以經促統」的目的。如此，還可以超越當前兩岸政治關係的約束，整合閩、廈、金、高、臺等地乃至兩岸四地的區位優勢與條件，成為兩岸參與經濟全球化進程的一個新平臺、兩岸經濟制度性合作與一體化的一個先行區、兩岸全面整合的一個先行試驗區；不僅有助於閩、廈、金、高、臺等地在進一步的發展中更好地發揮經貿自由化的試驗田與先行區作用，區域經濟的增長極與輻射源作用，以及在兩岸交流、合作與整合中的優勢和作用，而且有助於兩岸政治互信與共識的建立與累積，為兩岸全面性的制度性經濟合作與一體化構築必要的經濟、社會和政治基礎與動力。事實上，以兩岸次區域自由經貿區導向全面性的兩岸經濟一體化的思路與構想，不僅有著自由貿易區一般經濟條件上的可行性，符合WTO對世界特殊經濟區的有關規範與要求，而且也具有兩岸關係發展態勢下的現實可能性與可操作性。

綜合一體化外溢發展的客觀邏輯、執政者掌控一體化進程的主觀偏好以及兩岸政治關係的現實約束等因素，筆者預期，兩岸經濟制度性合作與一體化將呈現循序漸進的發展進程，在經過探索試驗階段實現兩岸經貿關係正常化與部分領域自由化之後，大致會經歷「兩岸自由貿易區」、「兩岸關稅同盟」、「兩岸共同市場」、「兩岸經濟與貨幣聯盟」等發展階段，最終可能以「完全的兩岸經濟一體化」形式走向兩岸經濟社會的全面統一。

第六章　兩岸經濟制度性合作與一體化的機制和模式研究

　　區域一體化的機制與模式是指在一體化過程中所建立起來的管理一體化活動的各種組織機構、規範一體化活動的各種規則章程，以及處理一體化問題（反映、議決、執行）的各種程序體制，甚至包括在一體化進程中形成的各種習慣、觀念和認同（陳玉剛，2001）。兩岸經濟制度性合作與一體化因兩岸關係的特殊性需要探討其適宜的機制與模式安排。本章借鑑區域合作與一體化機制和模式的理論思想與實踐經驗，並主要基於兩岸特殊的政治經濟關係、合作與一體化的法律性質定位和可能的發展進程，探討兩岸經濟制度性合作與一體化的原則與模式問題。第一節根據WTO下兩岸經濟制度性合作與一體化的法律性質定位，並借鑑實踐中國際區域合作與一體化機制與模式安排的一般原則，探討兩岸經濟制度性合作與一體化應遵循的基本原則；在此基礎上，第二節著眼於兩岸經濟制度性合作與一體化的特殊性與階段性，對國際區域合作與一體化實踐中的各種法律機制與模式的適應性與適用性進行比較分析，進而，基於兩岸經濟制度性合作與一體化的可能進程，提出兩岸經濟制度性合作與一體化的機制與模式安排建議；最後，在第三節對本章的研究做簡要總結。

第一節　兩岸經濟制度性合作與一體化機制及模式安排的原則探討

　　實踐中的區域合作與一體化是依據一定法律準則或原則而建立和運行的。也

就是說，區域合作與一體化機制與模式安排需要遵循一定的基本原則。因此，在探討兩岸經濟制度性合作與一體化機制與模式安排之前，有必要闡明建立兩岸經濟制度性合作與一體化機制與模式應遵循的基本原則問題[96]。

一、確立兩岸經濟制度性合作與一體化機制及模式原則的依據

兩岸經濟制度性合作與一體化倡議提出以來，兩岸經濟制度性合作與一體化的機制與模式問題，就因兩岸關係問題的特殊性成為了一個廣為關注的議題，並處在了廣泛的爭論之中。總體上主要有三種主張：

其一是以臺灣方面人士為代表的國際區域合作與一體化模式論者，主張兩岸經濟制度性合作與一體化的機制與模式傚法歐洲聯盟的精神，展現主權對等原則，在從模式的設定到發展的目標，都企圖將兩岸關係納入實質的「兩個中國」或「一邊一國」框架內，達到從經濟合作、經濟主權的共享擴大到政治主權的共享的目的（參見鄧利娟，2001）。

其二是關於條件與可行性研究部分（第四章第二節）中提及的「國內經貿關係論」者希望以所謂國內經貿關係規範兩岸經濟制度性合作與一體化安排的主張，完全排除在兩岸間建立任何形式的由兩岸政治層面共同參與的組織管理機構（參見朱兆敏，2003）。

其三是包括筆者在內的一些學者認為，WTO下兩岸經濟制度性合作與一體化機制與模式安排，一方面應遵守WTO的有關規範，而另一方面，由於特殊的兩岸政治關係而不能全盤照搬國際區域經濟合作與一體化的現成機制與模式，而只能在有所借鑑的基礎上，考慮WTO框架的相關要求與特殊的兩岸政治關係，基於兩岸經濟制度性合作與一體化發展進程的需要，建立一套適合海峽兩岸特定情況的機制與模式（參見曹小衡、2001；陳向聰，2002；莫世健，2002；李非，2004、2005；唐永紅，2004、2005a、2006b）。

區域合作與一體化機制與模式安排選擇，一方面取決於特定的合作與一體化發展程度，另一方面也取決於合作與一體化各成員之間的特定關係。明確地說，筆者認為，特定的合作與一體化發展程度仍然是實踐中兩岸經濟制度性合作與一體化機制與模式性質的一個主要決定因素，而WTO下兩岸經濟制度性合作與一體化的法律性質定位，乃是確立實踐中兩岸經濟制度性合作與一體化機制與模式原則的根本依據；較之於國際區域經濟合作與一體化，兩岸經濟制度性合作與一體化機制與模式安排既應有其共性的一面，也應有其特殊的一面。

首先，WTO下兩岸經濟制度性合作與一體化的法律性質定位，乃是確立實踐中兩岸經濟制度性合作與一體化機制與模式原則的根本依據。

關於條件與可行性研究部分（第四章第二節）研究表明，由於兩岸加入WTO的身分資格不同，中國大陸是以中國這一主權國家的身分資格、臺灣是以作為中國的一個單獨關稅區的資格加入WTO的，WTO下兩岸經濟制度性合作與一體化，本質上是同一主權國家內部不同關稅區作為WTO平等成員之間的經濟合作與一體化安排，換言之，是同為WTO成員的中國國家主體與其單獨關稅區之間的合作與一體化安排，而不是通常意義中的主權國家之間的經濟合作與一體化安排。WTO下兩岸經濟制度性合作與一體化的這一法律性質定位，對確立WTO下兩岸經濟制度性合作與一體化機制與模式安排的原則有著明確的含義，或者說，對WTO下兩岸經濟制度性合作與一體化機制與模式安排有著明確的規範：既要展現兩岸經濟體作為WTO平等成員之間的經貿關係，又不得突破兩岸同屬一個中國的國家主權架構。顯然，這既排除了「國內經貿關係論」者希望以所謂國內經貿關係規範兩岸經濟制度性合作與一體化安排的可能性，也從根本上否定了「泛國際化論」者以所謂國際區域合作與一體化模式規範兩岸經濟制度性合作與一體化的主張。前者顯然意味著兩岸經濟制度性合作與一體化機制與模式安排應遵守WTO相關規則，而後者則意味著兩岸經濟制度性合作與一體化機制與模式安排需要防止任何過分強調主權對等原則以圖將兩岸在WTO下的平等經貿主體關係上升到國際社會的平等政治主體關係、將兩岸關係納入實質的「兩個中國」或「一邊一國」框架內的做法。

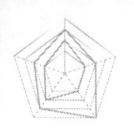

其次，特定的合作與一體化發展程度仍然是實踐中兩岸經濟制度性合作與一體化機制與模式性質的一個主要決定因素。

區域合作與一體化理論與實踐表明，儘管實踐中合作與一體化的機制與模式從本質上看仍然是政府間性質的，受成員利益所決定，作為成員利益的最小公分母，是主導與控制合作與一體化進程的成員政府之間討價還價的結果，但合作與一體化的機制與模式可以是政府間性質的，也可以是超國家性質的，或者是兩者兼具的，這主要取決於特定的合作與一體化發展程度，並且本身就是合作與一體化發展程度的一種展現。WTO下兩岸經濟制度性合作與一體化雖有其如上所述的特殊性一面，但在合作與一體化的發展進程方面也仍會展現作為合作與一體化深化發展規律的共性。相對地，實踐中兩岸經濟制度性合作與一體化機制與模式也有隨著合作與一體化發展程度的深化適時調整的內在要求。當然，如上所述，實踐中兩岸經濟制度性合作與一體化機制與模式的這種調整與安排無疑應受到兩岸同屬一個中國的國家主權架構的約束。

顯然，探討在一個中國的國家主權架構約束下的、適應合作與一體化深化發展要求的並符合WTO規則的兩岸經濟制度性合作與一體化機制與模式安排選擇的空間，正是研究工作需要努力的方向。這裡先提出並闡明在這三者構成的約束空間中進行機制與模式安排選擇時應遵循的一套基本原則。下一節進一步探討實踐中遵循這些基本原則的兩岸經濟制度性合作與一體化機制與模式的具體安排選擇問題。

二、兩岸經濟制度性合作與一體化機制及模式安排的基本原則

根據上述WTO下兩岸經濟制度性合作與一體化的法律性質定位及其對兩岸經濟制度性合作與一體化機制與模式安排的明確規範，並借鑑實踐中國際區域合作與一體化法律機制與模式安排的一般原則，筆者認為，建立兩岸經濟制度性合作

與一體化機制與模式應遵循以下基本原則：

其一，一個中國原則。

兩岸經濟制度性合作與一體化本質上是同一主權國家內部不同關稅區之間的經濟合作與一體化安排，是中國國家主體與臺灣單獨關稅區之間的合作與一體化安排，而不是通常意義中的主權國家之間的經濟合作與一體化安排。而臺灣方面至今尚未明確承認中國大陸與臺灣同屬一個主權國家（更不要說一個中國）。經濟一體化也並不必然導致國家統一。因此，兩岸經濟制度性合作與一體化的機制與模式安排首先必須堅持「兩岸同屬一個國家」（簡稱「兩岸一國」）甚至「兩岸同屬一個中國」（簡稱「兩岸一中」）的原則，必須在「兩岸一國」甚至「兩岸一中」的國家主權架構下進行。實踐中，這一原則的具體含義有四：一是慮及經濟一體化政治效應的有限性[97]及其在「以經促政」、「以經促統」方面的政治籌碼作用[98]，只有在「兩岸一中」或至少「兩岸一國」成為兩岸的共識的前提下，才能透過兩岸平等協商談判，啟動全面性的兩岸經濟制度性合作與一體化。二是實踐中應將一個中國原則作為兩岸經濟制度性合作與一體化的政治共識與前提寫進有關協議中，並迫使臺灣按照加入WTO時所採用的單獨關稅區角色與身分與中國大陸方面簽訂有關協議。三是至少在「兩岸一中」或至少「兩岸一國」成為兩岸共識之前，在兩岸經濟制度性合作與一體化的機制與模式安排中，必須排除由兩岸首腦會議作為合作與一體化的最高決策機構、由兩岸最高領導人直接談判解決問題的可能性。但這並不排除在「兩岸一中」（或至少「兩岸一國」）與和平統一成為兩岸共識之後，根據合作與一體化發展進程的客觀要求與兩岸政治關係向國家統一目標發展的現實需要，建立兩岸首腦會議機制甚至某種「超國家性」機構的可能性。四是沒有作為主權國家代表的中國中央政府的授權或許可，臺灣不能夠與任何WTO成員建立經濟合作與一體化安排及相對的經濟組織。這樣，既可以避免陷入「兩個中國」或「一邊一國」的政治陷阱，防止被「臺獨」勢力濫用而成為臺灣取得「獨立國體」資格的證據，又可以達到「以經促政」、「以經促統」的目的，還可以在臺灣政黨輪替時是否繼續執行這種協議問題上保持主動性。

其二，平等互利原則。

在上述一個中國原則下，具有各自關稅領土、同是WTO成員的兩岸經濟體在合作與一體化過程中的關貿地位應是平等的，兩岸經濟交流、合作與一體化安排應是互利的。兩岸經濟交流、合作與一體化安排本身不決定兩岸之間的政治地位問題。在合作與一體化過程中，兩岸都以WTO成員身分平等互利地進行經貿合作。上述一個中國原則與平等互利原則顯然是決定兩岸經濟制度性合作與一體化的機制與模式設置的兩個主要因素。根據一個中國原則與平等互利原則，可以由各方參加WTO會議的部長級首腦組成的「部長會議」作為兩岸經濟制度性合作與一體化安排的最高決策機構，以協商一致方式決定兩岸經濟交流、合作與一體化安排。

其三，政經暫時分離最終結合原則。

雖然政治與經濟之間、政治關係與經濟關係之間具有相互作用的互動關係，但經濟活動有著自身內在規律，並在長期上對政治關係問題起著決定性作用。而進一步發展兩岸經貿關係是客觀趨勢所致，海峽兩岸有關方面應就建立兩岸經濟合作機制問題積極地交換意見。鑒於即便在「兩岸一中」或「兩岸一國」成為兩岸共識的條件下兩岸在短期內也難以就兩岸統一問題達成共識，兩岸經濟制度性合作與一體化安排可以在兩岸都堅持「兩岸一中」（或至少「兩岸一國」）與和平統一的立場下，採用經濟合作與政治合作暫時分離最終結合的原則。雖然兩岸經濟制度性合作與一體化未必一定導致兩岸統一，但兩岸之間經濟交流與聯繫的不斷加強，特別是兩岸在漸進的交流與合作中獲益的增進與經濟合作與一體化程度的不斷提高，將會有助於兩岸政治互信與共識的建立與累積，為消減兩岸之間的政治分歧、最終實現兩岸和平統一構築必要的經濟、社會和政治基礎與動力。在「兩岸一中」（或至少「兩岸一國」）與和平統一共識立場下，堅持政經暫時分離最終結合原則，意味著兩岸經濟制度性合作與一體化的機制與模式可以根據合作與一體化發展進程的需要有著從「政府間性質的」到「超國家性質的」較大的選擇空間。

其四，靈活簡便與循序漸進原則。

理論上，區域合作與一體化的機制與模式可以是政府間性質的，也可以是超國家性質的，或者是兩者兼具的，這主要取決於特定的合作與一體化發展程度，並且本身就是合作與一體化發展程度的一種展現。實踐中，區域合作與一體化是一個在政府控制下的循序漸進的外溢過程，具有一定的路徑依賴性；基於現實的和可以預期的兩岸政治經濟關係發展態勢，兩岸經濟制度性合作與一體化也必將呈現為一個漸進發展的過程。兩岸經濟制度性合作與一體化機制與模式的選擇與定位，應堅持靈活簡便與循序漸進原則，根據不同的階段選擇相應的機制與模式。鑒於兩岸在當前缺乏足夠的政治互信基礎，難以就「兩岸一中」問題達成共識；預計在可預見的將來也難以就兩岸如何統一問題達成共識，兩岸經濟制度性合作與一體化的機制性安排，在堅持上述政經暫時分離最終結合的原則基礎上，應當基於兩岸政治經濟關係發展的情勢、需要與可能，採取靈活簡便的方式，自解決緊迫問題著手，可以從易到難，從簡到繁，由民間到官方，由非正式到正式，從鬆散到緊密，循序漸進地進行。

其五，符合WTO規則原則。

兩岸經濟體都已是WTO成員，WTO下兩岸經濟交流、合作與一體化方式安排自然應遵守WTO的法律原則和有關規定。多年來，臺灣當局禁止或限制兩岸進行直接的貿易、投資與航運，並對與大陸交往設立種種限制，拒絕給予大陸最惠國待遇和國民待遇，從而造成對大陸公司和居民的歧視，並使兩岸經貿交流長期處於局部、間接、單向狀態，嚴重阻礙了兩岸經濟互補性優勢的充分發揮。WTO下兩岸經濟制度性合作與一體化過程中，臺灣當局更有義務遵守WTO非歧視規則，調整其大陸經貿政策，按照對WTO的承諾開放市場，給予大陸最惠國待遇和國民待遇。此外，堅持符合WTO規則原則還要求遵照WTO的「一體化例外」規定建立兩岸經濟制度性合作與一體化協定，並對之進行組織管理。例如，根據WTO關於區域貿易協議的規定，向WTO的「區域貿易協定委員會」提交相關的文件，履行通知義務，接受相關審議。

綜上所述，WTO下兩岸經濟制度性合作與一體化的法律定位與依據對兩岸經濟制度性合作與一體化機制與模式安排有著明確的規範性意義，實踐中兩岸經濟

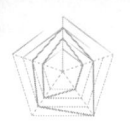

制度性合作與一體化機制與模式安排選擇，應在WTO規則、一個中國的國家主權架構、合作與一體化深化發展要求三者構成的約束空間中進行，並應遵循一套基本原則。

第二節　兩岸經濟制度性合作與一體化機制及模式實踐的選擇探討

上節闡明了建立兩岸經濟制度性合作與一體化機制與模式應遵循的基本原則。在此基礎上，本節著眼於兩岸經濟制度性合作與一體化的特殊性與階段性，比較研究國際區域經濟合作與一體化實踐中的各種法律機制與模式的適應性與適用性，進而，基於合作與一體化的可能進程，提出遵循上述基本原則的兩岸經濟制度性合作與一體化的機制與模式安排建議。

一、區域經濟制度性合作與一體化法律機制及模式實踐的比較

區域合作與一體化組織是依據一定法律準則或原則而建立和運行的。由於具體情形的差異，特別是合作與一體化發展程度的不同，區域經濟合作與一體化國際實踐中的法律機制及模式安排也各不相同。這些有著各自特點的不同的機制與模式，顯然不能照搬於同樣有其自身特殊性的兩岸經濟制度性合作與一體化安排，但無疑有著一定的借鑑意義。

（一）歐洲聯盟法律機制與模式及其借鑑意義

1.歐洲聯盟法律機制與模式

眾所周知，目前的歐洲聯盟（European Union，EU）是由創立於1958年的

歐洲經濟共同體發展演變而來的，經由關稅同盟、共同市場、經濟與貨幣聯盟，現在已經發展成為有著25個成員國的具有一定聯邦性質的經濟、政治、軍事組織。根據1991年12月簽訂的旨在歐洲共同體基礎上建立歐洲經濟與貨幣聯盟與歐洲政治聯盟（統稱為歐洲聯盟）的《歐洲聯盟條約》（又稱《馬斯特里赫特條約》），「共同外交與安全政策」、「司法與國內事務領域的合作」與歐洲共同體一起成為歐盟的三大支柱。現在的歐盟已不僅限於成員之間的經濟合作與一體化，還包括成員之間政治和軍事上的部分合作。在加強司法與內政合作方面，不僅制定了共同移民與避難政策，決定建立「歐盟邊境事務管理署」，而且積極推進機構改革，簽署了首部《歐盟憲法條約》，為歐盟的有效運作與歐洲一體化深化發展奠定了基礎，使得歐盟政治體系極有可能成為未來歐洲聯邦的中央系統。在共同外交與安全方面也取得了突破性進展，頒布了歐盟歷史上首份《歐洲安全戰略》，初步建成歐洲快速反應部隊和歐洲警察部隊。在對外關係方面，歐盟不僅在許多國際經濟貿易場合以其自身名義進行活動，而且與世界大多數國家建立了外交關係，並締結了貿易協定、經貿合作協定、夥伴合作協定或聯繫協定，並與一些地區性組織建立了比較密切的聯繫。可以說，現在的歐盟已經成為一個行使有限國家權力、擁有部分國家特徵的經濟與政治聯合體，並將繼續以漸進的方式趨向建立一個經濟、政治高度整合的聯邦，實現其政治聯盟的目標。

　　從管理機制與模式看，歐盟是一個典型的機制化的國際區域合作與一體化組織，是在一系列機構的管理下運行的。歐盟的法律模式的主要特點就是建立了類似聯邦制的超國家機構。歐盟的主要機構包括歐盟理事會（決策機構）、歐洲委員會（常設執行機構）、歐洲議會（監督、諮詢機構）、歐洲法院（司法仲裁機構）、歐洲審計院、經社委員會和地區委員會（諮詢機構）以及歐洲中央銀行等機構[99]。這些機構的權力由歐盟成員簽訂的《歐洲聯盟條約》和《歐洲共同體條約》賦予和限定。由於這類凌駕在歐盟成員國之上的聯邦性機構的存在，一方面使得一些關於成員國共同利益的特定事項可以在歐盟層面以民主方式決定，另一方面，使得歐盟在許多國際事務特別是國際經貿事務中取得了國際法所承認的「主體資格」。因此，歐盟可以被視為一種聯邦式的一體化機制與模式安排。

　　值得關注的是，歐盟25個成員國的領導人2004年10月29日在羅馬簽署的雖

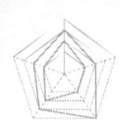

尚未生效的《歐盟憲法條約》對於歐盟法律機制與模式的改革及其影響。《歐盟憲法條約》提出：①設立歐洲理事會主席和歐盟外交部長，組建歐盟外交部，以保持歐盟工作的連續性。歐洲理事會主席的主要職能是為歐盟首腦會議做準備，並主持首腦會議。主席由歐洲理事會（由各成員國國家元首或政府首腦、歐洲理事會主席、歐盟委員會主席和歐盟外長組成，後三者沒有表決權）以有效多數表決方式選舉產生，任期為兩年半，可連選連任一次，主席不能同時在成員國任職。歐盟外交部長由歐洲理事會以有效多數表決方式選舉產生，主要負責歐盟共同外交與安全政策，同時也是歐盟委員會副主席。②改革歐盟委員會，擴大歐洲議會的權力。憲法條約規定，條約生效後產生的第一屆歐盟委員會仍然實行現行的一個成員國一名委員的制度。從第二屆起，歐盟委員會委員的人數將是歐盟成員國數目的三分之二，由各成員國輪流提名。憲法條約增加了歐洲議會同歐盟部長理事會在立法和預算方面進行「共同決策」的領域，賦予歐洲議會在歐洲理事會提名的前提下選舉歐盟委員會主席的權力。為保障人口少的成員國的權益，條約規定歐洲議會的議員人數不能超過750名，每個成員國至少擁有6個名額，最多不能超過96個名額。③改革歐盟理事會和歐盟部長理事會的表決機制。除特別規定外，歐盟理事會和歐盟部長理事會均以「有效多數表決機制」進行決策，即透過決定只需得到55%的理事會成員（這些成員須來自至少15個成員國並代表65%以上的歐盟人口）的贊同。但是，如果要否決歐盟委員會或歐盟外交部長的提案，則需要有72%的理事會成員（代表65%以上的歐盟人口）的反對。④要求歐盟成員國必須盡其所有的軍事和民用能力用於歐盟共同防務政策的實施，最終目標是發展歐盟共同防務。條約規定，一旦某一個成員國受到外來侵略或恐怖襲擊，其他成員國必須提供一切資源進行援助，包括軍事資源。《歐盟憲法條約》的上述主要內容表明，歐盟正在積極推進機構改革，以保證歐盟的有效運作與歐洲一體化深化發展，使得歐盟政治體系極有可能成為未來歐洲聯邦的中央系統。

2.歐洲聯盟法律機制與模式的借鑑意義

歐洲聯盟的發展歷程不僅表明區域合作與一體化的漸進性質，而且顯示了經濟一體化的政治效應以及從經濟合作與一體化邁向政治合作與一體化的可能性。這顯然對兩岸關係問題的和平解決以及兩岸經濟制度性合作與一體化安排及發展

有著一定的啟示意義。

總體而言，由於在「兩岸一中」（或至少「兩岸一國」）與和平統一成為兩岸共識之前，兩岸沒有進行政治性談判的基礎，為防止臺灣當局利用這種機制與模式作為取得獨立國體資格的證明，歐盟這種高度一體化、具有聯邦性質的法律機制與模式，特別是其首腦會議與歐洲議會，在「兩岸一中」（或至少「兩岸一國」）與和平統一成為兩岸共識之前顯然不適合也無法應用於兩岸經濟制度性合作與一體化問題；而且，即便在「兩岸一中」（或至少「兩岸一國」）與和平統一成為兩岸共識之後，從經濟層面看，在兩岸經濟制度性合作與一體化達到經濟與貨幣聯盟之前，這種機制與模式安排也沒有多大的必要性。歐洲法院可以對涉及歐盟條約與法規的案件直接審判，有凌駕於成員國法院之上的態勢。因兩岸合作與一體化的初期發展階段（如自由貿易區）的一體化程度將遠遠低於歐盟，歐洲法院體制不適合初期發展階段的兩岸經濟制度性合作與一體化的性質。

但是，另一方面，歐盟法律機制與模式也有其借鑑價值。歐盟的部長會議機制是WTO多邊貿易體制與所有區域經濟合作與一體化安排所共有的機制，兩岸經濟制度性合作與一體化也應當根據平等互利原則，設立類似的部長會議機制，並以協商一致方式決定合作與一體化的各項基本法律與政策。作為執行機構的歐洲委員會機制也可借鑑於兩岸經濟制度性合作與一體化的相應安排，但也應遵循平等互利原則，雙方以同等數量的委員組成委員會，並以協商一致方式進行集體決策。兩岸合作與一體化即便不需要審計院、經濟與社會委員會、地區委員會這些機構，但卻需要類似的功能與機制安排。一個結合歐洲中央銀行與歐洲投資銀行兩者的部分特點的獨立金融機構，顯然有利於促進兩岸經濟制度性合作與一體化的深化發展與貨幣聯盟的形成。此外，隨著兩岸合作與一體化程度的增強，建立類似歐洲法院體制的兩岸一體化法院將有其必要性。特別地，當「兩岸一中」（或至少「兩岸一國」）與和平統一成為兩岸共識，根據合作與一體化發展進程的客觀要求與兩岸政治關係向國家統一目標發展的現實需要，有著建立兩岸首腦會議機制甚至某種「超國家性」機構的可能性的時候，歐盟的整套法律機制與模式無疑將會貢獻其更大的啟示意義與借鑑價值。

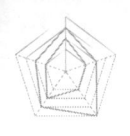

（二）北美自由貿易區法律機制與模式及其借鑑意義

1.北美自由貿易區法律機制與模式

由美國、加拿大和墨西哥三國於1994年建立的北美自由貿易區（NAFTA）[100]，採取了與歐盟完全不同的法律機制與模式。如上所述，歐盟是一個有著嚴密機構的組織，設立有議會、法院和聯邦式的行政機關，具有國際法主體資格，可以從事國際活動。而北美自由貿易區主要憑藉一套為建立和管理自由貿易區而達成的法律規則，不能作為國際經貿活動或國際經濟法的主體。實際上，北美自由貿易區不是一個傳統概念式的「區域經濟組織」，而是一種由條約規定的政府間合作方式，在它之上沒有一個行使一定國家權利、擁有部分國家特徵的經濟和政治的實體。許多與自由貿易區有關的事務及各方義務都已經由《北美自由貿易協定》作出詳細規定。在北美自由貿易區中只有北美自由貿易委員會和北美自由貿易區祕書處兩個行政管理機構。

按照《北美自由貿易協定》第2001條規定建立的三邊自由貿易委員會是北美自由貿易區的最高權力機構。委員會由美國、加拿大、墨西哥三方部長代表或由部長授權的代表組成，每年至少舉行一次會議。委員會的主要職責是解釋、執行《北美自由貿易協定》，建立和監督祕書處的工作，監督自由貿易區內各種功能性委員會的工作，定期評審三國之間的貿易關係，討論與《北美自由貿易協定》有關的任何問題。可見，北美自由貿易委員會與歐盟的部長會議性質相似，在自由貿易區內擁有最高權力。

作為常設機構的北美自由貿易區祕書處，實際上是北美自由貿易委員會負責建立和監督的三個分處美國、加拿大、墨西哥三國的單邊性質的國家級祕書處。北美自由貿易區三個單邊性質的祕書處，基於《北美自由貿易協定》的嚴密性，雖然分處三國，卻有著對應一致的組織結構，並能按照《北美自由貿易協定》的有關條款規定，協調一致地履行《北美自由貿易協定》賦予的職責。根據《北美自由貿易協定》，祕書處的職責是協助北美自由貿易委員會及各種功能性委員會執行《北美自由貿易協定》的條款，特別是負責管理與執行《北美自由貿易協定》的爭端解決規則，解決《北美自由貿易協定》有關的爭議。

事實上，《北美自由貿易協定》第20章規定了北美自由貿易區的爭端解決機制。這一爭端解決機制用於避免和解決締約方之間就協定的解釋和適用產生的爭端和一締約方認為另一締約方已經或擬採取的措施違背了其在協定項下的義務，或導致協定無效或協定項下的利益受到侵害所產生的爭端，但因反傾銷稅和反補貼稅引起的爭端和協定其他章節規定的爭端除外。原則上，就《北美自由貿易協定》、《WTO協定》及其隨後的協定以及由此簽訂的任何協定引起的爭端，締約方可自行選擇《WTO協定》的爭端解決機制和《北美自由貿易協定》的爭端解決機制。如果雙方不能就此達成一致意見，通常應採用《北美自由貿易協定》的爭端解決機制。如果兩種爭端解決程序都已經開始，締約方應協商選擇最終適用何種程序，除非被訴締約方提出按照《北美自由貿易協定》的爭端解決程序解決爭端的要求。

2.北美自由貿易區法律機制與模式的借鑑意義

北美自由貿易區委員會是自由貿易區階段的兩岸經濟制度性合作與一體化可以考慮借鑑的機制與模式，因為雙方派遣的代表層次較低，可以避免一些政治上的不便，尤其是使臺灣當局無法利用這一機制與模式來突顯其所謂「國家地位」，從而有利於維護一個中國的原則。但是，當合作與一體化進程超越自由貿易或關稅同盟後，固守北美自由貿易區委員會這種機制與模式顯然將難以應對合作與一體化進程中的各種問題，難以適應合作與一體化發展的需要。

北美自由貿易區祕書處實質上沒有總部，這種分處三國的單邊性質的祕書處不適合兩岸情形，因為北美自由貿易區這種較為鬆散的行政執行機制是以它擁有一系列的嚴密的條約和協定為基礎的，而反觀兩岸情形，政治對話至今不能開啟，經濟協商仍侷限在民間層次或半官方層次上，而兩岸法規政策差異較大，一旦要籌劃建立自由貿易區，各方面的工作非常繁雜，要克服的障礙也很多，如果沒有統一的祕書處來解決障礙與糾紛，兩岸自由貿易區的建立和運行顯然難以進行。

（三）東盟一體化法律機制與模式及其借鑑意義

1.東盟一體化法律機制與模式

東南亞國家聯盟（ASEAN）簡稱東盟[101]，最初是由印度尼西亞、馬來西亞、泰國、新加坡和菲律賓5國根據《東南亞國家聯盟宣言》於1967年建立的。維護地區穩定與和平是其設立主要目的之一。隨著國際政治經濟情勢的變化發展和文萊、越南、寮國、緬甸、柬埔寨先後加入，經過30多年的發展，現在的東盟已發展成為一個包括東南亞地區10國在內的地區性國際組織，成為當今世界多極化進程中一支十分重要的力量，在維護地區穩定與安全，促進區域政治、經濟、文化、社會和軍事合作，推動亞太地區一體化等方面發揮著越來越重要的作用。近年來，特別是在WTO建立後，東盟國家間開始加強經濟合作與一體化進程，期望能夠如歐盟般形成地區性的經濟聯盟或力量。作為應對世界經濟情勢變化與成員國實際情況的一種手段，經過10年準備的東盟自由貿易區（ASEAN Free Trade Area, AFTA）於2002年元旦正式啟動，象徵著東南亞經濟發展的一個里程碑，成為東盟發展進程中的重要分水嶺。

東盟自由貿易區在其醞釀發展過程中，基於各國在民族、文化、宗教、意識形態的多元化，在發展道路、政治經濟體制、經濟發展水平等方面的差異性，以及東盟自身市場規模相對狹小的現實，形成了自己獨特的發展模式：不干涉內政、協商一致的鬆散機制和地區開放主義的統一市場。與歐盟相比，東盟自由貿易區甚至東盟本身沒有建立起歐盟那種具有準聯邦性質的組織機制，不存在一個獨立的、超國家的機構，而只是一種鬆散的地區性國際組織，強調成員國之間就各種互相關心的問題進行積極廣泛的協商，並為成員國就相關問題進行協商提供一個機制性的平台。由於缺乏強有力的執行機制，東盟國家間的合作，在很大程度上依靠各成員國的配合和對義務的自覺履行。

具體說來，東盟的主要組織機構包括東盟首腦會議、外長會議、常務委員會、各種類型的部長會議、各種功能性委員會和東盟祕書處。東盟首腦會議是東盟的最高決策機構，是東盟各國商討區域合作大計的最主要機制，2001年以來每年舉行一次，主席由成員國輪流擔任。各國首腦有權代表各成員國討論和決定任何與東盟有關的問題，或簽訂新的宣言和協議。東盟外長會議是制定東盟基本政策的機構，由東盟成員國外長組成，每年輪流在成員國舉行。東盟常務委員會是東盟最高一級的執行機構（常設職能委員會、特別委員會、東盟祕書處名義上

都要接受它的領導，而且常務委員會的主席還要充當東盟的政治發言人），負責討論東盟外交政策及落實具體合作項目，負責處理外長會議休會期間的日常工作及每年外長會議的議程，並有權解決那些不能留待外長會議來解決的問題。常務委員會由主辦國外長（任常務委員會主席）、其他成員國駐東道國的大使及東盟祕書處祕書長組成，一年內大約召開6次會議，向外長會議提交年度工作報告，供外長會議審查，負責收集下級機構的報告和建議，轉交外長會議討論和研究。東盟部長會議是協調東盟各國在特定領域合作的重要機制。其中主要的是財長會議、農業部長會議、能源部長會議和環保部長會議等。這些各式各樣的部長會議每年舉行一次。東盟祕書處是常設的行政管理機構，負責東盟的日常事務工作，並協調各種會議和功能性組織的活動。此外，東盟還有許多功能性的委員會和組織。

就東盟自由貿易區的建立和管理而言，根據1993年生效的《共同有效優惠關稅協定》實施共同有效優惠關稅（CEPT）計劃是主要的保障機制。其他推動機制包括東盟產業合作的關稅優惠、對知識權保護的框架協定和有關服務貿易的補充框架協定等。具體實施機構是東盟自由貿易區理事會（AFTA Council），該理事會由東盟成員國的經濟部長和東盟祕書長組成，其任務在於監督、協調及審核CEPT等計劃和協定的實施。在東盟自由貿易區，不僅不存在一個獨立的、超國家的機構，而且沒有設立專門負責審議與處理法律問題及透過司法手段解決成員國爭端的司法機構，也沒有經過正式任命的專家小組。自由貿易區的決議由各國首腦在年度會議上作出。爭端的解決主要靠雙邊的談判，「高級經濟官員會議」是解決談判僵局的一個途徑。東盟成員的經濟部長會議是最終的仲裁者。

2.東盟一體化法律機制與模式的借鑑意義

東盟國家首腦會議模式至少在「兩岸一中」（或至少「兩岸一國」）與和平統一成為兩岸共識之前顯然不適合也無法應用於兩岸合作與一體化問題，因為中國中央政府首腦不可能與任何謀求「臺獨」的臺灣當局的地方首腦進行所謂「對等」協商，簽訂宣言和協議。但東盟的協商一致原則和部長級會議協商機制是可以為兩岸一體化機制與模式所借鑑的。在「兩岸一中」（或至少「兩岸一國」）

與和平統一成為兩岸共識之後，視兩岸合作與一體化進程的需要，可根據政經暫時分離最終結合原則對首腦會議模式加以改造後運用（例如可以考慮以兩岸執政黨首腦會議代替之）。但東盟那種繁雜的部長會議從效率和實用角度看對合作與一體化程度不同的各個發展階段未必完全必要。例如，在兩岸自由貿易區階段，就不應當建立東盟或歐盟那樣的過於複雜龐大的管理體制。事實上，如前所述，合作與一體化的機制與模式應隨合作與一體化發展進程適時調整，以適應合作與一體化的深化發展需要。此外，東盟祕書處性質的日常行政管理機制對兩岸合作與一體化顯然也有其借鑑價值。

（四）亞太經濟合作組織法律機制與模式及其借鑑意義

1. 亞太經濟合作組織法律機制與模式

亞太經濟合作組織（APEC）是繼歐洲聯盟和北美自由貿易區之後出現的又一大區域經濟組織[102]。但亞太經濟合作組織採用一種有別於國際上任何區域經濟集團的獨特的運作方式，在組織形式、磋商機制和合作內容等方面，與歐洲聯盟和北美自由貿易區以及東盟自由貿易區等傳統的區域經濟合作組織有著很大的不同。亞太經濟合作組織作為一種新型的區域經濟合作的組織形式，其特點在於：承認多樣性，強調靈活性、漸進性和開放性；遵循相互尊重、平等互利、協商一致、自主自願的原則；單邊行動和集體行動相結合，在集體制定的共同目標指引下，亞太經濟合作組織各成員根據各自不同的情況，做出自己的承諾與努力。這些原則和做法既符合時代潮流，也符合亞太地區實際，照顧了合作夥伴不同的經濟發展水平和承受能力，使它們不同的權益和要求得到較好的平衡。

在協商與運作機制模式方面，亞太經濟合作組織為實現貿易和投資自由化目標，採取了四個不同層次的而且獨特的協商機制：亞太經濟合作組織領導人非正式會議、部長級會議、高官會、各委員會和工作組。領導人非正式會議是亞太經濟合作組織最高層次的會議，由主權國家或政府的首腦、地區經濟體（如中國香港、中國臺灣）主管經濟的官員參加，每年舉行一次會議。會議以領導人的「承諾」方式透過宣言，而不需簽署正式協定。部長級會議由各成員的外交部長和經貿部長參加，每年舉行一次並發表聯合聲明。會議的主要內容是確定亞太經濟合

作組織發展方向和合作內容框架。高官會作為常設機構，是負責亞太經濟合作組織日常活動的最高機構，每年舉行3～4次會議。各委員會和工作組負責亞太經濟合作組織具體領域的工作。

在爭端解決機制方面，亞太經濟合作組織的爭端解決機制是非強制性機制的組成部分，是一種建立在完全自願基礎上，以協商對話的方式解決貿易和投資自由化的分歧，反對單方面的制裁和威脅的仲裁、調解和協商機制。在亞太經濟合作組織的宣言中沒有規定爭端解決機制的設立、機構和運行方式，成員也並沒有直接賦予亞太經濟合作組織解決彼此之間的經濟衝突的權力。

可見，亞太經濟合作組織是一種比較鬆散的或者說是非正式的經濟合作組織形式，有最終目標但沒有嚴密的行動計劃；成員自主承諾，自主執行，但沒有完善有效的監督與約束機制，沒有強制性的法律約束力。

2.亞太經濟合作組織法律機制與模式的借鑑意義

鑑於兩岸同為亞太經濟合作組織成員（1991年中國以主權國家的身分資格加入，香港、臺灣以地區經濟體資格分別以中國香港、中華臺北的名義加入），亞太經濟合作組織的協商一致、自主自願的基本原則及其協商機制安排，顯然值得兩岸經濟制度性合作與一體化實踐借鑑。但是，亞太經濟合作組織的實踐模式不僅如上所述沒有完善有效的監督與約束機制，沒有強制性的法律約束力，而且其符合WTO無歧視原則的開放性地區主義方式有其難以克服的內在缺陷或侷限性，即成員間的經貿自由化步伐、合作與一體化程度不僅取決於成員自身經濟條件，而且必須考慮非成員「搭便車」行為——非成員的商品與要素可以如同成員商品與要素進入區域內部市場分享成員間市場開放與一體化的成果——對成員承受力的影響，從而難免成員間經貿自由化、合作與一體化步伐緩慢的問題，當然也難以實現傳統封閉性一體化方式能夠實現的特殊目的與利益。因此，亞太經濟合作組織方式主要較適用於兩岸經貿關係正常化階段和兩岸經濟制度性合作的初級階段。

二、兩岸經濟制度性合作與一體化法律機制及模式實踐的選擇

如第一節所述,實踐中,兩岸經濟制度性合作與一體化法律機制及模式安排,應在WTO規則、一個中國的國家主權架構、合作與一體化深化發展要求三者構成的約束空間中進行。進一步明確地說,就是要遵循第二節闡明的兩岸經濟制度性合作與一體化法律機制與模式安排應遵循的基本原則。在此基礎上,兩岸經濟制度性合作與一體化法律機制及模式安排可以借鑑區域經濟合作與一體化國際實踐中的各種管理機制及模式的合理的因素,結合兩岸的具體情況,根據合作與一體化發展進程的不同階段,選擇相應的機制與模式安排,建立相應的協商、運行機制與組織機構。

綜合一體化外溢發展的客觀邏輯、執政者掌控合作與一體化進程的主觀偏好以及兩岸政治關係的現實約束等因素,預期兩岸經濟制度性合作與一體化將呈現循序漸進的發展進程,在經過探索試驗階段實現兩岸經貿關係正常化與部分領域自由化之後,大致會經歷「兩岸自由貿易區」、「兩岸關稅同盟」、「兩岸共同市場」、「兩岸經濟與貨幣聯盟」等發展階段,最終可能以「完全的兩岸經濟一體化」形式走向兩岸經濟社會的全面統一。結合上述對區域經濟合作與一體化國際實踐中各種法律機制及模式的適應性與適用性的比較分析,筆者預期,隨著兩岸政治關係的發展演變以及合作與一體化進程的深化發展,兩岸經濟制度性合作與一體化的法律機制及模式安排先後大致可能出現以下幾種階段性形態:

一是亞太經濟合作組織式的法律機制與模式。如上所述,這種機制與模式主要適用於兩岸經貿關係正常化階段與兩岸經濟制度性合作的初級階段。主要是借鑑APEC的較鬆散、非正式的組織模式和靈活簡便的合作機制,以便在一個中國的國家主權架構下,以政經暫時分離原則超越當前兩岸政治僵局的約束,建立起有效的協商機制,解決當前急需解決的兩岸經貿問題,聯手推動兩岸經貿關係正常化與兩岸經濟制度性合作與一體化。在具體推動過程中,不僅要建立行業對行業、公司對公司、區域對區域、政府對政府的多層次的協商機制,而且可採取民

間層面上的推動和政府層面上的推動有機結合的推動方式，即以民間層面的合作機制為紐帶的政府層面的間接對話和協商機制。如此，一方面可以利用民間層面協商方式以跨越兩岸之間的政治分野，迴避「法律管轄權」這樣的政治性質問題，另一方面，又可以有效克服民間層面的推動方式缺乏權威性和強制性、不能解決兩岸合作機制所涉及的公權力的分配與政府政策的侷限性。實踐中，具體做法可以有兩個：一是政府授權、民間磋商，即由政府授權特定的民間機構就相關問題進行磋商，達成共識和具體的操作規程；二是民間磋商、政府認可，即先由兩岸民間機構（如行業協會）就相關問題進行磋商並達成共識後，再由政府部門認可並對相關法規及政策進行相應調整。

　　二是北美自由貿易區式的法律機制與模式。當兩岸經貿易關係正常化後，為推動兩岸貿易、投資的自由化與便利化，可借鑑北美自由貿易區模式，簽署「兩岸自由貿易協定」，成立「兩岸自由貿易委員會」及其祕書處與相對專門領域的工作組，建立有效的執行和監督機制。當然，如前所述，因北美自由貿易區的單邊性質祕書處可能不適合兩岸自由貿易區的需要，可以採用東盟或WTO祕書處性質的機制，也可以建立介於北美自由貿易區祕書處與東盟祕書處之間的機制。例如，設立一個雙邊性質的總祕書處與兩個分處兩岸的單邊性質的分祕書處，進行分工合作；或者在雙邊層面設立一個總祕書處，由其向兩岸派出兩個分處開展工作。實踐中，「兩岸自由貿易區」的機構安排與組織實施也可借鑑內地與香港、澳門的CEPA方式（參見安民，2004）：成立類似CEPA「聯合指導委員會」的「兩岸自由貿易委員會」（由雙方主管對外經貿事務的部長級高層代表或指定的官員組成），以協商一致的方式做出決定，並監督「兩岸自由貿易協定」的執行，解釋協定的規定，解決協定執行過程中可能產生的爭端，擬訂協定內容的增補及修正，指導其祕書處與工作組的工作，並處理與自由貿易協定執行有關的任何其他事宜；設立類似CEPA「聯絡辦公室」的「兩岸自由貿易委員會祕書處」，並根據需要在貨物貿易、服務貿易和貿易投資便利化等各領域設立專門的「兩岸自由貿易委員會工作組」，負責組織落實各項具體工作。此外，一個結合歐洲中央銀行與歐洲投資銀行兩者的部分特點的獨立金融機構，顯然有利於促進兩岸經濟制度性合作與一體化的深化發展與貨幣聯盟的形成。

三是東盟一體化式的法律機制與模式。當兩岸合作與一體化進程超越自由貿易區、關稅同盟進入了共同市場並邁向經濟與貨幣聯盟階段，為適應兩岸合作與一體化進程的需要，實現兩岸商品與要素的自由流動、兩岸財稅與貨幣等經濟政策以及一些社會政策的協調一致，兩岸可以借鑑東盟一體化模式與機制，但應做適當的改造。一是根據一個中國原則下的政經暫時分離最終結合原則，對東盟首腦會議模式加以改造後運用於兩岸問題。例如，實踐中可以考慮以兩岸執政黨首腦會議行使東盟首腦會議的職能。二是根據兩岸合作與一體化進程的實際需要設立相應領域的「部長會議」，以免除東盟部長會議的繁雜性，並提升其適用性。三是為了避免出現職能重疊、政出多門的情況，應當透過制定有關條約來規定各個機構的職能和管轄範圍。四是應借鑑北美自由貿易區或WTO的經驗建立和完善東盟一體化的爭端解決機制。

四是歐洲聯盟式的法律機制與模式。當兩岸合作與一體化進程進入到經濟與貨幣聯盟、完全的經濟一體化階段，需要建立「超國家性」機構以制定和實施統一的經濟與社會政策的時候，特別是當兩岸願意在經濟一體化基礎上以聯邦制方式實現和平統一，邁向兩岸經濟社會全面統一的目標的時候，歐盟的整套法律機制與模式就可經過適當改造後運用於兩岸一體化問題。主要是兩岸一體化的「部長理事會」、「執行委員會」要根據平等互利原則以協商一致方式進行集體決策。

最後，需要指出的是，兩岸經濟制度性合作與一體化的目的在於促進兩岸經濟發展與和平統一，所以，應透過友好協商方式來解決合作與一體化組織內所發生的任何爭端。鑒於合作與一體化組織成員相互負有超越WTO的特別約定義務，為保證這些特別義務的落實，合作與一體化組織應設有自己的爭端解決機制。兩岸可參考WTO經驗建立專家審查制度，或參照歐盟經驗設立專門法院，也可參考北美自由貿易區經驗設立祕書處解決爭端。實踐中，應根據合作與一體化發展進程的需要設立相對的爭端解決機制。對於初期的兩岸經濟制度性合作與一體化而言，由於僅限於經濟上的合作，歐盟法院式的權力機構顯得與目的不符；而合作與一體化組織內成員之間的特殊關係又使得WTO的爭端解決機構顯得有些繁瑣。因此，一個結構簡單並能確保中立的爭端解決機制，如附屬於祕書處的專家裁判

庭或直接受「部長會議」管轄的專家裁判庭，對兩岸經濟制度性合作與一體化組織較為理想。至於合作與一體化組織爭端解決機制適用的範圍，應在兩岸合作與一體化的基本文件中明確規定其排他性，即：合作與一體化中的有關爭端只能訴諸合作與一體化組織的爭端解決機制；或者至少明確規定其優先性，即：原則上除了歸屬WTO框架規範的兩岸經貿事務爭端可以選擇WTO或合作與一體化組織的爭端解決機制之外，兩岸合作與一體化中的有關爭端通常應採用合作與一體化組織的爭端解決機制。

第三節　本章小結

區域合作與一體化的機制與模式是指在合作與一體化過程中所建立起來的管理合作與一體化活動的各種組織機構、規範合作與一體化活動的各種規則章程，以及處理合作與一體化問題（反映、議決、執行）的各種程序體制，甚至包括在合作與一體化進程中形成的各種習慣、觀念和認同。本章借鑑區域合作與一體化機制與模式的理論思想與實踐經驗，並主要基於兩岸特殊的政治經濟關係、合作與一體化的法律性質定位和可能的發展進程，探討了WTO下兩岸經濟制度性合作與一體化的機制與模式問題。首先根據WTO下兩岸經濟制度性合作與一體化的法律性質定位，並借鑑實踐中國際區域經濟合作與一體化機制與模式安排的一般原則，提出並闡明了兩岸經濟制度性合作與一體化機制及模式安排應遵循的基本原則；在此基礎上，著眼於兩岸經濟制度性合作與一體化的特殊性與階段性，對國際區域經濟合作與一體化實踐中的各種法律機制與模式的適應性及適用性進行了比較分析，進而，基於合作與一體化的可能進程，提出了兩岸經濟制度性合作與一體化的機制及模式安排建議。本章研究的主要結論如下：

實踐中的區域合作與一體化組織是依據一定法律準則或原則而建立和運行的。區域合作與一體化機制及模式安排選擇一方面取決於特定的合作與一體化發展程度，另一方面也取決於合作與一體化各成員之間的特定關係。較之於國際區

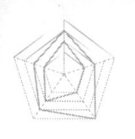

域經濟合作與一體化，兩岸經濟制度性合作與一體化機制及模式安排既應有其共性的一面，也應有其特殊的一面。特定的合作與一體化發展程度仍然是實踐中兩岸經濟制度性合作與一體化機制與模式性質的一個主要決定因素。WTO下兩岸經濟制度性合作與一體化的法律性質定位，乃是確立實踐中兩岸經濟制度性合作與一體化機制與模式原則的根本依據。WTO下兩岸經濟制度性合作與一體化，本質上是同一主權國家內部不同關稅區作為WTO平等成員之間的經濟合作與一體化安排，或者說是同為WTO成員的中國國家主體與其單獨關稅區之間的合作與一體化安排，而不是通常意義中的主權國家之間的經濟合作與一體化安排。這一法律性質定位對WTO下兩岸經濟制度性合作與一體化機制與模式安排有著明確的規範：既要展現兩岸經濟體作為WTO平等成員之間的經貿關係，又不得突破兩岸同屬一個中國的國家主權架構。這既排除了「國內經貿關係論」者希望以所謂國內經貿關係規範兩岸經濟制度性合作與一體化安排的可能性，也從根本上否定了「泛國際化論」者以所謂國際區域合作與一體化模式規範兩岸經濟制度性合作與一體化的主張。前者顯然意味著兩岸經濟制度性合作與一體化機制及模式安排應遵守WTO相關規則，而後者則意味著兩岸經濟制度性合作與一體化機制及模式安排需要防止任何過分強調主權對等原則以圖將兩岸在WTO下的平等經貿主體關係上升到國際社會的平等政治主體關係、將兩岸關係納入實質的「兩個中國」或「一邊一國」框架內的做法。實踐中，兩岸經濟制度性合作與一體化法律機制與模式安排，應在WTO規則、一個中國的國家主權架構、合作與一體化深化發展要求三者構成的約束空間中進行。

根據WTO下兩岸經濟制度性合作與一體化的法律性質定位及其對兩岸經濟制度性合作與一體化機制與模式安排的明確規範，並借鑒實踐中國際區域合作與一體化法律機制與模式安排的一般原則，筆者認為，兩岸經濟制度性合作與一體化機制與模式安排，首先必須堅持一個中國的原則，即必須在兩岸同屬一個中國的國家主權架構下進行；其次，在一個中國原則下，兩岸在合作與一體化過程中可以WTO成員身分平等互利地進行經貿合作；再者，為順應客觀情勢發展需要並為累積互信與共識，兩岸經濟制度性合作與一體化安排可以在兩岸都堅持「兩岸一中」（或至少「兩岸一國」）與和平統一的立場下，採用經濟合作與政治合作暫

時分離最終結合的原則；在此基礎上，還應基於兩岸政治經濟關係發展的情勢、需要與可能，採取靈活簡便的方式，自解決緊迫問題著手，從易到難，從簡到繁，由民間到官方，由非正式到正式，從鬆散到緊密，循序漸進地進行。此外，兩岸都已是WTO成員，WTO下兩岸經濟交流、合作與一體化方式安排自然應遵守WTO的法律原則和有關規定。

　　由於具體情形的差異，特別是合作與一體化發展程度的不同，區域經濟合作與一體化國際實踐中的法律機制及模式安排也各不相同。這些有著各自特點的不同的機制與模式，顯然不能照搬於同樣有其自身特殊性的兩岸經濟制度性合作與一體化安排，但無疑有著一定的借鑑意義。WTO下兩岸經濟制度性合作與一體化機制與模式安排，應在遵循上述基本原則的基礎上，借鑑區域經濟合作與一體化國際實踐中的各種管理機制及模式的合理的因素，結合兩岸的具體情況，根據合作與一體化發展進程的不同階段，選擇相對的機制與模式安排，建立相應的協商、運行機制與組織機構。筆者預期，隨著兩岸政治關係的發展演變以及合作與一體化進程的深化發展，兩岸經濟制度性合作與一體化的法律機制及模式安排先後大致可能出現這樣幾種階段性形態：一是主要適用於兩岸經貿關係正常化階段與兩岸經濟制度性合作初級階段的亞太經濟合作組織模式與機制；二是在主要是推動貿易、投資自由化與便利化的兩岸合作及一體化初級階段，可借鑑北美自由貿易區及內地與港、澳的CEPA模式與機制；三是當兩岸合作與一體化進程超越自由貿易區、關稅同盟進入了共同市場並邁向經濟與貨幣聯盟階段，兩岸可以借鑑東盟一體化模式與機制，但應做適當的改造；四是當兩岸合作與一體化進程進入到經濟與貨幣聯盟、完全的經濟一體化階段，需要建立「超國家性」機構以制定和實施統一的經濟與社會政策的時候，特別是當兩岸願意在經濟一體化基礎上以聯邦制方式實現和平統一，邁向兩岸經濟社會全面統一的目標的時候，歐盟的整套法律機制與模式可經過適當改造後運用於兩岸一體化問題。

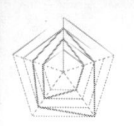

參考文獻

（按作者姓氏拼音和英文字母順序排列）

一、英文部分

[1]Allen，P. R.（1982），Increased Wage or Productivity Differentials in a Monetary Union'，in M.T.Sumner and G.Zis（eds），European Monetary Union：Progress and Prospects，pp.195-215，London：Macmillan.

[2]Allen，P. R.（1983），Cyclical imbalance in a Monetary Union'，Journal of Common Market Studies，vol.21，pp.313-327.

[3]Amin，S.（1975），Accumulation on a World Scale：A Critique of the Theory of Underdevelopment，New York and London：Monthly Review Press.

[4]Arndt，S. W.（1973），Joint Balance：Capital Mobility and the Monetary System of a Currency Area'，in H.G.Johnson and A.K.Swoboda（eds），The Economics of Common Currency，pp.196-209.

[5]Balassa，B.（1962），The Theory of Economic Integration，London：Allen and Unwin.

[6]Balassa. B.（1975），European Economic Integration，North Holland Publishing Company.

[7]Baldwin，R. E.（1990），On the Microeconomics of the European Monetary Union'，European Economy，Special Edition，1.

[8]Berglas，E.（1979），Preferential Trading Theory：The n Commodity

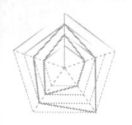

Case', Journal of Political Economy, vol. 87, pp.315-331.

[9]Berglas, E.（1983）, The Case for Unilateral Tariff Reductions: Foreign Tariff Rediscovered', American Economic Review, vol. 73, pp.1141-1142.

[10]Cardoso, F. H.（1972）, Dependent Capitalist Development in Latin America', New Left Review, no.6.

[11]Commission of the European Communities（1993）, The Economics of Community Public Finance', European Economy, no. 5.

[12]Concil for Economic Planning and Development（2008）, Taiwan Statistical Data Book 2008[EB/OL]. http://www.cepd.gov.tw/m1.aspx?sNo=0000200&key=&ex=2&ic=0000153, 2008-07-15.

[13]Cooper, C. A.and Massell, B.F.（1965）, Towards a General Theory of Customs Unions for Developing Countries', Journal of Political Economy, vol.73, pp.461-476.

[14]Corden, W. M.（1972a）, Economies of Scale and Customs Union Theory', Journal of Political Economy, vol.80, pp.465-475.

[15]Corden, W. M.（1972b）, Monetary Integration', Essays in International Finance, no.93, Princeton, N.J.: International Finance Section, Princeton University Press.

[16]Deutsch, K. W.et al.（1957）, Political Community and the North Atlantic Area: International Organization in the Light of Historical Experience, Princeton University Press.

[17]Deutsch, K. W.（1964）, Communication Theory and Political Integration', in P.E.Jacob and J.V.Toscano（eds）, The Integration of Political Community, Philadelphia: J.P.Lippencott and CO.

[18]Deutsch, K. W.（1981）, On Nationalism, World Region, and the

Nature of the West', in P.Torsvik (ed.), Mobilization, Center-Periphery Structures and Nation-Building：A Volume in Commemoration of Stein Rokkan.Bergen：Universitetsforlaget.

[19]Farmer, R. D. (2000), Costs of Economic Sanction to the Sender', World Economy, vol.23, no.1, pp.105-109.

[20]Fawcett, L. (1995/1997), Regionalism in Historical Perspective', in L. Fawcett and A.Hurrell (eds), Regionalism in World Politics：Regional Organization and International Order, Oxford University Press, pp.17-30.

[21]Fleming, J. M. (1971), On Exchange Rate Unification', EconomicJournal, vol.81, pp.467-488.

[22]Frank, A. G. (1966), The Development of Underdevelopment', Monthly Review, vol.18, No.4, pp.19-47.

[23]Frank, A. G. (1967), Capitalism and Underdevelopment in Latin America：Historical Studies of Chile and Baril, New York：Monthly Review Press.

[24]Gatsios, K. and Seabright, P. (1989), Regulation in European Community', Oxford Review of Economic Policy, vol.5, pp.37-60.

[25]Goodhart, C. A.E&Smith, S (1993), Stabilization', European Economy, no.5, pp.417-455.

[26]Gros, D. and Thygesen, N. (1990), The Institutional Approach to Monetary Integration In Europe', Economic Journal, vol.100, pp.925-935.

[27]Haas, E. (1958/1968), The Uniting of Europe：Political, Social and Economics Forces, 1950-1957, Stanford University Press (2〃d edition).

[28]Haas, E. (1964), Beyond the Nation-Slate：Functionalism and International Organization, Stanford University Press.

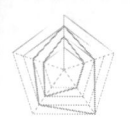

[29]Harrison, R.(1974), Europe in Question: Theories of Regional International Integration, London: George Allen and Unwin Ltd.

[30]Helpman, E. and Krugman, P.R.(1985), Market Structure and Foreign Trade, Brighton: Wheatsheaf Press.

[31]Helpman, E. and Krugman, P.R.(1989), Trade Policy and Market Structure, Cambridge, MA: MIT Press.

[32]Hirsch, F.(1972), The Political Economics of European Monetary Integration', World Today, vol. 22, pp.1377-1379.

[33]Hoffmann, S.(1966), Obstinate or Obsolete? The Fate of the Nation State and the Case of Western Europe', Daedalus, vol. 95(2), pp.862-915.

[34]Hurrell, A.(1995/1997), Regionalism in Theoretical Perspective', in L. Fawcett and A.Hurrell(eds), Regionalism in World Politics: Regional Organization and International Order, Oxford: Oxford University Press, pp.37-73.

[35]Ingram, J. C.(1962), Regional Payments Mechanisms: The Case of Puerto Rico, Carolina: University of Carolina Press.

[36]Ingram, J. C.(1969), Comment: The Currency Area Problem', in R.A.Mundell and A.K.Swoboda(eds), Monetary Problems Of the International Economy, pp.95-100, Chicago: University of Chicago Press.

[37]Johnson, H. G.(1962), The Economic Theory of Customs Unions', Pakistan Economic Journal, vol.10, pp.14-32.

[38]Johnson, H. J.(1965), An Economic Theory of Protectionism, Tariff Bargaining and The Formation of Customs Unions', Journal of Political Economy, vol.73, pp.256-283.

[39]Johnson, H. G.(1971), Problems of European Monetary Union', Journal of World Trade Law, vol.5 pp.377-387.

[40]Kafka, A.(1969),'Regional Monetary Integration of the Developing Countries', in R. A.Mundell and A.K.Swoboda(eds),Monetary Problems Of the International Economy, pp.135-143, Chicago: University of Chicago Press.

[41]Kemp, M. and Wan, H.(1976),'An Elementary Proposition Concerning the Formation of Customs Unions', in M.kemp(ed.),Three Topics in the Theory of international Trade: Distribution, Welfare and Uncertainty Amsterdam: North-Holland.

[42]Kenen, P.(1969),'The Theory of Optimum Currency Areas: An Eclectic View', in R. A.Mundell and A.K.Swoboda(eds),Monetary Prob-lems Of the International Economy, pp.41-60, Chicago: University of Chicago Press.

[43]Keohane, R.(1989),'International Institutions and State Power: Essays in International Relations Theory, Boulder, San Francisco&London: Westview Press.

[44]Krauss, M. B.,(1972),'Recent Development in Customs Union Theory: An Interpretative Survey', Journal of Economic Literature, vol.10, pp.413-436.

[45]Lindberg, L.(1963),'The political Dynamics of European Economic Integration, Stanford University Press.

[46]Lipsey, R.(1960),'The Theory of Customs Unions: A General Survey', Economic Journal, vol. 70, pp.496-538.

[47]Lutz, F. A.(1972),'Foreign Exchange Policy and European Eco-nomic integration', in American Enterprise Institute for Public Policy Research, Washington(ed.),International Monetary Problems, pp.107-123.

[48]MacDougall, G. D.A.(1975),'Discussion Paper', in Report of the Study Group on Economic and Monetary Union in 1980, Annex II, pp.97-103, Brussels: the Commission.

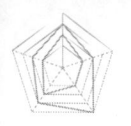

[49]Mackay, R. W.G. (1961), Towards a United States of Europe: An Analysis of Britain's Role in European Union, London: Hutchinson.

[50]Mayes, D. J. (1978), The Effects of Economic Integration on Trade', Journal of Common Market Studies, vol.17, pp.1-25.

[51]Mayes, D. J. (1983), EC Trade Effects and Factor Mobility', in El-Agraa (ed.), British within the European Community-The Way Forward, London: MacMillan, pp.88-121.

[52]Mckinnon, R. (1963), Optimum Currency Areas', American Eco-nomic Review, vol. 53, pp.717-725.

[53]Meade, J. E. (1951), The Removal of Trade Barriers: The Region-al versus the Universal Approach', Economica, (5), pp.190-201.

[54]Meade, J. E. (1953), Problems Of Economic Union, London: Allen&Unwin.

[55]Meade, J. E. (1955), The Theory of Customs Unions, Amsterdam: North-Holland.

[56]Mitrany, D. (1943), A Working Peace System: An Argument for the Functional Development of International Organization, London: Royal Institute of International Affairs.

[57]Mitrany, D. (1948), The Functional Approach to World Organiza-tion', International Affairs, vol. 24 (3).

[58]Mitrany, D. (1975), The Functional Theory of Politics, London School of Economics and Political Science.

[59]Moravcsik, A. (1993a), Preferences and Power in the European Community: A Liberal Intergovernmentalist Approach', Journal of Common Market Studies, vol. 31, No 4, pp.472-524.

[60]Moravcsik, A.(1993b),Liberalism and International Relations Theory, Paper No. 92-6, Harvard University Center for International Affairs, p.7-13.

[61]Moravcsik, A.(1998),The Choice for Europe：Social Purpose and State Power from Messina to Maastricht, Ithaca：Cornell University Press.

[62]Mundell, R. A.(1961),A Theory of Optimum Currency Areas', American Economic Review, vol.53, pp.657-664.

[63]Musgrave, R. A.(1969),Fiscal Systems, New Haven, Conn., and London：Yale University Press.

[64]Mutimer, D.(1994),Theories of Political Integration', in H. J.Michelmann and P.Soldatos（eds）, European Integration：Theories and Approaches, University Press of American, pp.1-21.

[65]Nugent, N.(1999),The Government and Politics of the European Union, 4th edition, Hampshire：Macmillan.

[66]Nye, J. S.(ed.)(1968),International Regionalism：Readings, Boston：Little Brown&Co.

[67]Oates, W.(1972),Fiscal Federalism, New York：Harcourt Brace Jovanovich.

[68]Oates, W.(1977),Fiscal Federalism in Theory and Practice：Applications to the European Community', in Commission of the European Communities(1977),Report of the Study Group on the Role of Public Finance in European Integration, vol. 2, pp.279-320.

[69]Palmer, N. D.(1991),The New Regionalism in Asia and the Pacific, Lexington Books.

[70]Pentland, C.(1975),Functionalism and Theories of International Political Integration', In A J R Groom and P. Taylor（eds）, Functionalism：The-

245

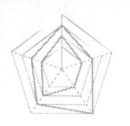

ory and Practice in International Relations,N.Y.:Crane,Russak&Company,Inc.

[71]Robson,P.(1993),Transnational Corporations and Regional Economic Integration,London:Routledge.

[72]Robson,P.(1998),The Economics of International Integration,4th edition,London:Routledge Limited.

[73]Sandholtz,W. and Sweet,A.S.(eds)(1998),European Integra-tion and Supranational Governance,Oxford University Press.

[74]Schmitter,P. C.(1971),A Revised Theory of European Integra-tion',in L.N.Lindberg and S.A.Scheingold(eds),Regional Integration:The-ory and Research,Harvard University Press.

[75]Scitovsky,T.(1958),Economic Theory and Western European Integration,London:Allen&Unwin.

[76]Smith,A. and Venables,A.J.(1988a),Completing the Internal Market in the European Community:Some Industry Simulations',European Economic Review,vol.32,pp.1501-1525.

[77]Smith,A. and Venables,A.J.(1988b),The Costs of Non-Eu-rope:An Assessment Based on A Formal Model of Imperfect Competition and E-conomies of Scale',in CEC,Studies on the Economics of Integration vol.2,Lux-embourg:CEC.

[78]Tinbergen,J.(1957),Customs Unions:Influence of Their Size on Their Effect',Zeitschrift der gesamten Staatswissenschaft,vol. 113,pp.404-414.

[79]Tower,E.&Willett,T. D.(1970),The Concept of Optimum Cur-rency Areas and the Choice between Fixed and Flexible Exchange Rates',in George N.Halm(ed.),Approaches to Greater Flexibility of Exchange Rates The B rgenstock Papers,pp.407-415,Princeton:Princeton University Press.

[80]Vaubel, R.（1978）,Strategies for Currency Unification, Tübingen：Mohr.

[81]Viner, J.（1950）,The Customs Union Issues, New York：Carnegie Endowment for International Peace.

[82]Wang, Z.（1997）,The Impact of China and Taiwan Joining the World Trade Organization on U. S.and World Agricultural Trade：A Computable General Equilibrium Analysis', Technical Bulletin Number 1858, pp.12-24, Washington, D.C.：The United States Department of Agriculture.

[83]Wang, Z. and Schuh, G.E.（2000）,Economic Integration Among Taiwan, Hong Kong and China：A Computable General Equilibrium Analysis', Pacific Economic Review, vol.5, no.2, pp.243-260.

[84]Wendt, A.（1999）,Social Theory of International Politics, Cambridge&New York：Cambridge University Press.

[85]Williamson, J.（1971）,On Estimating the Income Effects of British Entry into the EEC', Survey Papers in Economics, 5.

[86]Wistrich, E.（1991）,After 1992：The United States of Europe, London：George Allen and Unwin Ltd.

[87]Wonnacott, P. and Wonnacott, R.（1981）,Is Unilateral Tariff Reduction Preferable to A Customs Union？The Curious Case of The Missing Foreign Tariffs'.American Economic Review, vol.71, pp.704-714.

[88]Wonnacott, P. and Wonnacott, R.（1984）,How General Is the Case for Unilateral Tariff Reduction？'American Economic Review, vol.74, pp.491-512.

[89]Wonnacott, P. and Wonnacott, R.（1992）,The Customs Union Issue Reopened', World Economy, vol.60, no.2, pp.19-135.

[90]Wooton, I.（1988）,Towards a Common Market：Factor Mobility in a Customs Union',Canadian Journal Economics, vol. 21,pp.525-538.

[91]Wyatt-Walter, A.（1995/1997）,Regionalism, Globalization, and World Economic Order',in L. Fawcett and A.Hurrell（eds）,Regionalism in World Politics：Regional Organization and International Order, pp.77-97,Ox-ford University Press.

二、中文部分

[92]安民主編（2004）.內地與香港、澳門更緊密經貿關係安排知識讀本[M].北京：中國商務出版社.

[93]曹沛爭、徐栩（2000）.中國「入世」與「中國經濟一體化」的發展[J].安徽大學學報（哲學社會科學版），（6）.

[94]曹小衡（2001）.東亞經濟格局變動與兩岸經濟一體化研究[M].北京：中國對外經濟貿易出版社.

[95]曹小衡（2002）.21世紀初期海峽兩岸經濟一體化趨勢[A].李非（主編）.21世紀初期海峽兩岸經濟關係走向與對策[C].北京：九州出版社.93-143.

[96]陳恩（2003）.臺灣地區經濟結構分析——從產業結構角度切入[M].北京：經濟科學出版社.

[97]陳文俊、蘇嘉宏、黃志呈（2005）.臺灣在海峽兩岸關係中的「國家利益」[A].廈門大學臺灣研究院、「985工程」臺灣研究創新基地、廈門大學臺灣研究中心（主編）.臺灣研究的基礎與前沿學術研討會論文集[C].241-248.

[98]陳向聰（2002）.兩岸經濟合作機制的選擇及制度框架[J].現代臺灣研究，（5）.

[99]陳玉剛（2001）.國家與超國家：歐洲一體化理論比較研究[M].上海：上海人民出版.

[100]遲福林（2002）.中國自由貿易區的構想[J].港口經濟，（6）.

[101]詹姆斯，多爾蒂、小羅伯特，普法爾茨格拉夫（1987）.爭論中的國際關係理論（邵文光譯）[M].北京：世界知識出版社.

[102]鄧利娟（2001）.評蕭萬長的「兩岸共同市場」構想[J].臺灣研究集刊，（3）.

[103]鄧力平、唐永紅（2003）.經濟全球化、WTO與中國特殊經濟區再發展[M].廈門：廈門大學出版社.

[104]特奧托尼奧，多斯桑托斯（1999）.帝國主義與依附（楊衍永等譯）[M].北京：社會科學文獻出版社.

[105]卡爾，多伊奇（1992）.國際關係分析[M].北京：世界知識出版社.

[106]範宏雲、余雄（2003）.關於建立兩岸自由貿易區的國際法思考[J].湖北經濟學院學報，（1）.

[107]福建特色研究會課題組（1997）.建立臺灣海峽經濟區的戰略構想[J].福建學刊，（5）.

[108]高長（1997）.兩岸經貿關係之探討[M].臺北：天一出版社.128-145.

[109]高長（2003）.從國際分工前晤兩岸合組FTA[N].（臺灣）聯合報，2003-03-23.

[110]高希均（1988）.中國人如何面對經濟壁壘？建立「亞洲華人共同市場」的探討[J].遠見雜誌，（29）.

[111]高孔廉（2004）.WTO架構下兩岸經貿合作機制展望[N].（臺灣）國政分析，2004-12-03.

[112]國臺辦（2008）.兩岸「三通」大事記（1979年-2000年）、（2001年-2008年）[EB/OL].http://www.gwytb.gov.cn/lajm.asp，2008-12-23.

[113]國家統計局（2008a）.中國統計年鑑2007[EB/OL].http://www.stats.gov.cn/tjsj/ndsj/，2009-01-02.

[114]國家統計局（2008b）.中華人民共和國2007年國民經濟和社會發展統

計公報[EB/OL].http://news.xinhuanet.com/newscenter/2008-02/28/content7687416.htm，2008-02-28.

[115]國家統計局（2008c）.國際統計數據2007[EB/OL].http://www.stats.gov.cn/tjsj/qtsj/gjsj/2007/t20080701402489627.htm，2009-01-22.

[116]郭萬達、馮蘇寶（2002）.在WTO框架內建立兩岸四地自由貿易區[A].入世後的中國：兩岸四地經濟合作展望（2001年年度研究報告）[C].綜合開發研究院（中國·深圳）.

[117]哈丁，哈里（1993）.脆弱的關係：1972年以來的美國和中國[M].香港：三聯書店.

[118]韓清海（2004）.工業發展[A].鄧利娟（主編）.21世紀以來的臺灣經濟：困境與轉折[C].北京：九州出版社.48-91.

[119]黃範章、常修澤、曹小衡、徐忠（1998）.對海峽兩岸經貿關係的思考[A].海峽兩岸關係研究中心.合則兩利——兩岸經濟關係研究論文集[C].北京：九州圖書出版社.76-91.

[120]黃梅波、鄭瑩（2005）「兩岸共同市場」：兩岸經濟整合的最佳形式[J].開放潮，（8）.

[121]黃紹臻（2005）.海峽兩岸經濟一體化的發展趨勢和目標定位[J].福建論壇（人文社會科學版），（10）.

[122]黃枝連（1980）.美國203年——對「美國體系」的歷史學與未來學的分析（下卷）[M].香港：中流出版社有限公司.

[123]洪子仲（1995）.兩岸金融業務往來新進展[N].（香港）信報，1995-06-30.

[124]火山（2005）.王金平倡議金門建「一網三區」打造穩健兩岸關係[EB/OL].http://jczs.sina.com.cn/2005-06-13/1504296633.html，2005-06-13.

[125]賈慶林（2006）.進一步推動兩岸經貿合作[EB/OL].http://www.chinataiwan.org/web/webportal/W5267095/Uyyping/A237093.htn 2006-04-14.

[126]金泓汎（1991）.中國經濟的一體化與「海峽兩岸經濟圈」設想[J].臺灣研究，（3）.

[127]李非（2000）.海峽兩岸經濟合作問題研究[M].北京：九州出版社.

[128]李非（2001）.發展「中華經濟區」，邁向「共同市場」[J].投資中國，（2）.

[129]李非（2002）.21世紀初期海峽兩岸經濟關係走向與對策[M].北京：九州出版社.

[130]李非（2003）.加入WTO與兩岸經貿發展[M].北京：九州出版社.

[131]李非（2004）.臺灣經濟發展通論[M].北京：九州出版社.

[132]李非（2005）.建立「兩岸共同市場」問題研究[J].臺灣研究，（3）.

[133]李順德（1996）.政府大陸經貿政策急剎車[N].（臺灣）經濟日報，1996-08-15.

[134]廖福順（1991）.臺海兩岸區域經濟合作構想的新發展[N].（臺灣）新新聞（週刊），1991-01-20.

[135]梁國樹（1998）.對中華經濟圈構想之看法[A].國際經貿政策建言[C].臺北：遠流出版事業股份有限公司.147-159.

[136]林凌（2002）.東亞經濟格局的變化與臺灣經濟的未來[J].改革，（2）.

[137]林秀姿、劉勝鴻（2001）.蕭萬長：經貿統合，有大格局，有前瞻性[N].（臺灣）新臺灣新聞週刊，2001-01-06.

[138]林媛媛（2003a）.構建海峽兩岸自由貿易區的可行性分析[J].國際經貿探索，（6）.

[139]林媛媛（2003b）.關於海峽兩岸自由貿易區目標模式的研究[J].國際貿易問題，（8）.

[140]劉兵（2003）.加入WTO與海峽兩岸經貿政策調整[A].李非（主編）.加入WTO與兩岸經貿發展[M].廈門：廈門大學出版社.118-135.

[141]劉進慶（1999）.亞洲經濟危機對兩岸經濟之影響和兩岸經貿協作的新形勢[J].臺灣研究集刊，（3）.

[142]劉力、宋少華（2002）.發展中國家經濟一體化新論[M].北京：中國財政經濟出版社.

[143]劉玉安、楊麗華（2002）.全球化、區域化與國家主義[J].文史哲，（1）.

[144]盧天嬌（2004）.國務院批准廈門試點區港聯動[EB/OL].http://www.xmdaily.com.cn/csnn0408/ca268815.htm，2004-08-24.

[145]馬英九（2008）.人民奮起臺灣新生[EB/OL].http://www.chinareviewnews.com，2008-05-20.

[146]莫世健（2002）.論世貿組織內的大中國自由貿易區法律框架[A].陳安（主編）.國際經濟法論叢（第5卷）[C].北京：法律出版社.118-142.

[147]南開大學臺灣經濟研究所（2005）.中華經濟協作系統研討會（CSCE）歷史[EB/OL].http://202.113.23.113/guojijiaoliu/cscex histo-ry.asp，2005-03-31.

[148]巴里，諾頓（1999）.經濟圈——中國大陸、香港、臺灣的經濟和科技[M].北京：新華出版社.

[149]潘文卿、李子奈（2000）.臺灣對中國大陸經濟的依存研究：一個基於聯接模型的分析[J].世界經濟，（12）.

[150]龐中英（1999）.地區主義與民族主義[J].歐洲，（2）.

[151]彭莉（2004）.經貿立法的調整[A].鄧利娟（主編）.21世紀以來的臺灣經濟困境與轉折[M].北京：九州出版社.303-333.

[152]彭莉（2005）建立海峽兩岸次級自由貿易區的法律問題[J].國際貿易問題，（11）.

[153]勞爾，普雷維什（1987）.依附、發展和相互依存[A].發展經濟學的新格局[C].北京：經濟科學出版社.

[154]勞爾，普雷維什（1988）.我的思想發展的五個階段[A].發展經濟學的先驅[C].北京：經濟科學出版社.

[155]商務部臺港澳司（2006）.2005年1-12月兩岸貿易、投資情況[EB/OL].http://tga.mofcom.gov.cn/aarticle/d/200601/20060101394665.html，2006-01-19.

[156]商務部臺港澳司（2008）.2007年1-12月大陸與臺灣貿易、投資情況[EB/OL].http://tga.mofcom.gov.cn/aarticle/d/200801/20080105354007.ht-ml，2008-01-25.

[157]盛夏（2000）.簡評一體化理論的發展[J].歐洲一體化研究，（3）.

[158]石廣生主編（2002a）.烏拉圭回合多邊貿易談判結果：法律文本[M].北京：人民出版社.

[159]石廣生主編（2002b）.中國加入世界貿易組織法律文件導讀[M].北京：人民出版社.

[160]石正方（2003）.臺灣經濟「全球佈局戰略」評析[J].臺灣研究集刊，（3）.

[161]世界銀行（1993）.全球經濟展望和發展中國家[R].世界銀行年度報告.

[162]世界銀行（1994）.東亞貿易與投資[R].世界銀行研究報告.

[163]經建會（2008）.Taiwan Statistical Data Book 2008[EB/OL].http://www.cepd.gov.tw/m1.aspx？sNo=0000200&key=&ex=2&ic=0000153，2008-07-15.

[164]經濟部統計處（2009）.經濟統計指標[EB/OL].ht-

tp：//2k3dmz2.moea.gov.tw/GNWEB/Indicator/indicator.aspx？menu=3，2009-01-22.

[165]陸委會（2008）.兩岸經濟統計月報（第181期）[EB/OL].http://www.mac.gov.tw/，2008-06-30.

[166]經濟部統計處（2006）.經濟統計指標[EB/OL].http://2k3dmz2. moea.gov.tw/GNWEB/Indicator/indicator.aspx？menu=3，2006-12-29.

[167]唐永紅（2003）.經濟全球化、WTO與兩岸直接「三通」——從經濟與法律角度的分析[J].特區經濟，（9）.

[168]唐永紅（2004）.經濟全球化、WTO與兩岸四地經濟一體化[J].臺灣研究集刊，（1）.

[169]唐永紅（2005a）.WTO框架下海峽兩岸經濟交往及合作方式探討[J].國際經貿探索，（1）.

[170]唐永紅（2005b）.開放性廈一金自由經濟區——兩岸經濟一體化的一個現實選擇[J].臺灣研究集刊，（4）.

[171]唐永紅（2005c）.廈門經濟特區轉型發展與邁向廈-金自由經濟區研究[J].亞太經濟，（3）.

[172]唐永紅（2005d）.經濟全球化、WTO與世界特殊經濟區發展研究[A].張漢林（主編）.WTO與中國經濟（第二卷）[C].北京：中國環境科學出版社.360-366.

[173]唐永紅（2006a）.從開放性次區域自由貿易區到全面性兩岸經濟一體化[J].國際經貿探索，（2）.

[174]唐永紅（2006b）.WTO下兩岸經濟一體化的法律定位、依據與原則[J].臺灣研究集刊，（4）.

[175]唐永紅（2007a）.當前兩岸制度性經濟一體化實現路徑探討[J].廈門大

學學報（哲學社會科學版），（6）．

[176]唐永紅（2007b）.當前兩岸制度性經濟一體化的經濟可行性考察[J].臺灣研究集刊，（1）．

[177]唐永紅、鄧利娟（2005a）.共建廈門—高雄、廈門—金門跨關境自由貿易區[N].廈門日報，2005-07-16（8）．

[178]唐永紅、鄧利娟（2005b）.當前兩岸經濟合作機制創新的空間與路徑[J].臺灣研究，（6）．

[179]童振源（2002）.海峽兩岸經濟分工與相互依賴[A].李非（主編）.21世紀初期海峽兩岸經濟關係走向與對策[M].北京：九州出版社.18-38.

[180]王浩昱（1997）.歐洲合眾國——歐洲政治統合理想之實踐[M].臺北：揚智文化.

[181]王鶴（1994）.歐洲自由貿易聯盟與一體化理論[J].歐洲，（4）．

[182]王紅霞（2003）.建立中華自由貿易區的可行性及框架安排研究[D].北京：中國對外經濟貿易大學.

[183]王建民（1994a）.國際經貿格局變化對臺灣經濟的影響及其對策[J].首都財貿，（1）．

[184]王建民（1994b）.對臺灣「西進」與「南進」經貿政策的比較與前景展望[J].當代亞太，（6）．

[185]王建民（1997）.建立穩定而良好的兩岸關係——臺灣經濟發展戰略調整與兩岸經貿發展[J].國際貿易，（8）．

[186]王建民（2004）.兩岸經貿關係發展的不對稱性分析及思考[J].臺灣研究，（5）．

[187]王麗萍（2000）.聯邦制與世界秩序[M].北京：北京大學出版社.

[188]王銘義（2001）.蕭萬長籌組兩岸共同市場基金會成立[N].中國時報（臺灣），2001-03-27（1）．

[189]王逸舟（1998）.西方國際政治學：歷史與理論[M].上海：上海人民出版社.

[190]亞歷山大，溫特（2000）.國際政治的社會理論[M]（秦亞青譯）.上海：上海人民出版社.

[191]小島清（1987）.對外貿易論[M].天津：南開大學出版社.

[192]肖歡容（2002）.地區主義理論的歷史演進[D].北京：中國社會科學院.

[193]蕭萬長（2001）.兩岸共同市場，創造經濟雙贏[N].（臺灣）中國時報，2001-03-26（4）.

[194]徐棣華（1994）.發展海峽兩岸經貿合作的展望和建議[J].開放時代，（6）.

[195]余瑛瑞、李凱（2006）.蕭萬長：海峽西岸經濟區可成為兩岸共同市場的最佳實驗區[EB/OL].http://news.sina.com.cn/c/2006-04-09/09198651570s.shtml，2006-04-09.

[196]張冠華（2005）.兩岸經濟關係發展及其政經影響[J].臺灣研究，（2）.

[197]張雷聲（1998）.尋求獨立、平等與發展[M].北京：中國人民大學出版社.

[198]張世宏（2004）.兩岸貿易嚴重失衡原因分析及應對策略之探討[J].臺灣研究，（4）.

[199]趙玉榕、唐永紅（2005）.從廈門經濟特區邁向廈—金自由經濟區——WTO下廈門經濟特區轉型發展研究[A].中共廈門市委政策研究室.廈門市重點課題調研文稿彙編（2004）[R].93-144.

[200]曾華群（2003）.兩岸四地建立更緊密經貿關係的法律思考[A].陳安（主編）.國際經濟法論叢（第7卷）[C].北京：法律出版社.37-59.

[201]曾令良（2003）.論WTO體制下區域貿易安排的法律地位與發展趨勢——兼論中國兩岸四地建立自由貿易區的幾個法律問題[A].陳安（主編）.國際經

濟法論叢（第7卷）[C].北京：法律出版社.1-16.

[202]鄭竹園（1988）.大中華共同市場的構想[A].臺灣經驗與中國重建[C].臺灣：聯經出版公司.513-525.

[203]鄭竹園（1994）.「大中華共同市場」的構想與實踐[A].海峽兩岸經濟發展與互動[C].臺北：聯經出版事業公司.379-391.

[204]中央政府門戶網站（2006a）.「十五」期間中國的對外開放水平得到全面提高[EB/OL].http://www.gov.cn/jrzg/2006-01/16/content 160101.htm，2006-01-16.

[205]中央政府門戶網站（2006b）.經典中國輝煌「十五」：中國對外開放進入新階段[EB/OL].http://www.gov.cn/jrzg/2006-01/17/con-tent 160997.htm，2006-01-17.

[206]周添成（1995）.亞太地區經濟整合之展望[A].區域主義下的臺灣經濟[C].臺北：臺灣正中書局.365-417.

[207]周忠菲（2003）.WTO框架下「一國四席」的一體化關係研究[J].世界經濟研究，（12）.

[208]朱孟楠、陳碩（2004）.「中元區」的構建：現實可行性及前景展望[J].廈門大學學報（哲學社會科學版），（4）.

[209]朱兆敏（2003）.論「入世」後中國各單獨關稅區間建立緊密經貿合作關係的法律基礎和框架[A].陳安（主編）.國際經濟法論叢（第7卷）[C].北京：法律出版社.17-36.

[210]莊宗明、張啟宇（2005）.建立「兩岸共同市場」的可行性及其實施構想[J].東南學術，（5）.

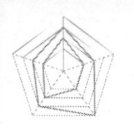

後記

　　本書是筆者承擔的2007年度國家社會科學基金項目「兩岸經濟制度性合作與一體化發展研究」（項目批准號：07CJL024）的最終研究成果，也是在筆者早些時候出版的《兩岸經濟一體化問題研究——區域一體化理論視角》基礎上進一步研究、修改而成的。在課題結題之際，兩岸正式提出商簽「兩岸綜合性經濟合作協議（CECA）」或「兩岸經濟合作框架協議（ECFA）」的制度性合作與一體化議題，足見這一課題研究的理論價值和現實意義。

　　在研究與寫作過程中，曾得到許多機構及人士的支持與幫助。在此深表感謝！特別向那些在國際區域合作與一體化理論、兩岸經濟合作與一體化問題研究領域做出了卓越貢獻的國內外眾多專家學者們致以崇高的敬意和謝意！本書的研究是建立在他們的相關研究成果基礎之上的，書中一些地方引用了他們的真知灼見。對於所引內容，都在相對的地方進行了標註，並在參考文獻中列明。

　　本書從收集資料、擬定提綱、醞釀寫作到最終定稿，前後近兩年之久。作為國家社科基金項目的最終研究成果，順利透過驗收結題。其中，部分階段性研究成果（參見參考文獻）已在學術性刊物和研討會上發表，或作為內參報告提供給了有關政府部門參考。但限於筆者理論素養與學術水平，加上資料掌握的有限性，書中難免存在疏漏與不足，部分章節更有待進一步深入研究，敬請各位同行專家學者批評和指正。

永紅

[1]本書所稱的區域一體化,除非特別指明,指的是與區域功能性一體化(Functional Integra-tion)相對應的區域制度性合作與一體化安排(Institutional Integration)。所謂區域功能性一體化,指的是區域內政治、經濟、社會三方面這樣一個互動的過程,在經濟層面展現為特定區域內的市場自主的經濟過程導致更高層次的經濟相互依存;在社會(文化)面表現為觀念、政治態度和思維方式憑藉區域內的經濟聯繫、人員流動等複雜的跨境交往網絡在區域內跨境擴散,形成不同層次的認識論共同體;進而在安全(政治)層面產生了對區域間和平與安全的共識,希望一個穩定的有利於區域跨境交往的秩序。

[2]所謂功能性經濟一體化是指由經濟活動本身的高度密切關係為基礎的若干關稅區(經濟體)經濟整體聯繫性(專業化分工合作關係)的增強,但並不依賴於協定或組織保證。相對應的制度性經濟一體化是指不同關稅區(經濟體)以一定的協定和組織形式為框架的一體化。功能性經濟一體化代表了經濟一體化的實質性內容,其形成與發展主要來自於各經濟體市場機制自發的內在力量與要求,並要求一定程度的制度性一體化予以保障和促進。制度性經濟一體化可謂功能性經濟一體化的階段性標誌,具有經濟一體化的形態性意義,可以為功能性經濟一體化的深化發展提供助力和保障。

[3]後來,2008年馬蕭競選白皮書對這一議題的稱謂改換為「綜合性經濟合作協議(CE-CA)」。CECA是馬英九競選臺灣領導人過程中,鑒於早先中國大陸不贊同「自由貿易區(FTA)」的提法而提出的「更緊密經貿關係安排(CEPA)」被臺灣各方認為有矮化或港澳化臺灣之嫌,而先前「泛藍」陣營提出的「兩岸共同市場」在當前不具備經濟條件又遭到臺灣「泛綠」陣營汙名化為「一中市場」,而提出的所謂「第三條道路」或「第三模式」。馬英九希望以如此的創意安排迴避內地與港、澳CEPA五項原則之首的「遵循『一國兩制』的方針」,既規避兩岸政治的敏感性,又規避臺灣政治的敏感性,找到各方都可以接受的用語,並符合當前兩岸經濟關係發展對正常化交流與制度化合作的需要。然而,2008年底自「胡六點」正式提出可以考慮商簽「CECA」議題以來,臺灣掀起了一場至今仍在咆哮的政治風暴,爭議不斷。「泛綠」陣營表示堅決反對商簽CECA,擔心會有損於臺灣傳統產業,並加深臺灣經濟對中國大陸的依賴而不利於臺灣謀求「獨立」,更認為會使臺灣「喪失主權」。2009年2月,臺灣新當局又改稱「經濟合作架構協議(ECFA)」。事實上,從協議提出的經貿自由化和便利化的程度與領域看,「CECA」實質上就是包含經貿關係正常化以及部分行業經貿活動自由化與便利化的廣義自由貿易協議,「ECFA」實質上也就是邁向自由貿易的協議。

[4]中國社會科學院李家泉教授在《李登輝主政臺灣之後》曾就此做過統計;各種設想與概念的主要內容、提出時間及文獻出處參見曹小衡(2002),第93-96頁。

[5]以上事例轉引自曹小衡(2001),第243-244頁。

[6]但隨著向來複雜的兩岸關係的演變,臺灣當局為消減兩岸不確定性因素對經濟發展的影響並避免受制於中國大陸,不顧經濟發展的內在規律與趨勢,於1996年年中明確提出「亞太營運中心」不以中國大陸為腹地,接著以「戒急用忍」作為其中國大陸政策的總體方針,開始啟動「非大陸化」的兩岸經貿政策。然而,後來的實踐表明,臺灣當局的這種完全基於主觀意圖的政策措施不僅徒勞無功,而且阻礙了「亞太營運中心」的形成和臺灣經濟的發展。參見王建民(1994b;1997)、石正方(2003)。

[7]該文是梁國樹1991年12月針對1980年代末90年代初提出的「中華經濟圈」或「大中華經濟共同體」類的構想向臺灣當局的建言。

[8]該文原發表於「後冷戰時期亞太戰時情勢展望研討會」，臺灣三軍大學戰爭學院兵學研究所、淡江大學國際事務與戰略研究所，1993年5月18日。

[9]這些設想事例轉引自曹小衡（2002），第94-95頁。

[10]自1992年以來，「中華經濟協作系統研討會」已在兩岸四地及日本等地連續舉辦了9屆，並編印或出版了多本書集，會議主題先後涉及「中華經濟協作系統」的理論與模式（1992年1月19-22日香港會議）、中華經濟協作與大陸沿海地區的發展戰略（1993年11月25-28日海口會議）、兩岸四地的產業交流與協作（1996年10月15-16日臺北會議）、金融風暴衝擊下的中華經濟協作（1998年2月20-22日澳門會議）、東亞經濟再出發與中華經濟協作（1999年2月25-27日海口會議）、「新經濟」與兩岸四地的經濟協作（2000年11年26-29珠海會議）、東亞區域一體化進程中的中華經濟協作系統和中國、日本、東盟的交流協作（2001年11月2-4日東京會議）、區域協作與兩岸關係（2002年11月14日臺中會議）、區域協作與城市群（2004年1月9-11日上海會議）。這些研討會緊跟時代形勢的變化，對大中華經濟協作與一體化問題進行了或多或少或深或淺的研究，雖未有具體結論，但加強大中華經濟協作與一體化的倡議顯然已備受關注。參見南開大學臺灣經濟研究所（2005）網站文章。

[11]自此以後，世界銀行與國際貨幣基金會在歷次的統計分析中，都將兩岸三地作為一個整體單元來對待。

[12]轉引自曹小衡（2001），第241-243頁。

[13]在地理空間上是指由臺灣海峽兩岸毗鄰的閩臺兩省以及粵東、贛南和浙南的部分地區所組成的區域。

[14]即在各自保持對外獨立的經濟體系的情況下，相互給予優惠，加強區域合作，促進生產、貿易、金融的相互滲透和訊息與市場的溝通，並建立相應的促進機構和諮詢服務機構，確立必要的制度和法規。

[15]Naughton, B.(1997), The China Circle: Economics and Technology in The PRC, Taiwan and Hong Kong, Brooking Institution Press.

[16]這與筆者的主張有些相似。筆者近年來曾就當前兩岸制度性經濟合作與一體化的必要性與可能性、法律依據與準繩、基本原則與內容、實現路徑與模式，以及建立廈一金自由經貿區的意義與必要性、條件與可行性等問題進行了初步研究。參見唐永紅（2003、2004、2005a、2005b、2005c、2006a、2006b、2007a）；唐永紅、鄧利娟（2005a、b）；（鄧力平、唐永紅，2003）；趙玉榕、唐永紅（2005）。

[17]正如肖歡容（2002）指出的，通常許多學者把政治一體化單列出來，但事實上，政治一體化無法與其他方面一體化特別是安全一體化這樣的高級政治領域的一體化明顯區分開來：一方面，政治一體化嵌入在其他一體化之中，展現的是國家的決策轉移到更高級的共同制度；另一方面，共同的制度，共同對外政策以及共同防務等方面的中央機制（國家間的或超國家的）的建立又展現了共同的政治一

體化。在本質上，政治一體化所展現的是主權的讓渡，在各個層次的一體化中特別是安全一體化中都得以展現。

[18]關於聯邦主義一體化理論可參閱Mackay（1961）、Harrison（1974）、Pentland（1975）、Wistrich（1991）、Mutimer（1994）、王浩昱（1997）、王麗萍（2000）；關於功能主義一體化理論可參閱Mitrany（1943、1948、1975）、多爾蒂、普法爾茨格拉夫（1987）；關於交往主義一體化理論可參閱Deutsch（1957、1964）、多伊奇（1992）；關於新功能主義一體化理論可參閱Haas（1958/1968、1964）、Lindberg（1963）、Schmitter（1971）、Nugent（1999）；關於政府間主義一體化理論可參閱Hoffmann（1966、1982）；關於自由政府間主義一體化理論可參閱Moravcsik（1993a、b、1998）；關於新自由制度主義一體化理論可參閱Keohane（1989）；關於建構主義一體化理論可參閱Wendt（1999）、溫特（2000）。本章第二節將對這些理論做簡要回顧與評述。

[19]普世主義（Ecumenism）原指透過更多合作與增進理解而使全球宗教大聯合的運動，在國際關係中主要是指透過在全球範圍內傳播普遍認同的真理或共同的價值理念以實現國際和平與安全目的。普世主義的存在必須有兩大基礎：一是有一個被普遍認同的真理或價值，二是能夠得到最廣泛和長久的傳播。

[20]「新區域主義」一詞最早出現在諾曼‧D‧帕爾默（Norman D.Palmer）的書名中（Palmer，1991），此後對新區域主義的研究蓬勃發展。由於研究的角度與方法不同，學者們的界定並不完全一致，但普遍認為新區域主義可以界定為一種多層次的一體化形式，包括經濟、政治、社會和文化等層面，其深遠的目標是建立以區域為基礎的自由貿易制度或安全聯盟，而且特別強調區域內聚力和區域認同等政治理念的建構。

[21]Fawcett，1995/1997；Wyatt-Walter，1995/1997

[22]參見http://www.wto.org/english/tratop e/region e/summary e.xls。

[23]《馬斯特里赫特條約》（又稱《歐洲聯盟條約》）宣告，在歐洲共同體基礎上建立歐洲聯盟，同時實行「共同外交與安全政策」和「司法與國內事務領域的合作」。此後二者與歐洲共同體一起成為歐盟的三大支柱。

[24]《歐盟憲法條約》由歐盟憲法、歐盟公民基本權利憲章、歐盟政策和歐盟條約基本規定4個部分組成。條約必須在歐盟全部成員國根據本國法律規定透過全民公決或議會投票方式批准後方能生效。

[25]「新時代日本-新加坡經濟聯合協定」的內容不僅包括商品貿易自由化，還包括服務貿易自由化、相互投資自由化，以及經濟合作、技術共同開發等豐富內容。從協定的項目數看，有關關稅、非關稅壁壘的項目僅占20%多，其餘60%-70%是傳統的自由貿易協定所沒有的新內容，諸如經濟技術合作、制度政策協調等。

[26]關於關稅同盟的理論探討可參閱Viner（1950）、Meade（1955）、Tinbergen（1957）、Scitovsky（1958）、Lipsey（1960）、Johnson（1962、1965）、Balassa（1962、1975）、Cooper & Massell（1965）、Williamson（1971）、Corden（1972a）、Krauss（1972）、kemp & Wan（1976）、Mayes（1978、1983）、Smith & Venables（1988a、b）、Helpman &

Krugman（1989）、P.Wonnacott & R.Wonnacott（1981、1984、1992）、Berglas（1979、1983）、Robson（1998）、小島清（1987）；關於共同市場的理論探討可參閱Meade（1953）、Wooton（1988）、Robson（1998）；關於區域貨幣一體化的理論探討可參閱Scitovsky（1958）、Mundell（1961）、Kafka（1969）、Lutz（1972）、Johnson（1971）、Fleming（1971）、Corden（1972b）、Hirsch（1972）、Arndt（1973）、Mckinnon（1963）、Ingram（1962、1969）、kenen（1969）、Tower & Willett（1970）、MacDougall（1975）、Allen（1982、1983）、Vaubel（1978）、Gros & Thygesen（1990）、Baldwin（1990）、Robson（1998）；關於政策一體化的理論探討可參閱Musgrave（1969）、Oates（1972、1977）、Gatsios & Seabright（1989）、CEC（1993）、Goodhart & Smith（1993）、Robson（1998）；關於結構主義發展理論可參閱普雷維什（1987、1988）；關於國際依附論可參閱Frank（1966、1967）、Cardoso（1972）、Amin（1975）、多斯桑托斯（1999）。

[27]所謂邦聯（Confederalism）是指若干個保留獨立主權的國家，出於某種特定的（如經濟的、軍事的）目的而組成的一種聯盟。成員國除了根據協議而明確表示讓渡或委託給邦聯機構的權力以外，仍保留各自的政府機構和立法、行政、外交、財政等方面的主權，並可以自由退出。邦聯的中央機構通常只是一種協商性的議事機構，如成員國首腦會議，不設統一的立法和行政機構，邦聯議事機構的決定只是在成員國一致同意的基礎上才能實施。這種聯盟的本質是政府間合作，其聯合的程度要低於聯邦制。參見王鶴（1994）。

[28]美國、加拿大、澳大利亞和瑞士通常被認為是聯邦制的典型，較好地展現了這一原則。參見Mackay, R.W.G.（1961）。

[29]後來由於歐洲委員會未能實現目標，1979年成立的歐洲議會便被寄予希望行使制憲會議的功能並起草歐洲聯盟條約。儘管條約並未被成員國批准，但它促進了歐洲單一法案和後來的《馬斯特里赫特條約》的進程。

[30]核心區由一個或若干個較強、較高度發展以及在一些重要領域如政治、管理、經濟和教育等比其他地區更先進、更具吸引力的政治單位構成。參見多伊奇（1992）、Deutsch, K.W.（et al.）（1957）。

[31]一體化負荷（Integration load）是指一體化產生的一種負擔（Burden），其程度取決於某一時間內社會交往的項目與範圍，以及在交往發生的特定的政治、經濟和文化狀況下的競爭、衝突和不安全等方面的條件。一體化能力是指維持和平調節和變化的習慣、制度與資源，它包括的不僅僅是共同體中央制度的能力、所有的或大部分成員享有的共同行為或信號（Symbols），而且包括各個成員自治的資源與能力，以及某個成員在必要時維護和平調節所需要的敏感性、速度和範圍的自主性反應。參見Deutsch, K.W.（et al.）（1957）。

[32]如90年代出現的以跨國交流、超國家組織和規則概念為核心，強調製度化在一體化進程中的重要作用的交易理論對自由政府間主義提出了全面批判。參見Sandholtz, W.and Sweet, A.S.（eds）（1998）。

[33]新自由制度主義與新現實主義都接受理性主義的國家是統一的理性行為體的假定，認為國家有持

263

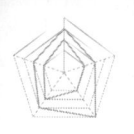

續、穩定的偏好；偏好的變化源於外部性（即外部環境）；為了將效用最大化，國家根據偏好計算行動的成本與收益。但新自由制度主義強調共同利益作為國家合作和國際制度的動力，而新現實主義強調權力與相對獲益的考慮對合作與制度的影響。有關理性理論的探討，可參見王逸舟（1998）。

[34]溫特指出，國際體系中存在三種角色結構：敵人、對手、朋友，不同的主導角色結構產生不同的主導國際體系文化：敵人角色結構建構霍布斯文化，對手角色結構建構洛克文化，朋友角色結構建構康德文化。不同的國際體系文化有著不同的行動邏輯，相應存在著三種國際體系模式：把其他成員視為敵人的霍布斯國際體系（Hobbesion International System）、把其他成員視為對手的洛克式國際體系、把其他成員視為朋友的康德式國際體系。參見Wendt（1999）或溫特，亞歷山大（2000）。

[35]區域商品市場一體化的另一種典型形式是自由貿易區。較之於關稅同盟，自由貿易區成員對來自非成員的進口有權決定關稅稅率，而且自由貿易區適用原產地原則以限制貿易偏轉（Trade Deflection），即防止非成員商品利用成員之間的關稅差異先進入自由貿易區中關稅較低的成員，然後再轉入關稅較高的其他成員銷售以達到避稅目的。羅布森（Robson, 1998）運用與關稅同盟類似的分析方法對自由貿易區的經濟效應進行了理論分析，並比較了自由貿易區與關稅平均化的關稅同盟二者的經濟效應，認為自由貿易區存在類似關稅同盟的貿易創造與貿易轉向效應，但自由貿易區的經濟效應優於關稅同盟情形。

[36]在當前的國際一體化經濟學中，關稅同盟理論仍是一個重要基礎，但它已只是一個組成部分，因為它沒有論及當代各種區域經濟一體化形態（如共同市場、財稅與貨幣政策一體化）及其產生的諸多問題（如一體化中資源的空間分配）。

[37]在關於區域貨幣一體化及最優貨幣區的理論探討中，學者們對固定匯率與浮動匯率的優劣有了更清楚的認識，並闡明了區域貨幣一體化與最優貨幣區的經濟理性所在。如果國際收支調節機制極端平滑，要素完全自由流動，國別管制與干預完全消除，世界固定匯率制與全球單一貨幣就是一種理想的選擇。然而現實世界中的價格工資剛性、市場分割、開放程度與政策取向差異等因素嚴重阻礙了國際收支調節機制的平滑運行，浮動匯率制就成為實現內外均衡的一種現實選擇。而在區域市場一體化基礎上進行的區域貨幣一體化及最優貨幣區安排，則是在世界浮動匯率制與世界固定匯率制或全球單一貨幣之間的一種次優選擇。

[38]決定各成員方對一體化組織預算的繳納份額通常依據兩個可替代的財政原則：利益原則與支付能力原則。就收入分配意義而言，支付能力原則對一體化區域的均衡發展或經濟趨同目標更加適用。

[39]早在1950年普雷維什就提出了拉美國家實行一體化的必要性。1950年代末，普雷維什在《拉丁美洲共同市場》一書中對建立共同市場的必要性、原則、步驟作了系統闡述。

[40]顯然，這個結論實際上僅適用於一定領域的合作與一體化，例如以經濟為代表的低級政治領域的合作與一體化。而至於諸如國家安全的高級政治領域的合作與一體化，由於事關國家生死存亡，任何一方都不敢也不會輕易地僅僅付諸主觀的判斷與確信。

[41]當然，這並不是說世界範圍內各個區域的一體化都必然經歷相同的一體化進程。事實上，由於特定的需求與條件的不同，不同區域的一體化往往有著不同的起點和進程。

[42]1979年元旦全國人大常委會發表了《告臺灣同胞書》，提出了「和平統一」的對臺政策，並發出

了「三通四流」倡議；1981年9月30日全國人大委員長葉劍英發表爭取實現和平統一祖國的「九條方針」；1983年6月26日鄧小平又進一步闡述了「一國兩制」的偉大構想。所謂「三通四流」是指海峽兩岸通郵、通航、通商和學術交流、文化交流、體育交流、科技交流。參見國臺辦（2008）。

[43]1985年7月，臺灣當局宣布「轉口貿易三原則」，即在「不與中共貿易」、「不得與中共設在海外的機構和人員接觸」的兩項前提條件下，「對臺灣出口產品轉運其他地區不加限制」。參見臺灣《聯合早報》1985年7月5日第2版報導：「『國府』宣布兩岸轉口貿易三原則」。

[44]參見臺灣《經濟日報》1987年7月15日第1版報導：「我已擬定開放首批自大陸間接進口清單」。

[45]參見臺灣《中時晚報》1995年9月16日報導：「『經濟部』決定將對進口大陸原料和半成品改負面表列」。

[46]參見臺灣《中國時報》1995年7月29日報導：「『經濟部』決定大幅放寬兩岸貿易與投資限制」。

[47]參見臺灣《中央日報》1995年4月18日報導：「『國府』公布大陸經貿人士來臺辦法」。

[48]參見新華網2008年7月3日報導：「臺灣提高基金投資大陸股市上限」，http://news.xinhuanet.com/tw/2008-07/03/content 8486689.htm。

[49]參見《上海證券報》2008年7月18日報導：「臺灣放寬臺企投資大陸限制」，http://www.cnstock.com/paper new/html/2008-07/18/content 64160070.htm。

[50]臺灣銀行海外分支機構及國際金融業務分行還可對經許可投資的大陸臺商開展額度相當有限的授信業務。

[51]參見人民網2005年9月28日報導：「臺批准金馬兩地下月起試辦兌換人民幣業務」，http://tw.people.com.cn/GB/14812/14875/3733492.html。

[52]參見新華網2008年6月30日報導：「臺灣正式開放人民幣雙向兌換，每人每次不超2萬」，http://news.xinhuanet.com/tw/2008-06/30/content 8465335.htm。

[53]參見中國大陸中央人民政府網頁2006年6月14日報導：「兩岸節日包機安排將擴至清明等四個傳統節日期間」，http://www.gov.cn/jrzg/2006-06/14/content 309499.htm。

[54]參見中華人民共和國中央人民政府網站2008年6月13日報導：「海協會海基會就兩岸週末包機及赴臺旅遊簽署協議」，http://www.gov.cn/jrzg/2008-06/13/content 1015347.htm。

[55]參見中國新聞網2008年11月4日報導：「海協會海基會簽署四項協議兩岸『三通』正式實現」，http://www.chinanews.com.cn/tw/thsp/news/2008/11-04/1436762.shtml。

[56]關於兩岸經濟功能一體化參見第二節的詳細探討。

[57]對此，包括筆者在內的一些學者（唐永紅，2004；張世宏，2004；王建民，2004）曾經做過一定的分析與探討，稍後第二節會做進一步的揭示。

[58]據商務部臺港澳司（2006年）統計，2005年中國大陸實際利用臺資21.5億美元，臺資在中國大陸實際吸收境外投資（603.25億美元）中排第七位（前六位依次為香港179.5億美元、英屬維爾京群島90.2億美元、日本65.3億美元、韓國51.7億美元、美國30.6億美元、新加坡22.0億美元）。如加上經第

三地（維爾京群島、開曼群島、薩摩亞等自由港）的臺商轉投資，2005年中國大陸實際利用臺資約58.5億美元，在中國大陸全年吸收境外投資中排第二位，占全年實際利用外資總額的9.7%。而截至2005年底，中國大陸累計實際使用臺資417.6億美元，在中國大陸累計吸收境外投資中所占比重為6.7%，排第五位（前四位依次為香港2595.2億美元、日本533.8億美元、美國510.9億美元、英屬維爾京群島459.2億美元）。如加上經第三地的臺商轉投資，中國大陸累計實際使用臺資約598.6億美元，在中國大陸吸收境外投資中排第二位，約占中國大陸使用外商投資總額的9.6%。

[59]參見商務部臺港澳司網頁2008年1月25日報導：「2007年1-12月大陸與臺灣貿易、投資情況」，http://tga.mofcom.gov.cn/aarticle/d/200801/20080105354007.html。

[60]包括筆者在內的許多學者曾經對此做了深入研究，參見李非（2002、2003）、唐永紅（2004、2005a）等等。

[61]馬蕭競選白皮書提出「雙營運中心」計劃，即將臺灣建設成為「臺商根留臺灣以臺灣為全球營運中心」與「外商聚集臺灣以臺灣為亞太營運中心」。這一計劃是馬蕭競選白皮書提出的「全球連結新藍圖」中「以臺灣為核心整合全球與大陸市場商機」的一個重要設想與環節。

[62]2008年臺灣出口占其GDP總額的比重為73.48%，臺灣經濟發展對出口的依賴遠高於日本（15.75%）、韓國（38.25%）與大陸（37.13%）。

[63]近年來臺灣產品在中國大陸進口市場占有率逐年下滑。1994年臺灣在中國大陸市場占有率12.5%，韓國僅6.3%，但2005年臺灣在中國大陸市場的占有率降至11.3%，為韓國超越；2008年，在韓國對中國大陸出口成長11.5%、日本成長14.4%、美國成長9.5%、歐盟更成長16.6%的同時，臺灣對中國大陸出口卻衰退0.4%，結果臺灣在中國大陸市場的占有率進一步降至7.6%，又被美國超越。臺灣在中國大陸市場排名五年內由第2位落至第4位，這突顯臺灣產品在中國大陸的既有優勢已不復當年，臺灣外貿競爭力在急速下降。

[64]筆者曾就本節問題進行過前期研究，參見唐永紅（2007b）。

[65]比例數據根據經濟部統計處（2009）提供的有關數據計算得出。

[66]比例數據根據國家統計局（2008c）發布的《國際統計數據2007》提供的外商直接投資數據計算得出。

[67]比例數據根據國家統計局（2008c）發布的《國際統計數據2007》提供的對外直接投資數據計算得出。

[68]比例數據根據經濟部統計處（2009）提供的有關數據計算得出。

[69]比例數據根據經建會（CEPD，2008）編訂的Taiwan Statistical Data Book 2008提供的臺灣對外直接投資數據與國家統計局（2008c）發布的《國際統計數據2007》提供的世界對外直接投總額數據計算得出。

[70]所謂RCA指數是指以某國或地區某種產品的全球出口市場占有率與該國或該地區總出口占全球出口市場占有率的比值。$RCA_i = (X_{ij}/\sum_j X_{ij})/(\sum_i X_{ij}/\sum_i \sum_j X_{ij})$，其中，$X_{ij}$是指國或地區的i

產品的出口總值，∑jX$_{ij}$是指所有國家或地區i產品的出口總值，∑$_i$X$_{ij}$是指I國或地區所有產品的出口總值，∑$_i$∑jX$_{ij}$是指全球所有產品的出口總值。RCA指數值越大，說明I國或地區i產品越具有比較利益，其國際出口競爭能力愈強。RCA將各國各產業的全球出口市場占有率或在該國總出口的比例標準化，涵蓋了各經濟貿易夥伴規模的大小及該產品的相對重要性等因素的影響，使相同的產品在各國間的相對競爭力以及不同產品在一國內的相對競爭力，皆可用同一指標來表達。這一指標較市場占有率更能說明產業競爭力的情況。

[71]比例數據根據經建會（CEPD，2008）編訂的Taiwan Statistical Data Book 2008中有關數據計算得出。

[72]除了2006年有關比例數據是根據國家統計局（2008a）發布的《中國統計年鑑2007》中有關數據計算得出之外，其他數據轉引自中央政府門戶網站（2006a、b）。

[73]自加入WTO以來到「十五」末，中國大陸對外資銀行開放人民幣業務的城市已有25個，外資銀行在中國大陸共設立了226家營業性機構、249家代表處；來自15個國家和地區的44家保險公司在華設立了100個營業性機構；從事分銷的外資商業企業超過900家。中國大陸還批准外資參股證券公司3家、外資參股基金管理公司20家。

[74]近年來一些學者對兩岸經濟政策一體化的可行性進行了一些研究，得出了類似的結論。例如黃紹臻（2005）認為海峽兩岸制度性經濟一體化要從低級向高級逐步發展，從貿易正常化開始，經「更緊密經貿關係安排」，再發展到共同市場模式。朱孟楠、陳碩（2004）根據最優貨幣區理論實證分析了兩岸四地構建「中元區」的現實可行性及前景，認為從建立統一貨幣區的經濟和非經濟因素來看，目前兩岸四地建立「中元區」有一定的基礎，但還不具備充分的條件。因此，只能分階段分層次地進行貨幣合作，最終建立統一的貨幣區。

[75]事實上，馬蕭競選白皮書所謂的「綜合性經濟合作協議（CECA）」以及最近臺灣新當局又改稱的「經濟合作架構協議（ECFA）」，從其提出的經貿自由化與便利化程度與領域看，實質上也就是自由貿易協議或邁向自由貿易的協議。

[76]本節的研究成果已在學術刊物與研討會上正式發表，參見唐永紅（2006b）。

[77]在加入WTO的有關文件中英文為the Separate Customs Territory of Taiwan，penghu，Kinmen and Matsu，簡稱英文為Chinese Taipei。對此簡稱，中國大陸一般譯為「中國臺北」或「中國臺灣」，臺灣一般譯為「中華臺北」。

[78]參見自石廣生（2002a），第541-543、548-549頁。

[79]《WTO協定》第11條第1款規定，「本協定生效之日的GATT1947締約方和歐洲共同體，如接受本協定和多邊貿易協定，並將減讓和承諾表附在GATT1947之後，將具體承諾減讓表附在GATS之後，則應成為WTO創始成員。」第12條第1款規定，「任何國家或在處理其對外貿易關係及本協定和多邊貿易協定規定的其他事項方面擁有完全自主權的單獨關稅區，可按它與WTO議定的條件加入本協定，此加入適用於本協定及所附多邊貿易協定。」參見自石廣生（2002a），第15頁。

[80]《WTO協定》第14條第2款規定，「在本協定生效之後接受本協定的成員，應執行自本協定生效開

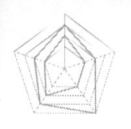

始的期限內應執行的多邊貿易協定中的減讓和義務,如同該成員在本協定生效之日即接受本協定。」參見石廣生(2002a),第17頁。

[81]轉引自石廣生(2002a),第18頁。

[82]具體法律條文參見石廣生(2002a),第15-16頁。

[83]轉引自石廣生(2002b),第9頁。

[84]轉引自石廣生(2002a),第18頁。

[85]具體法律條文參見石廣生(2002a),第542頁。

[86]這種民意基礎即便是在民進黨執政時期也大抵如此。例如,有關調查顯示,臺灣民眾贊成兩岸盡快全面「三通」的比例(57.4%)遠高於不贊成的比例(27.1%);表示擴大兩岸民間交流比較符合兩岸共同利益的比例(80.4%)遠高於認為限制民間交流比較符合兩岸共同利益的比例(8.1%)。參見陳文俊、蘇嘉宏、黃志呈(2005)。

[87]「一中各表」的「九二共識」這種定義,馬英九在選後與陳水扁會面時已曾表明,並明確所謂「各表」的含義:中國大陸方面表述為「中華人民共和國」,臺灣方面表述為「中華民國」。這種定義,「機巧」地把他所謂的「各表」作為「九二共識」的一項內容,並想以此作為兩岸關係的基本定位與臺灣拓展國際社會空間的身分與角色依據,展現了馬英九所謂的對等、尊嚴不僅是「政治實體對政治實體」的對等與尊嚴,也不僅是「政府對政府」的對等與尊嚴,而且更是「國家對國家」的對等與尊嚴。

[88]這裡的收益與成本概念亦如前述的國家利益概念,包括經濟、安全、價值三方面內容,並需要進行權衡與綜合考慮,甚至交換與取捨。

[89]即便在兩岸整體層面簽署了CECA或ECFA等兩岸自由貿易協議,也依然可以在兩岸次區域層面先行先試要素、人員流動等方面更加自由化與便利化的安排,畢竟經濟一體化是一個一體化(自由化與便利化)程度與領域不斷深化發展的長期過程。

[90]所謂位置接觸性是指自由經貿區所在位置都是國際航運的必經之路,對國際貿易活動起著橋樑作用。所謂服務區域(Area Served)是指自由經貿區所能服務的區域,既包括自由經貿區背後的內陸地區即所謂腹地(Hinterland),也包括構成自由經貿區主要物流網絡的海外區域。自由經貿區與其內陸腹地、海外服務區域在社會、政治、經濟等方面的制度與政策差異性被稱為服務區域的異質性。一般地,位置接觸性越良好、服務區域越廣闊、異質性越明顯,自由經貿區的經貿創造與擴大效應就越明顯。

[91]所謂隔離成本是指為防止設立自由經貿區對本國其他地區社會經濟衝擊而付出的費用和為防止走私而建立與維持隔離設施所付出的費用,其大小取決於自由經貿區的地形和自由經貿區與本國政治經濟中心的遠離性。

[92]所謂關稅減免損失是根據機會成本原理按照沒有設立自由經貿區條件下的進口額計算減免關稅後的財政損失。

[93]所謂經貿轉向效應是指由於減免關稅使得本地和本國貨物與服務的競爭力在自由經貿區內不敵外

國貨物與服務而被外國替代從而對設區國造成的經濟損失。本地、本國貨物與服務的國際競爭力越弱，在自由經貿區內的銷售額越大，經貿轉向效應就越大。

[94]參見金門縣長李炷烽2006年11月6日下午在金門縣「議會」第二次定期會議中的演說：《21世紀新臺灣的出路——金門作為「一國兩制試驗區」之芻議》。

[95]參見「馬英九就金門炮戰50週年講話」，http://news.sina.com.cn/c/2008-08-24/160214350524s.shtml。

[96]本節的研究成果已在學術刊物與研討會上正式發表，參見唐永紅（2006b）。

[97]根據新功能主義與新自由主義理論，經濟一體化及緊密的經貿聯繫的確會有助於成員間的和平發展，並推進一定位階層面的政治一體化。但基於國際現實主義觀點與一體化國際實踐觀察，那種認為兩岸經濟一體化必然導致兩岸統一的觀點顯然是出於理想主義者簡單化思維邏輯，是幼稚且錯誤的。畢竟一體化的內在的外溢邏輯與進程，深深地受制於作為推動一體化的宏觀主體主權讓渡與共享的意願與可能性。歐洲聯盟可謂是目前國際一體化實踐中一體化程度最高的區域組織，但其聯邦制性質的「超國家」機構不僅其建立本身是其成員方授權的結果，而且其目前所起的作用相對於其成員主權作用而言是相當微弱的，各成員國家主權不僅依然存在，而且在國際社會中發揮著絕對權威與強勢的作用。

[98]鑒於兩岸關係的現實與特殊性，考慮到經濟關係與政治關係的互動性、經濟關係促進政治關係特別是國家統一作用的有限性，新情勢下中國大陸的兩岸經貿關係戰略安排，不僅應以兩岸和平發展而且還應以兩岸和平統一為目標與宗旨，應繼續實踐「以經促政」、「以經促統」的做法，促進兩岸透過和平發展導向和平統一。在兩岸經濟制度性合作與一體化安排方面，鑒於臺灣經濟發展更需要此一安排，而臺灣方面目前又尚未明確承認中國大陸與臺灣同屬一個主權國家，又鑒於這種制度性安排並非作為WTO成員之義務，而是雙方自主自願的合作行為，更鑒於經濟一體化並不必然導致國家統一，中國大陸應繼續採取「以經促政」、「以經促統」的做法。即：只有在臺灣方面承認「兩岸一中」（或至少「兩岸一國」）的政治前提，並同意將其寫進制度性經濟合作與一體化協議之中的條件下，才可簽訂並實施這種協議。這樣，既可以達到「以經促政」、「以經促統」的目的，又可以在臺灣政黨輪替時是否繼續執行這種協議問題上保持主動性。事實上，新情勢下大陸在對臺經貿工作中可以而且有條件實踐「以經促政」、「以經促統」的做法。兩岸經濟體在發展層面形成的眾所周知的不對稱性依賴：臺灣經濟體對兩岸經貿往來的依賴程度明顯高於大陸經濟體，為大陸實踐「以經促政」、「以經促統」奠定了經濟基礎與籌碼條件。

[99]關於歐洲聯盟的詳細情況參見其歐盟官方網站http://europa.eu/index en.htm。

[100]關於北美自由貿易區的詳細情況參見其祕書處官方網站http://www.nafta-sec-alena.org/DefaultSite/index e.aspx。

[101]關於東盟的詳細情況參見東盟祕書處官方網站http://www.aseansec.org/。

[102]關於亞太經濟合作組織的詳細情況參見其官方網站http://www.apec.org/。

國家圖書館出版品預行編目(CIP)資料

兩岸經濟制度性合作與一體化發展研究 / 唐永紅 著. -- 第一版.
-- 臺北市：崧博出版：崧燁文化發行，2019.02
　　面； 公分
POD版
ISBN 978-957-735-637-6(平裝)

1.兩岸經貿

552.2　　　108001236

書　　名：兩岸經濟制度性合作與一體化發展研究
作　　者：唐永紅 著
發 行 人：黃振庭
出 版 者：崧博出版事業有限公司
發 行 者：崧燁文化事業有限公司
E-mail：sonbookservice@gmail.com
粉絲頁　　　　　　　網　址：
地　　址：台北市中正區重慶南路一段六十一號八樓 815 室
8F.-815, No.61, Sec. 1, Chongqing S. Rd., Zhongzheng Dist., Taipei City 100, Taiwan (R.O.C.)
電　　話：(02)2370-3310　傳　真：(02) 2370-3210
總 經 銷：紅螞蟻圖書有限公司
地　　址：台北市內湖區舊宗路二段 121 巷 19 號
電　　話：02-2795-3656　傳真：02-2795-4100　網址：
印　　刷：京峯彩色印刷有限公司（京峰數位）

　　本書版權為九州出版社所有授權崧博出版事業股份有限公司獨家發行電子書及繁體書繁體字版。若有其他相關權利及授權需求請與本公司聯繫。

定價：450 元
發行日期：2019 年 02 月第一版
◎ 本書以POD印製發行